青少年科创
辅导员培训手册

QINGSHAONIAN KECHUANG
FUDAOYUAN PEIXUN SHOUCE

国家知识产权局专利检索咨询中心　编著

中国少年儿童新闻出版总社
中国少年儿童出版社
北　京

图书在版编目（CIP）数据

青少年科创辅导员培训手册/国家知识产权局专利检索咨询中心编著．－－北京：中国少年儿童出版社，2022.11

ISBN 978-7-5148-7696-3

Ⅰ．①青⋯ Ⅱ．①国⋯ Ⅲ．①科学知识－中小学－教学参考资料 Ⅳ．① G633.73

中国版本图书馆 CIP 数据核字（2022）第 188406 号

QINGSHAONIAN KECHUANG FUDAOYUAN PEIXUN SHOUCE

出版发行：	中国少年儿童新闻出版总社 中国少年儿童出版社
出 版 人：	孙 柱
执行出版人：	吴峥岚

策 划：	管真真 徐 东	责任校对：	郭 妍
责任编辑：	李 源 秦 静 赵 舫 庄景仪	责任印务：	刘 漱

封面设计、排版制作：北京岱睿文化有限公司
图片来源：锐景创意、摄图网、国家知识产权局专利检索咨询中心

社　　址：	北京市朝阳区建国门外大街丙 12 号	邮政编码：	100022
编 辑 部：	010-57526660	总 编 室：	010-57526070
发 行 部：	010-57526568	官方网址：	www.ccppg.cn

印刷：北京新华印刷有限公司

开本：889mm×1194mm　1/16		印张：18.75	
版次：2022 年 11 月第 1 版		印次：2022 年 11 月北京第 1 次印刷	
字数：468 千字		印数：1—5000 册	
ISBN 978-7-5148-7696-3		定价：60.00 元	

图书出版质量投诉电话010-57526069，电子邮箱：cbzlts@ccppg.com.cn

编委会名单

主　　　任：崔　峥、马兴民

副 主 任：张　景、张　利、朱　瑾、王　斌、万兴亚、周晓华

主　　　编：张　景

副 主 编：黄　翀、陈　立

编　　　委：（排名不分先后）

马丽丹、王玉娟、王　虎、王明轩、王　菲、王筱钰、王　燕、
卢艳艳、申　睿、庄　莹、刘子菡、刘　芳、刘　娇、齐昊晗、
闫　娜、杜骊英、李玉洁、杨　洋、谷海燕、张立博、张全红、
郑　义、季迎春、陈　立、周　勤、胡　涛、姚　洁、郭　珺、
高　畅、陶　晨、曹一洲、谢　薇

前 言

"创新是引领发展的第一动力"。世界正进入新一轮科技革命和产业变革,科技创新成为推动社会变革的革命性力量。青少年是国家的未来、民族的希望。不断激发青少年的想象力和创造力,增强其科学兴趣、创新意识和创新能力,培育具备科学家潜质的青少年群体,为加快建设科技强国夯实人才基础,是增强国家自主创新能力、建设社会主义现代化强国的核心基础。

正是在这样的背景下,为深入贯彻落实国务院印发的《全民科学素质行动规划纲要(2021—2035年)》,加强知识产权教育对青少年综合素质的提升,国家知识产权局专利检索咨询中心充分发挥自身丰富的专业知识优势,进行了"青少年科技创新素质教育丛书"的编撰工作。"青少年科技创新素质教育丛书"以专利为视角,多维呈现创新的历史沿革、突出特点,系统构建专利科创思维体系,充分展现构造发明创造的思维模式与思维方法,注重培养青少年的动手能力,本套丛书既有理论又有案例,既有深度又有趣味,强调动脑思维和动手实践的有机融合,让青少年养成带着问题搞创造、学习知识为创新的思维模式。

《青少年科创辅导员培训手册》为上述丛书的配套用书,适用于有意愿参与青少年科技创新培养工作的教育工作者、社区志愿者以及在校大学生等群体。本书围绕青少年对科技创新的认知能力和思维特点，从认识创新、探索创新和感受创新三个部分，构建以专利为视角的科技创新思维能力培养。在编撰过程中，编委会认真参考了以往科创辅导员培训体系特点并多次提请教育相关部门进行审核，不断修正和完善，最终形成了这本具有较高实用性和创新性的培训手册。通过对本书的学习，读者能够掌握基本的授课知识和授课技巧，具备独立教授专利科创知识的能力，对获得相关培训资质同样具有积极指导作用。

本书的上篇第一章由王菲、高畅、马丽丹撰写，第二章由刘娇、胡涛、陈立、姚洁、齐昊晗、刘芳、周勤、王玉娟撰写，第三章由马丽丹、曹一洲撰写；中篇第一章由庄莹撰写，第二章由卢艳艳、刘子菡、杜骊英撰写，第三章由闫娜、卢艳艳、张立博撰写，第四章由庄莹、王明轩撰写；下篇第一章由王筱钰、曹一洲、季迎春、陈立、李玉洁撰写，第二章由张全红、王燕、杨洋、谢薇、刘子菡、王虎、陶晨、郑义撰写；练习篇由陈立撰写。最后由陈立统稿。本书的副主编黄翀参与了框架搭架及内容设计，编委会的老师们为本书的撰写提供了修改意见，在此表示感谢！

本书的编撰得到了安徽省刀锋网络科技有限公司、北京新浪互联信息服务有限公司、明点桥（北京）健康科研有限公司和星光互动（北京）文化传播有限公司的大力支持，特此表示感谢！

目 录

上 篇

第一章 揭开创新的神秘面纱 /2
    第一节　从古至今话创新　/2
    第二节　生活处处有发明　/12
    第三节　人人都是发明家　/16

第二章 创新入门，夯实基础 /19
    第一节　发明创造与专利　/19
    第二节　专利的由来　/25
    第三节　我国专利制度的诞生　/31
    第四节　地域性与保护期限　/41
    第五节　专利权保护的类型　/48
    第六节　实用性、新颖性与创造性　/55
    第七节　大数据与人工智能　/61

第三章 学会创新思考 /68
    第一节　发明创造的基本过程　/68
    第二节　创意产生的角度　/74

中 篇

第一章　灵感初现，出师不利　/82
　　第一节　信息资源　/82
　　第二节　什么是检索　/86

第二章　峰回路转，思路调整　/90
　　第一节　检索基础　/90
　　第二节　玩转检索　/98

第三章　茅塞顿开，豁然开朗　/113
　　第一节　破译专利密码　/113
　　第二节　轻松读懂专利　/119

第四章　融会贯通，举一反三　/124
　　第一节　归纳梳理，抽丝剥茧　/124
　　第二节　练习实践，真知立现　/128

下 篇

第一章　创新思维有方法　/134
　　第一节　探寻思维法　/134
　　第二节　分解思维法　/144
　　第三节　组合思维法　/153
　　第四节　逆向思维法　/168
　　第五节　发散思维法　/183
　　第六节　转用思维法　/189
　　第七节　实用美感思维法　/197

第二章　动手实践创新强　/203

　　　　第一节　逻辑式创新　/203

　　　　第二节　发散式创新　/208

　　　　第三节　无限式创新　/216

　　　　第四节　限定条件式创新　/225

　　　　第五节　限定问题式创新　/233

　　　　第六节　美感提升式创新　/243

练习篇

实践手册习题解析　/252

　　认识创新　/252

　　探索创新　/257

　　感受创新　/263

习题集　/271

　　选择题　/271

　　判断题　/284

上 篇
SHANG PIAN

第一章 揭开创新的神秘面纱

第一节 从古至今话创新

【教学目标】
1. 让学生初步了解发明创造的发展历程。
2. 激发学生对创新的热爱,营造尊重知识、追求创新的知识产权文化环境。

【教学重点和难点】
教学重点
1. 让学生了解不同时期典型的发明创造。
2. 通过学习飞天梦的故事,理解创新是不断向前的过程。

教学难点
抓取典型案例,通过本课学习唤醒学生的创新思维。

【课时安排】
建议1课时。

【知识要点】
古今中外发明创造更替。

【教学过程】
一、教学大纲

第X课时 第X阶段	教学内容	教学准备	教师活动	学生活动	阶段目标
第1课时 第1阶段	了解古代、近代及现代发明创造历程	搜集资料	讲解不同时期发明创造的故事	对教师的提问进行讨论	使学生建立尊重知识、追求创新的意识
第1课时 第2阶段	了解飞行的发展历程	搜集资料	讲解不同时期的人们为实现飞天梦所做的努力	对教师的提问进行回答	使学生明白人类在不同阶段面临不同的挑战，创新要结合时代的进步和需求

二、具体教学过程

第1课时第1阶段

教师讲解

人类社会发展的历史就是一部创新的历史，纵观古今中外，关于发明、创造、创新的故事浩如烟海：四大发明展示了文明古国的伟大创新精神；电灯、汽车、轮船等发明彰显了近代发明家的强大创造能力；高铁、卫星、疫苗等发明体现了现代发明家和人民大众源源不断的创新力量。本节课我们将了解发明创造的更替变迁，领略古今中外创新的魅力。

教师讲解

我们讲古代的发明创造，首先想到的可能是中国的四大发明。

造纸术：最开始纸只是纺织业的副产物，无法用于书写，直到东汉蔡伦对造纸术进行大胆改革，除了用麻做原料之外，加入树皮、破布、渔网等材料制造，得到可以直接用于书写的廉价的纸，从此纸张开始代替简、帛，在全国推广。之后，我国的造纸术不断外传，成为传播文化、交流思想的重要工具。

活字印刷术：在宋朝之前已经出现了固定模板的雕刻印刷。后来，毕昇为了节省费用，缩短雕刻时间，发明了胶泥活字。13世纪时，活字印刷术传到朝鲜、日本，到15世纪中叶，欧洲才掌握了活字印刷术。

火药：这个发明是炼丹家在炼丹时偶然发现的，唐朝末年，火药开始运用到军事领域，宋元时期，出现了火炮、火枪、火箭、地雷等武器。14世纪时，我国制造火药武器的技术经阿拉伯传到欧洲。

指南针：中国是世界公认发明指南针的国家。在日常劳动中，通过观察，人们发现了磁石总是指向南北方向，后经过多方面的实验和研究，发明了实用的指南针。后来指南针传入欧洲，促进了新航路的开辟。

通过刚才的介绍以及大家的日常积累，谁能说一说由此想到了什么？

中国古代四大发明

学生讨论

略。

（教师引导，使学生明白人们做出发明创造的原因或是为了解决当前遇到的困难，或是为了帮助他人，或是为了提高工作效率，抑或是为了实现自己的梦想，还有可能是意外发现，即使是意外发现，也是因为勤于思考，才能从中找到可能有用的发明。）

教师讲解

我国人民自古以来就有丰富的创造性思维，具有发明的光荣传统，除了举世闻名的四大发明外，还有许许多多的发明创造值得我们去了解。我国古代科技成就遍布工学、医学、农学、地质学等方方面面，这些科技成就对我国的经济文化发展起到了极大的推动作用。

古人常幻想有一天自己也可以像飞鸟一样翱翔在空中。模仿飞鸟的木鸢便成为了人类最早的飞行器，公元1600年，东方的风筝由荷兰传到了欧洲，之后被人们发展成为了滑翔机。

木鸢

三国时期，战乱不断，军队和老百姓受伤得病者众多。那时没有麻醉剂，常有伤者无法忍受手术的痛苦，大喊大叫或者昏厥，其惨状让人目不忍睹。华佗为减轻伤病员的痛苦，苦思解决的办法，偶然在一户人家发现食用臭麻子花后头晕目眩，满嘴发麻，他又收集一些其他有麻醉性的药物，经过多次不同配方炮制，配置成具有麻醉效果的麻沸散。麻沸散的发明比西方使用麻醉剂早1600多年。

黄道婆对棉纺织业最重要的贡献是改良了纺车，把当时只能捻一根线的纺车改良为能够同时纺三根线的三锭纺车，大大提高了纺线的效率，使大量采用棉作为原料织布成为可能。

华佗发明麻沸散

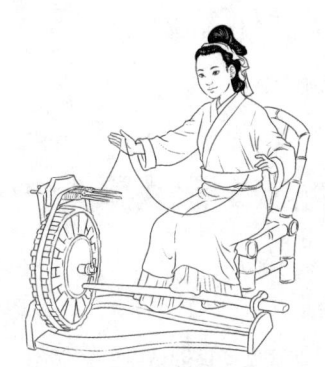

黄道婆改良纺车

教师讲解

除了刚才说的发明创造外，还有一些发明创造即使放到现在也不过时，有的甚至被称为"穿越过来"的。

殷墟陶制地下水道水管

在距今3300多年的安阳殷墟出土的这件发明，大家看着眼熟吗？这就是当时的地下水道水管，除了材料是陶外，和现在的管道几乎一样。（可先让学生猜测用途。）

在秦始皇陵兵马俑坑中出土了一把青铜剑。这把青铜剑在发现时已经被沉重的兵马俑压弯了2000多年。但是当考古专家将重物移开之后，青铜剑立刻反弹恢复了原形，这奇迹般的瞬间震惊了整个考古界。

这种偏离被设定的形状后可以自动复原的金属，就是现在我们常说的形状记忆合金，这表明这一技术我国领先了世界2000多年。

游标卡尺是物理上常用的测量长度数值的仪器，以前世界公认的最早的游标卡尺是在1631年由法国数学家发明的，1992年在东汉早期的砖室墓中出土的一件青铜卡尺改变了这一说法。这件青铜卡尺与游标卡尺相似，因此它出土后许多外国专家非常震惊，它足足将这项发明提早了1600多年。

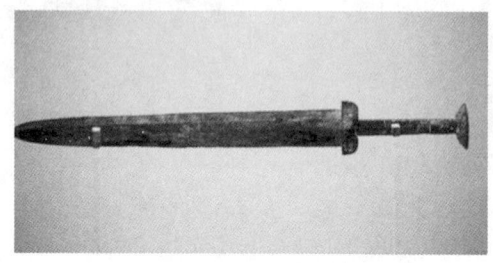
秦始皇兵马俑坑中的青铜剑

东汉时期的青铜卡尺

还有战国时期的水晶杯，三国时期的"套餐饭盘"越窑青瓷方格盒，放到现在也毫不逊色。（课前在网上查找相关图片，课上向学生展示。）

教师讲解

随着我国发明的不断传出，你会发现西方许多重大发明都离不开中国发明的影子。

比如15世纪德国人古登堡在毕昇活字印刷术基础上改进的较为进步的活版印刷法——印刷机。

古登堡印刷机

珍妮纺织机

黄道婆改进纺织机后几百年里，纺织技术没有出现实质性的变化，一直到18世纪60年代（清乾隆年间），英国纺织工詹姆斯·哈格里夫斯发明八锭纺织机，称为"珍妮纺织机"，并通过专利进行了保护。

教师讲解

虽然中国古代发明中有许多对世界文明发展起到了重要作用，但是随着中国封建社会的腐败与落后，中国的创新动力严重不足。同时期，西方资产阶级迅速发展，思想启蒙形成了崇尚科学的社会风气，爱迪生、莱特兄弟等无数大家在课本里见到的科学巨人出现，促进了科学技术的进步。

爱迪生

教师讲解

现在，中国政府和社会高度重视科技创新和技术进步，习近平总书记多次强调"创新是引领发展的第一动力"，我国的创新发展取得了长足发展。

袁隆平院士团队研发的杂交水稻不仅仅在很大程度上解决了中国人的粮食问题，也被世界科学界认为是解决下个世纪世界性饥饿问题的法宝，被誉为"世界粮食的第二次绿色革命"。

"墨子号"量子卫星是2016年度"改变世界的十大创新技术"中唯一诞生于美国本土之外的创新技术。

陈薇院士团队成功研发的新冠肺炎疫苗，体现了我国科技的进步，让中国百姓在需要的时候第一时间获得接种。

教师讲解

2017年有过一项调查，评选现代的四大发明，那么大家觉得下面这些发明创造哪些可以入选呢？

选项：扫码支付、共享单车、网购、高铁、火箭、中国天眼、杂交水稻、量子卫星等。

学生讨论

略。

教师讲解

大家说的都很好，我们挑选两个代表了解一下吧。高铁、扫码支付，虽然不是中国首创，但是在智慧的中国人手中得到了改进和创新，真正融入并服务于我们的生活。

1. 高铁

虽然世界上第一条真正意义上的高铁由日本发明，但中国高铁如今是中国科技实力和经济实力的象征。为了降低运行过程中的空气阻力，车头采用了大长细比的流线型造型，目前中国高铁运营时速达到350千米，实现了中国速度。

高铁

2. 扫码支付

大家在买东西的时候，常常采用扫码支付的方式，打开手机对着付款码轻轻一扫即可完成付款。扫码支付的出现极大方便了大家的生活。

在新冠疫情防控期间，为了更好地防控疫情，付款码转化为行程码、健康码，对出入人员进行线上登记与识别，弄清楚病毒携带者的具体行程，分析出接触人群，用网络与大数据保证国民安全，为疫情防控做出了不可磨灭的贡献。

我上面介绍的只是现代发明创造的冰山一角，相信大家还知道许多的发明创造，请大家在课下认真观察，下节课告诉老师你身边的发明创造有哪些。

第1课时第2阶段

教师讲解

通过第1阶段的学习，我们发现人类文明的发展离不开各项伟大的发明，它们不仅丰富了我们的生活，也使我们的生活更加便捷。下面我们一起来探究一项伟大的发明是如何从无到有，从有到优的。

我们都听说过嫦娥奔月的故事，人类从古至今都对天空十分好奇和着迷，也从未放弃过对飞翔的探索。古代的生产力非常落后，生产方式也极为简单，因而飞行的愿望无法实现，只能寄托于神话。这些神话不仅丰富了古代人类社会的文化，而且孕育了后代航空技术的萌芽。

课堂问答

教师：要想实现像鸟儿一样自由地飞翔，我们需要克服哪些困难呢？

学生：需要一个力使我们起飞，也需要一个能使我们安全降落的办法。

教师讲解

从古至今有很多人在寻找这个"力"，甚至为此付出了生命。

（以假设代入的方式，带领学生一起了解不同时代人类对飞翔的探索。）

假设我们是古代人，生产力很落后，在这样的背景下，同学们能想到什么好办法让我们飞起来呢？

不得不提明朝的士大夫万户和滑翔机之父奥托·李林塔尔。14世纪末期，明朝的士大夫万户把47个自制的火箭绑在椅子上，自己坐在椅子上，双手举着大风筝，想利用火箭的推力飞上天空，然后利用风筝平稳着陆。在当时，万户的卓越之处在于想到了如何起飞以及平稳落地的方法。

被誉为滑翔机之父的奥托·李林塔尔青少年就矢志于飞行，为此他一直奋斗不止。1891年他和弟弟制造出第一架能实际滑翔的滑翔机。1891年至1896年间，他进行了2000多次滑翔实验。1896年他在一次飞行中意外失去了性命。奥托·李林塔尔给后人留下了很好的"飞天"思路和大量的实验数据。

提醒同学们，在进行创意的研制过程中，有时是存在危险的，大家现在还处于成长阶段，一定要十分注意自身安全，千万不能去冒险！

单靠空气流动进行的飞行不够稳定，也很难长时间飞行，因此，如何更稳定地飞行就成为了人们研究的重点。随着科学技术的不断进步，蒸汽机、发动机、内燃机等动力装置相继问世，动力来源的问题得到了解决。

1903年，莱特兄弟发明出世界上第一架飞机，尽管第一次只飞行了十几秒，并且最后飞机被狂风损坏，但莱特兄弟首创了让固定翼飞机能受控的飞行控制系统，从而为飞机的实用化奠定了基础，开启了人类动力航空史。

课堂问答

教师：人类在很久之前就有很多关于飞行和外太空的想象，比如嫦娥奔月、敦煌飞天、羽化飞天、天宫等，在人类眼中，天空是一个美好的地方，是一个神圣的存在，但是实现飞天梦并非一蹴而就，这是为什么？

学生：没有相关的技术可以支撑。

教师讲解

没错，我们很难从第一步直接跨到最后一步，创新就是人们的各种奇思妙想，通过不断的实践，结合可用的科学技术，一步步完善而成。

后来人们不满足于在地球的研究，想去更远的外太空进行探索。1926年3月16日，美国火箭专家戈达德在马萨诸塞州沃德农场发射了世界上第一枚现代液体火箭，人类开启了探索太空的旅途。

课堂问答

教师：现如今，我们的科学技术已经很发达了，但是航天领域还有很多课题需要我们去攻破。想一想，航天领域中还存在哪些问题？

学生：如何缩短飞行时间（瞬间移动）、如何实现载人飞船的普及、如何降低太空旅行的成本等问题。

课堂小结

通过这堂课的学习我们发现，虽然都是在研究航天，但是在不同的时间节点所取得的成果不同，这是因为创新需要科学技术的支撑。随着科学技术的不断进步，我们的成果会越来越接近梦想状态；另一方面，随着社会的进步，时代也会给出新的课题，等着我们一起攻破。

课堂总结

历史上，任何一个有贡献、有价值的发明创造，都是人类发展过程中的一个重要标志。虽然以现在的眼光来看，有些成果可能已经无足轻重，但是古代发明家们在创造这些成就的时候，跟同时代的人比起来，会有更多的思考，他们坚持不懈的毅力、高瞻远瞩的目光，都值得我们继承和发扬。

虽然近代中国科技相对西方而言发展缓慢，但是在中华人民共和国成立后，经过几代人不断的艰苦奋斗、卓越创新，我们的科技取得了举世瞩目的发展，从制造大国向创造大国不断地迈进。同学们，你们是祖国的未来，是下一代的创新人才，希望大家好好学习，为建设创新型国家贡献自己的一份力量。

第二节 生活处处有发明

【教学目标】

通过生活中事物的案例，让学生了解到在生活中要善于观察和发现，只要我们多留心观察，就会发现生活到处都有发明。

【教学重点和难点】

教学重点

通过案例介绍启发学生发现身边的发明。

教学难点

锻炼学生的思维能力。

【课时安排】

建议1课时。

【知识要点】

身边处处有发明。

【教学过程】

一、教学大纲

第X课时 第X阶段	教学内容	教学准备	教师活动	学生活动	阶段目标
第1课时 第1阶段	活动环节：通过果果在生活中寻找发明创造的故事，让学生了解身边的发明创造	搜集资料	引导学生观察身边的发明创造	对教师的提问进行互动回答	发现身边随处都有发明创造
第1课时 第2阶段	探索环节：通过了解生活处处有发明，引导学生寻找创作灵感	搜集资料	鼓励学生在生活中寻找创作灵感	发现身边的发明创造	带领学生学会观察，勤于思考，锻炼思维能力

二、具体教学过程

第1课时第1阶段

教师讲解

早上七点钟,闹铃"丁零零"响了,果果一下子从睡梦中惊起,穿好衣服走出卧室。妈妈在准备早饭。"妈妈,早!""果果早,快去洗脸!"果果到洗漱间,拿起电动牙刷,突然想起小利老师留的课后题——寻找身边的发明创造,心想:电动牙刷会不会是个发明呢?

师生互动

请大家思考,洗漱间里还有哪些物品是发明创造?

教师讲解

洗漱完毕,果果坐到餐桌前,看到餐桌上摆着自己喜爱的餐具,里面装着丰盛的早饭,顿时食欲大开,津津有味地大吃起来。果果很快就吃完饭,盯着空空的餐具发愣,它的造型这么奇特,会不会也是个发明呢?

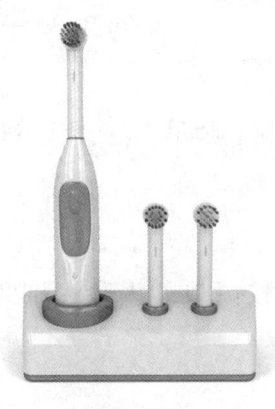

电动牙刷

儿童餐具

师生互动

请大家思考,厨房或者客厅里还有哪些物品是发明创造?

教师讲解

果果吃完早餐后,看一眼妈妈最新式的透明手机上的时间——这款手机太神奇了,和以往的手机都不一样,机身是透明的,但是依然可以清楚地看到手机上的时间——去上学刚刚好。

师生互动

请大家思考,在通信设备中还有哪些物品是发明创造?

教师讲解

随后果果赶紧收拾妥当,和妈妈道别后,前往学校。到了校门口,他向老师和保安叔叔问好,走到人脸识别测温一体机前测温。这款机器太强大了,不但能识别人脸,还能无接触测量体温。

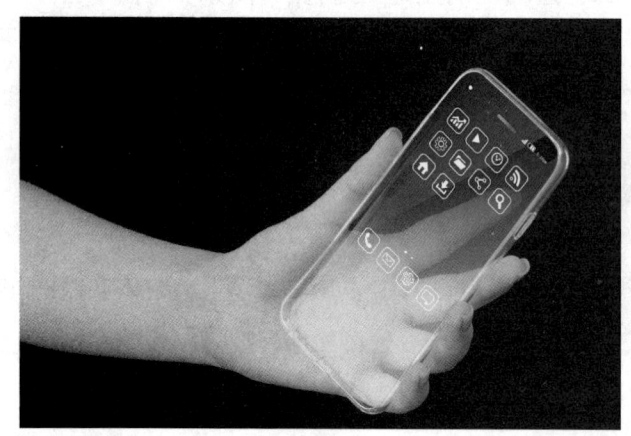

透明手机

人脸识别测温一体机

完成测温后,果果走进教室,看到小利老师说:"小利老师早上好,我发现身边的好多东西应该都是发明!"

"我们身边充满了发明,你都发现了哪些啊?"

"家里的电动牙刷、餐具、透明手机,就连我们学校门口的人脸识别测温一体机都是!"

"太对了,生活中的发明不仅仅有这些呢。"

"还有什么呀?小利老师,您快和我说说。"

小利老师说:"还有很多高科技发明影响着我们的生活,让我们的生活更加便利,比如共享单车,既环保又方便。我们只要扫码就能打开车,骑行结束后,在指定的位置停车后锁车,就可以实现还车。

"现在,人们几乎不带现金了,因为有了扫码支付,只需要轻轻一扫,就完成了付款,特别方便。

"果果同学,你想想身边还有哪些让生活更方便的高科技发明啊?"

共享单车

扫码支付

果果说:"小利老师,您说的这些,我都知道。还有智能机器人服务员。上周末我们一家人去餐馆吃饭,我发现里面有智能机器人服务员。它们萌态可掬,我可喜欢了。"

小利老师:"智能机器人服务员是为我们人类服务的,是发明哟!其实,你只要仔细观察,就会发现身边有很多很多的发明。"

果果说:"哇,发明好神奇啊,原来它们无处不在。"

第1课时第2阶段

教师讲解

我们的衣食住行、工作学习、生活保健……都可以创新,凡是能想到的都可以发明创造。发明创造会使我们的生活更加便捷。我们身边还有哪些发明创造呢?

学生讨论

略。

教师讲解

大家在日常学习生活中寻找创新灵感,并随时记录自己的创意点子,培养自己善于观察的习惯。

引用陶行知先生《创造宣言》里的一句话,结束今天的课程:

　　处处是创造之地,

　　天天是创造之时,

　　人人是创造之人。

第三节 人人都是发明家

【教学目标】

1. 懂得人人都具有发明创造的能力，只要突破固有思维的束缚，就可能进行发明创造。

2. 结合多个新奇的发明创造案例，提升学生的创造性思维，培养学生的创新精神和能力。

3. 鼓励学生勇于打破经验和固有思维的束缚，提高学生在学习生活中进行发明创造的能力和信心。

【教学重点和难点】

通过案例介绍引导学生体验发明创造的乐趣，提升创造性思维，提高发明创造的信心，培养发明创造的能力。

【课时安排】

建议1课时。

【知识要点】

每个人都可以进行发明创造。

【教学过程】

一、教学大纲

第X课时 第X阶段	教学内容	教学准备	教师活动	学生活动	阶段目标
第1课时 第1阶段	活动环节：通过案例，引出发明人的类型	搜集资料	引导学生意识到人人都可以发明创造	听讲	相信自己也可以发明创造
第1课时 第2阶段	探索环节：通过师生互动帮助学生树立发明创造的信心	搜集资料	引导学生发现自己的潜能	对教师的提问进行互动回答	发现自己也具有发明创造的潜能

二、具体教学过程

第1课时第1阶段

教师讲解

一提起"发明""创造"这两个词,许多人都会说:那是天才所为,那是大科学家、大发明家所做的事,我们这些普通人怎么能进行发明创造呢?其实不然,活字印刷术的发明者毕昇只是一个从事手工印刷的工匠;爱迪生曾经被认为是弱智儿童,后来却成为一位伟大的发明家;瑞典著名化学家舍勒原本是个药房学徒,最终发现了10多种化合物和化学元素。许许多多科学发明创造的事例告诉我们:发明创造并不是只有天才才能做到,平凡人也能够发明创造。

教师讲解

1."最小发明家"

踢被提醒装置

第30届马来西亚国际发明、创新与技术展览会上,来自我国重庆的5岁小朋友郑某荣获金奖和亚洲青少年最佳发明奖,打破了最年轻获奖者的纪录。他通过磁铁感应提醒系统,发明了一个踢被提醒装置,解决了小宝宝睡觉踢被子容易感冒的问题,因结构简单、方便使用,而备受好评。

2.身边的发明人

(1)可折叠的课桌

有位王同学发明了一款可折叠课桌,解决了普通课桌因为桌洞小,有些书本只能放在课桌上,而课桌上的书本遮挡学生视线的问题。学生上课携带的物品或书本较多时,可以把课桌桌体一侧的托板展开增加储物空间,不使用时将托板折叠即可,非常方便。

可折叠的课桌

(2)自动刷卡缴费

另一位马同学把公交车无人售票的思路——乘坐公交车时上下车都要刷卡,若逃票将面临被扣除全程费用的处罚——应用到马路边的停车收费管理系统中：停车刷卡，地锁下降，停车入位；离开刷卡，地锁上升；如果离开不刷卡，车主将面临罚款，从而实现了无人管理的停车收费。他凭借此发明拿下了第12届宋庆龄少年儿童发明奖银奖。

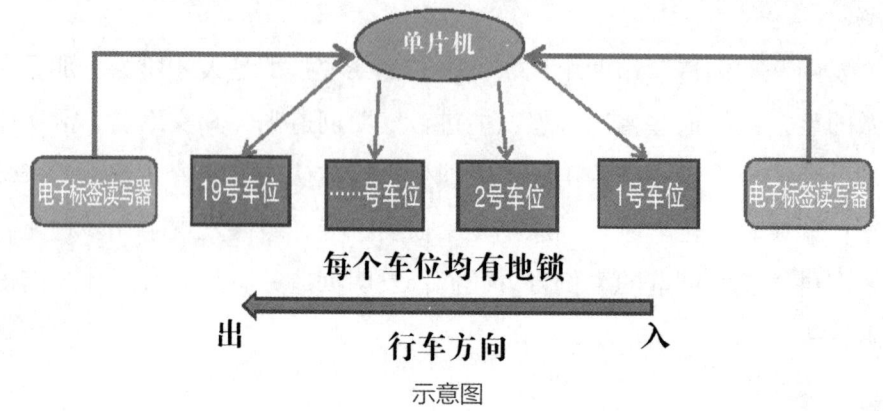

示意图

第1课时第2阶段

教师讲解

大家要充分发挥想象，不要被经验和固有观念束缚，人人都能成为发明家。汽车迷们可能希望睡觉都在车里吧。如何将汽车和床完美结合？下面这款汽车造型的床美观又舒适，就满足了他们的需求。

汽车造型的床

师生互动

请大家思考，我们可以做哪些发明创造？

课堂总结

发明创造并非遥不可及，只要我们在学习生活中，遇到问题或困难多动脑筋，可以异想天开，可以天马行空……然后找窍门，用智慧解决困难，爱动手，多实践，人人都是发明家。

第二章 创新入门，夯实基础

第一节 发明创造与专利

【教学目标】

1. 让学生了解广义的发明创造的定义。
2. 让学生了解专利的定义。
3. 让学生了解广义的发明创造与专利中发明创造的区别。
4. 让学生初步建立运用专利保护发明创造的意识。

【教学重点和难点】

教学重点

1. 让学生初步了解哪些发明创造可以通过申请专利获得法律的保护。
2. 让学生初步了解如何获得专利保护。

教学难点

让学生初步建立专利保护意识，知道哪些发明创造可以申请专利权保护，了解专利权的保护并非申请即可获得。

【课时安排】

建议1课时。

【知识要点】

广义的发明创造、专利的定义、专利法中的发明创造。

【教学过程】

一、教学大纲

第X课时 第X阶段	教学内容	教学准备	教师活动	学生活动	阶段目标
第1课时 第1阶段	回顾身边的发明创造	板书	提问，总结学生答案	对教师的提问进行回答	对第一章内容进行回顾
第1课时 第2阶段	利用望远镜的专利申请案例引出专利权的定义	搜集资料	讲解望远镜专利申请案例	对教师的提问进行讨论	引出专利权的定义
第1课时 第3阶段	专利权的定义、简单介绍专利三种类型、如何获得专利权	掌握相应概念，准备各个概念对应的案例	概念介绍、案例讲解、拓展题环节引导学生分组讨论	概念学习，对教师的提问进行互动回答	掌握专利的概念、如何获得专利权、了解广义的发明创造与专利中发明创造的区别

二、具体教学过程

第1课时第1阶段

课堂问答

教师：前面课程里提到的发明创造有哪些？通过最近的观察，又发现了哪些新的发明创造？

学生：略。

（教师可通过板书的形式记录学生的答案，并进行分类，便于对广义的发明创造进行总结。）

第1课时第2阶段

教师讲解

通过大家的回答，我们总结出不同类型的发明创造，这些发明创造有没有引发大家的一些疑问，比如，果果就很好奇到底什么是发明创造，袁隆平爷爷研究出的杂交水稻的培育方法是谁都可以用吗？果果也想成为小小发明家，想有自己的发明创造，那么他的发明创造只想自己用可以吗？

发明创造是指运用科学知识、科学技术，首创出先进、新颖、独特的具有社会意义的能有效满足某种需要的新事物、新方法。因此科学上的发现、技术上的创新，以及文学和艺术创作，在广义上都属于发明创造。

举个例子，伽利略在荷兰眼镜制造师汉斯·利佩希发明的第一架望远镜基础上制作了可以用于天文观测的望远镜，用这架望远镜发现了木星拥有四颗绕其转动的卫星，并将这些创新和发现写成书《星际信使》发表。那么，根据发明创造的定义，用于天文观测的望远镜、木星拥有四颗绕其转动的卫星、书籍《星际信使》这些都是广义上的发明创造。

眼镜制造师汉斯·利佩希造出望远镜并将它送到莫里斯王子那儿。一周后，他便为自己发明的望远镜申请了专利。这引发了一场有关望远镜的发明之争，同学们请思考一下，他为什么在发明出望远镜后要申请专利呢？

学生讨论

略。

（教师可以引导学生向获得法律保护、获得权利、只能自己使用等方面回答，从而引出专利权的定义。）

第1课时第3阶段

教师讲解

专利权的定义是什么呢？专利权是指国家根据发明人或设计人的申请，以向社会公开发明创造的内容，以及发明创造对社会具有符合法律规定的利益为前提，根据法定程序在一定期限内授予发明人或设计人的一种排他性权利。

这种权利是一种具有排他性的权利，也是一种专有权。除法律另有规定外，任何单位或个人未经专利权人许可都不得实施他的专利。也就是说如果其他人想要制造、使用、许诺销售、销售、进口这个专利用于营利，就需要获得专利权人的许可、同意。

所有的发明创造都可以申请专利吗？科学家发现压力确实会加速头发变白可以申请专利吗？郑渊洁叔叔的《皮皮鲁总动员》可以申请专利吗？果果想到妈妈每天下班回来擦地很辛苦，想给妈妈发明一个可以一边走路一边擦地的拖鞋，这个发明可以申请专利吗？

教师讲解

专利法保护的发明创造与我们之前说的发明创造有什么区别呢？

（列出下图，进行具体的介绍说明。）

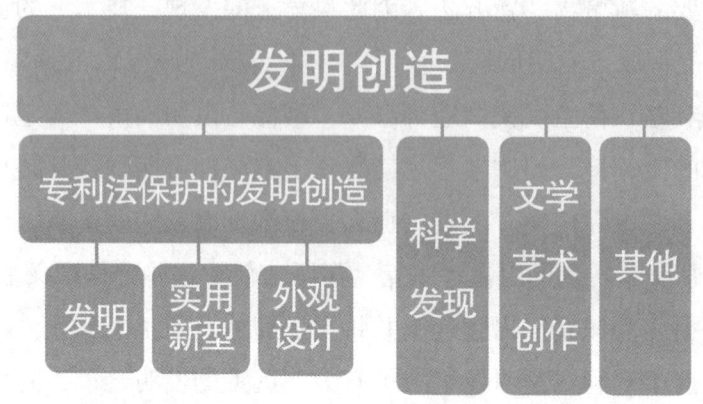

广义的发明创造

科学发现是不能申请专利的；郑渊洁叔叔的文学创作也不可以申请专利，但是可以利用其他的知识产权法进行保护；带擦地功能的拖鞋倒是可以考虑申请专利。

师生互动

为什么都是发明创造，科学发现和文学创作却不能申请专利呢？

教师讲解

我们来看看专利法保护的发明创造有哪些。专利法中所称的发明创造包括发明、实用新型和外观设计三种类型。果果的带擦地功能的拖鞋既有可能申请发明或实用新型专利，也有可能申请外观设计专利。有关三种类型专利的具体内容会在后面课程具体讲解。

师生互动

那么是不是完成了发明创造，就自然而然地获得了专利法的保护呢？

教师讲解

要想获得专利权，需要把自己智力劳动的成果以专利申请文件的形式，向国家知识产权局提交申请，经过审批、授权后才可以获得专利权，才能享受专利法的保护，在别人侵犯自己的权利时，才能维护自己的权利。

所以说，假如果果发明了一种带擦地功能的拖鞋，并获得专利权，那么他就独占这项发明创造了，可以自己使用、处分这项发明创造；如果有其他人想要用这项发明创造，就需要向果果购买这项专利，或者得到他的同意，支付给他一定费用后才可以使用这项专利。

这也是汉斯·利佩希发明出望远镜后就申请了专利的原因，作为商人的他，希望这项专利能为他带来切实的经济利益。

师生互动

不知道大家有没有注意到很多产品的包装上写着"专利产品"的字样,并且印有一串数字,大家知道这些数字是什么意思吗?

教师讲解

授予专利权后会配发专利证书。每项专利都有一个独属于自己的专利号,比如:ZL200710031710.0,ZL200520091173.5,ZL201230289146.4。那么,这些数字蕴藏着什么秘密呢?具体内容会在本书中篇做详细介绍,同学们可以从现在开始就留意这些神奇的数字密码。

师生互动

果果申请了专利,并获得专利权。他的专利权是不是无限期的呢?

教师讲解

答案是否定的,专利权是"在一定期限内授予发明人或设计人的一种排他性权利"。专利制度的目的除了保护专利权人的合法权益,还要鼓励发明创造,提高创新能力,维护公共利益,促进科学技术进步和社会经济发展。如果一项发明创造永久归属于一个人,就与专利制度的目的相悖了。专利的保护期限到底是多长呢?各种类型的专利保护期限有没有不同呢?后面将会做详细介绍。

师生互动

获得了专利权是不是就可以在世界范围内都得到保护呢?

教师讲解

从目前的专利制度来看,答案也是否定的,专利保护具有地域性。一项专利可以在哪里受到保护?不同国家和地区的专利保护有没有区别?同样会在后面的课程做详细介绍。

课堂总结

今天我们对之前学到的发明创造有哪些进行了总结归纳,同时学习了哪些发明创造可以申请专利以及专利权的定义。相信大家通过今天课程的学习已经具有了初步的专利保护意识,以后请更加留心观察身边的专利产品,不断尝试动手研制一些发明来解决我们生活中碰到的问题,并试试看能不能把这些发明申请专利。最后,我们以课堂问答的形式回顾一下本节课的主要内容。

课堂问答

教师:所有的发明创造都可以申请专利吗?哪些发明创造有可能获得专利权?

学生：不是，科学发现、文学艺术创作是不能申请专利的。专利法对可以获得专利权的发明创造有明确规定，包括发明、实用新型和外观设计三种类型。

教师：发明创造如何获得专利权？

学生：发明创造可以通过专利权获得保护，想要获得专利权，需要向国家知识产权局提交专利申请，经过审批、授权后才可以获得。

第二节 专利的由来

【教学目标】

1. 让学生了解专利英文"patent"一词的起源。
2. 让学生了解早期的专利萌芽是因何而出现的。
3. 让学生了解早期的专利萌芽的形式及利弊。
4. 让学生了解因何开始出现现代专利制度的雏形。
5. 让学生了解世界上最早的专利法。

【教学重点和难点】

教学重点

1. 让学生了解早期的专利萌芽。
2. 让学生了解现代专利制度的起源。

教学难点

让学生理解为何会出现早期的专利萌芽,其有什么样的不足,从而导致出现现代专利制度的雏形,并了解两部世界上"第一部"专利法的建立以及因何均被称为"第一部"。

【课时安排】

建议1课时。

【知识要点】

早期的专利萌芽、现代专利制度的雏形。

【教学过程】

一、教学大纲

第X课时 第X阶段	教学内容	教学准备	教师活动	学生活动	阶段目标
第1课时 第1阶段	回顾望远镜申请专利的案例	板书	提问,总结学生答案	对教师的提问进行回答	引发学生对专利制度最早在何时何地出现的好奇

（续表）

第X课时 第X阶段	教学内容	教学准备	教师活动	学生活动	阶段目标
第1课时 第2阶段	"专利"的含义及其英文的起源	掌握相应概念，了解与"专利"类似的其他词语	讲解"专利"的两层含义及英文"patent"的来源	对教师的提问进行互动回答	了解专利英文"patent"一词的来源
第1课时 第3阶段	早期的专利萌芽	搜集资料，准备早期的专利萌芽的案例	讲解早期的专利萌芽出现的原因，分享案例，说明封建君主授予特许权的弊端	对教师的提问进行互动回答	掌握早期的专利萌芽出现的原因和封建君主授予特许权的弊端
第1课时 第4阶段	现代专利制度的雏形	掌握现代专利制度出现的背景，熟悉《威尼斯专利法》和英国《垄断法》出现的背景和意义	讲解《威尼斯专利法》和英国《垄断法》建立的背景和意义	对教师的提问进行互动回答	掌握现代专利制度的雏形出现的背景，了解《威尼斯专利法》和英国《垄断法》

二、具体教学过程

第1课时第1阶段

课堂问答

教师：前一课中提到，伽利略生活的时期就有为望远镜申请专利的案例，请问同学们是否知道伽利略是什么时代的著名人物？

学生：略。

教师：大家猜测一下最早在何时何地出现的专利制度？

学生：略。

（教师可通过板书的形式记录学生的答案。在学生回答之后，教师可以揭晓答案，并简要地介绍一下伽利略的生平和成就。教师在记录学生对专利制度最早在何时何地出现这一问题的答案时，可以设置悬念引发学生的好奇。）

第1课时第2阶段

师生互动

"专利"一词的含义是什么？"专利"一词的英文是什么？英文"专利"的起源是什

么？与"专利"类似的其他词语有哪些？

（教师总结学生对"专利"一词的认识，启发学生"专利"在不同的语境中有不同的含义，有可能指代专利权，也有可能指代专利文献。根据学生对"专利"的英文"patent"的回答，通过板书的形式指出其来源于拉丁语"litteraepatentes"，其含义即为专利文献。随后教师可以延伸讲解与"专利"类似的其他词语，例如早期专利文献中所使用的"monopoly"，意为垄断、独占等，以扩展学生的知识面。）

第1课时第3阶段

师生互动

是什么原因导致出现了早期的专利萌芽，有可能是在哪里最早出现的？

教师讲解

在中世纪的欧洲，随着商品经济的发展和技术的进步，人们开始意识到，谁拥有先进的技术，谁就可以在市场竞争中占据优势。但是早期的技术，大多隐秘性不强，很多技术易被仿制、抄袭，这在一定程度上打击了人们研究先进技术的积极性。因此，为了鼓励发明创造，一些封建君主就会特许授予发明人一种垄断权，使他们能够在一定期限内独家享有经营某些产品或工艺的特权，这就成为了早期的专利萌芽。[1]

例如：1236年，英王亨利三世授予一位波尔多市民色布制作技术15年的垄断权；1331年，爱德华三世对佛兰德斯人约翰·肯普的纺织、漂染和染色技术授予保护。

（教师也可以通过互联网多搜集一些其他材料，讲解给学生，扩展学生的知识面。）

师生互动

封建君主授予特许权的方式存在什么弊端？

（教师可以以板书的形式记录学生的回答，总结封建君主授予特许权的弊端。）

教师讲解

萌芽阶段的独占性权利仅仅是封建君主授予发明创造者的一种特许权，它只是封建君主的一种恩赐，完全受君主个人的好恶所左右，常被皇室滥用，反而严重破坏了市场的竞争秩序，使商品价格大幅上涨。

第1课时第4阶段

教师讲解

为了推动建立新工业、引进先进技术，避免特许权被皇室滥用，以英国为代表的资本主义国家在建立规范化、制度化的专利法方面开始进行探索。

1474年3月19日，威尼斯共和国颁布了《发明人法规》，也称《威尼斯专利法》，从它的法律条文可以看出，它从授权条件、保护方式和保护期限，首次完整地规定了专利制度的三个方面，为现代专利法律制度奠定了基础，这在时间上是世界上的第一部现代意义的专利法。

1618年，英国国王詹姆斯一世与皇家民事法院首席大法官爱德华·柯克进行了一场有关王室特权与法制权的辩论，被称为"英国法律专业化历史上的一座里程碑"，这场辩论中，爱德华·柯克的胜利对专利权由皇室特许权向私人财产权转化起到了至关重要的影响。1623年，英国议会制定了《垄断法》，废除了英王已经授予的所有垄断权，并禁止国王今后再授予这种专利权，仅允许国王对新产品的真正第一个发明人授予垄断权。从《垄断法》第六条的条文可以看出，它同样从授权条件、保护方式和保护期限三个方面完整地规定了专利制度。

【附】

《威尼斯专利法》条文[1]

本城市共和国有着本国的和因各种原因来自外国的，能够设计和制作各种发明的能工巧匠。只要规定他人不得制造他们所发明的，且其他人所制造不出的发明，同时规定他人不得盗窃他们的发明荣誉，他们就会竭尽全力为城市共和国作出有用的和有益的发明。

为此，本城市共和国议会决定，任何在本城市共和国作出了本国前所未有的新发明者，一旦其发明已被完成并且可以付诸应用和实施，就应向本城市共和国政府办公室登记。

任何其他人在10年之内，在本城市共和国的领土范围之内，未经发明人的同意或许可，不得制造相同或相似的物品。

违反上述规定的，发明人有权向城市共和国政府办公室诉愿，城市共和国政府办公室将责令侵权人向发明人偿付100杜卡托（威尼斯古金币名）赔偿金，并立即销毁其仿造品。

本城市共和国政府有权根据需要任意使用上述发明或器具，但除发明者本人外，任何其他人不具有这种权利。

《垄断法》第六条条文[1]

前述的任何宣示不应扩大，及于今后对任何种类的新产品的真正第一发明人授予在本国独占实施或者制造该产品的专利证书和特权，为期14年或以下，在授予专利证书和特权时，其他人不得使用。授予此种证书和特权不得违反法律，也不得抬高物价以损害国家，破坏贸易，或者造成一般的不方便。上述14年自今后授予第一个专利证书或者特权之日起计算，该证书或者特权具有本法制定以前所应具有的效力。

师生互动

专利法制化会给社会带来什么样的进步？

（在学生回答之后，教师总结。）

教师讲解

专利法制化，将封建君主的特权限制在一定的范围内，仅允许君主合法地授予发明人以专利权，这防止了封建君主滥用特权，将技术发明作为私有财产以法律形式确定下来，使得真正的发明人可以垄断其技术发明以获利，维持其在激烈的竞争中占据优势地位，从而激发人们的创新热情，极大地促进科学技术的发展。

英国《垄断法》的成功，促使欧美其他国家效仿，纷纷颁布了自己的专利法。

由于英国《垄断法》的影响力更大，而《威尼斯专利法》对世界的影响相对较小，所以从影响力的角度上来说，英国《垄断法》被一部分人认为是现代专利法的鼻祖。

教师讲解

你们知道中国最早的专利萌芽是什么时候出现的吗？中国最早的专利萌芽出现于19世纪中叶，太平天国的领导人之一洪仁玕在他提出的施政纲领《资政新篇》中最早提出了实行专利制度以发展工业、富强国家的理念。中国存案在册的第一项专利出现于19世纪80年代，上海机器织布局的负责人郑观应就织布局采用的机器织布技术提出专利申请，获得光绪帝的批准。不过这项专利是封建君主所授予的垄断特权，并非法制化的产物。

师生互动

你们知道正规的专利申请文件应当包括哪几部分内容吗？

教师讲解

根据《中华人民共和国专利法》第二十六条的规定，"申请发明或者实用新型专利的，应当提交请求书、说明书及其摘要和权利要求书等文件"，"必要的时候，应当有附图"。

《中华人民共和国专利法实施细则》第十七条规定，说明书应当包括下列内容：（一）技术领域；（二）背景技术；（三）发明内容；（四）附图说明；（五）具体实施方式。

师生互动

你们知道现代专利制度授权的条件是什么吗？

教师讲解

首先，现代专利制度一般会对授权的客体进行限定，也就是限定什么可以用专利保护，什么不可以用专利来保护。比如，以中国专利法来看，科学发现、智力活动规则和方法、疾病诊断和治疗方法、动植物品种等，是不能被授予专利权的。其次，属于专利保护的客体，也需要满足一些条件才能被授予专利权，例如新颖性、创造性、实用性等。这些在后面的课程会有详细的介绍。

课堂总结

今天这堂课我们穿越历史长河，追溯专利制度的起源。了解了欧洲早期的专利萌芽的产生和发展、形式和利弊，并知道了现代专利制度雏形的形成原因，还接触到了世界上两部"最早"的专利法。最后，我们以课堂问答的形式回顾一下本节课的主要内容。

课堂问答

教师：出于什么目的，才产生了专利制度呢？

学生：在中世纪的欧洲，随着商品经济的发展和技术的进步，人们开始意识到，谁拥有先进的技术，谁就可以在市场竞争中占据优势。因此，封建君主为了鼓励发明创造，就会特许授予发明人一种垄断权，使他们能够在一定期限内独家享有经营某些产品或工艺的特权，这就是早期的专利萌芽。但由于这种专利权仅仅是封建君主授予的一种特许权，受君主个人的好恶所左右，常被皇室滥用，反而严重破坏了市场的竞争秩序。随着这种形式的发展，慢慢出现了将专利权法制化的需求，从而在15世纪下半叶，威尼斯共和国出现了世界上首部现代意义的专利法，英国则在17世纪初颁布了对世界影响更加深远的《垄断法》。

教师：为了实现这个目的，专利制度必须具备哪些特征呢？

学生：专利制度需要在三个方面对专利权的授予进行规定，即授权条件、保护方式和保护期限。

【参考文献】

[1]．徐海燕．近代专利制度的起源与建立[J]．科学文化评论，第7卷，第2期（2010）：40-52。

第三节 我国专利制度的诞生

【教学目标】

1. 让学生了解中国在约2000年前即出现过"专利"一词，但其意义与现今的"专利"已大相径庭。

2. 让学生了解中国最早引入近代专利思想的人及其著作。

3. 让学生了解中国存案在册的第一件专利。

4. 让学生了解中国近代历史上第一部有关专利的法规。

5. 让学生了解中国个人获得专利权的最早记录。

6. 让学生了解中国历史上第一部称为"专利法"的法律。

7. 让学生了解中华人民共和国成立后为鼓励生产科学而颁布的两部条例。

8. 让学生了解《中华人民共和国专利法》的颁布及施行。

【教学重点和难点】

教学重点

1. 让学生了解中国近代专利制度的发展。

2. 让学生了解新中国成立后的专利制度的变化。

教学难点

本课涉及历史背景的内容较多，教师需要多搜集资料，让学生理解各种典型事件的历史背景，从而使学生能够结合历史理解和记住中国现代专利制度的建设之路。

【课时安排】

建议1课时。

【知识要点】

中国最早引入近代专利思想的人及其著作、第一件专利、第一部专利法规、个人获得专利权的最早记录、中华人民共和国成立后为鼓励生产科学而颁布的两部条例，以及《中华人民共和国专利法》的诞生。

【教学过程】

一、教学大纲

第X课时 第X阶段	教学内容	教学准备	教师活动	学生活动	阶段目标
第1课时 第1阶段	展示近些年中国在专利方面所取得的成就	搜集近些年中国在专利方面所取得的成就的资料	提问学生是否知道《中华人民共和国专利法》是何时开始施行的以及近些年中国在专利方面所取得的成就	对教师的提问进行互动回答	简单回顾上一节课的内容，并向学生展示近些年中国在专利方面所取得的成就，引发学生对中国是如何走出一条有中国特色的专利制度之路的兴趣
第1课时 第2阶段	中国古代有关"专利"一词的典故	了解《国语》的基本内容，掌握《芮良夫论荣夷公专利》的内容以及其中"专利"一词的含义	介绍《芮良夫论荣夷公专利》，提问学生其中"专利"一词的含义	对教师的提问进行讨论	让学生了解"专利"一词在中国由来已久，拓展知识面
第1课时 第3阶段	中国近代专利制度的萌芽	搜集资料，掌握《资政新篇》中"兴车马之利""兴舟楫之利""兴器皿技艺"等有关近代专利制度的内容	讲解洪仁玕是中国传播近代专利思想的第一人，并讲解《资政新篇》中的相关内容，可就其中某一段提问，让学生讲解	对教师的提问进行互动回答	掌握中国传播近代专利思想的第一人是洪仁玕，他在《资政新篇》中提出实行专利制度以发展工业、富强国家的理念
第1课时 第4阶段	中国存案在册的第一项专利	搜集资料，了解上海机器织布局的筹建背景及其"十年专利"的影响	讲解上海机器织布局申请的有关机器织布技术的专利，并提问学生该项专利的特点	对教师的提问进行互动回答	掌握中国存案在册的第一项专利是上海机器织布局申请的，明白该专利权与欧洲早期专利萌芽类似，同样是封建君主授予的特许权
第1课时 第5阶段	中国近代第一部有关专利的法规	搜集资料，了解《振兴工艺给奖章程》颁布的背景及其有关专利的内容	讲解《振兴工艺给奖章程》颁行的始末，简要介绍章程的相关规定，并介绍其影响	听讲	掌握《振兴工艺给奖章程》是中国近代第一部有关专利的法规，以及我国个人获得专利权的最早记录

（续表）

第X课时第X阶段	教学内容	教学准备	教师活动	学生活动	阶段目标
第1课时第6阶段	中国第一部"专利法"	搜集资料，了解民国政府对专利制度所进行的探索	讲解北洋政府、国民政府先后颁布的有关专利的章程或条例，以及我国历史上第一部称为"专利法"的法律	听讲	掌握我国历史上第一部称为"专利法"的法律诞生于1944年，由国民政府颁布，并了解中华人民共和国成立前民国政府的专利制度的建设历程
第1课时第7阶段	中华人民共和国成立初期鼓励生产科学研究的政策	搜集资料，掌握《保障发明权与专利权暂行条例》和《发明奖励条例》的异同及相关案例	讲解《保障发明权与专利权暂行条例》和《发明奖励条例》，介绍案例，并指出其间的差别	听讲	掌握《保障发明权与专利权暂行条例》的部分内容，了解依据该条例分别授予的第一项发明权和第一项专利权，知道该条例与《发明奖励条例》的差异
第1课时第8阶段	《中华人民共和国专利法》诞生	掌握《中华人民共和国专利法》的具体施行日和施行日当天的专利申请量，了解其后续的几次修改	讲解《中华人民共和国专利法》施行前后的背景和首日申请量，提问学生在当时的背景条件下建立专利制度利弊何在，是否了解该法后续进行过几次修改	对教师的提问进行互动回答	了解《中华人民共和国专利法》的通过的背景，并掌握其施行日，了解其后至今已进行过四次修改

二、具体教学过程

第1课时第1阶段

教师讲解

回顾前一课欧洲近代专利制度的由来。

师生互动

《中华人民共和国专利法》是何时开始施行的？请说一说中国近些年在专利方面取得的成就。

教师讲解

以下为一些成就示例：

1. 2020年，中国专利申请量为389,571项，位居世界第一，占全球总量的74.7%。

2. 2021年，中国申请人通过《专利合作条约》（PCT）途径提交的国际专利申请达69,540项，同比增长0.9%，连续三年位居申请量排行榜首位，美国申请量为59,570项。

3. 2021年，中国在欧洲专利局专利申请达到16,665项，占该机构全年注册申请总数的9%，相比2020年增长24%，排名第四。前五大专利申请国分别是美国（25%）、德国（14%）、日本（11%）、中国（9%）、法国（6%）。

4. 2021年美国授权的327,329项专利中，美国公司占了150,801项，之后分别是日本（47,105项）、韩国（21,264项）、中国（20,679项）和德国（14,663项）。相比于2020年，除中国从18,792项增加到前述20,679项之外，其他国家在美国专利授权数量均呈下降趋势。

（教师可视学生回答情况，介绍近些年中国在专利方面所取得的成就，这些成就应随着时间的发展而不断更新。）

第1课时第2阶段

教师讲解

《国语》为中国最早的国别体史书，记载了西周至春秋时期的一些历史事件。其中有一篇《芮良夫论荣夷公专利》。

《芮良夫论荣夷公专利》原文：

厉王说荣夷公，芮良夫曰："王室其将卑乎！夫荣公好专利而不知大难。夫利，百物之所生也，天地之所载也，而或专之，其害多矣。天地百物，皆将取焉，胡可专也？所怒甚多，而不备大难，以是教王，王能久乎？夫王人者，将导利而布之上下者也，使神人百物无不得其极，犹日怵惕，惧怨之来也。故《颂》曰：'思文后稷，克配彼天。立我蒸民，莫匪尔极。'《大雅》曰：'陈锡载周。'是不布利而惧难乎？故能载周，以至于今。今王学专利，其可乎？匹夫专利，犹谓之盗，王而行之，其归鲜矣。荣公若用，周必败。"既，荣公为卿士，诸侯不享，王流于彘。

请问大家这里的"专利"是什么意思？

学生讨论

略。

教师讲解

这里的"专利"含义为独占财利，不同于今日"专利"的独占发明权的含义。

第1课时第3阶段

教师讲解

太平天国后期的领导人之一——洪仁玕，是中国传播近代专利思想的第一人，他在其施政纲领《资政新篇》中提出了实行专利制度以发展工业、富强国家的理念。

《资政新篇》原文节选：

兴车马之利，以利便轻捷为妙。倘有能造如外邦火轮车，一日夜能行七八千里者，准其自专其利，限满准他人仿做。

兴舟楫之利，以坚固轻便捷巧为妙。或用火用气用力用风，任乎智者自创。首创至巧者，赏以自专其利，限满准他人仿做。

兴器皿技艺。有能造精奇利便者，准其自售，他人仿造，罪而罚之。即有法人而生巧者，准前造者收为己有，或招为徒焉。器小者赏五年，大者赏十年，益民多者年数加多，无益之物有责无赏。限满他人仿做。

师生互动

"兴器皿技艺"的主要内容是什么？

教师讲解

洪仁玕的专利主张与现代意义上的专利思想十分接近，不仅规定了专利制度最根本的原则"益民"，而且将"大专利"（发明创造）和"小专利"（实用新型）分开，并在保护期限和奖赏方面做了不同的规定，同时规定了在保护期限满后他人可以仿造，反映出中国处于萌芽状态中的专利立法思想。

第1课时第4阶段

教师讲解

洋务运动时期，随着国外工业技艺引进的增多，一些洋务派官员提出自行设厂进行纺织以"实业救国"的建议，以此来抗击国外工业品大量涌入对中国民族经济的严重冲击。1878年，李鸿章派郑观应等人筹建中国的第一家机器织布业——上海机器织布局。

在此期间，国内有识之士注意到西方专利保护制度在促进社会进步中的作用，因此不断提出专利保护的要求。1881年，郑观应就上海机器织布局采用的机器织布技术向光绪帝申请专利，打算以此保护织布局的利益，抗衡外国棉纺织品的输入。1882年该申请获得光绪帝的批准，专利权人是郑观应，期限为十年——"十年以内，只准华商附股搭办，不准另行设局"。这是中国存案在册的第一项专利。

师生互动

光绪帝授权的这第一项专利有什么特点?

教师讲解

该专利权的授权与欧洲早期的专利萌芽相类似,同样是封建君主授予的特许权,其目的不是保护技术革新,而仅仅是独揽财源,防止别人染指。由于这项"十年专利"的存在,当时上海、湖北等地商人筹办纱厂的尝试都以失败告终。

第1课时第5阶段

教师讲解

戊戌变法期间,光绪帝奏准颁行的《振兴工艺给奖章程》是中国近代第一部有关专利的法规,其以鼓励发明创造为宗旨,第一次在法律上肯定了技术创新的进步作用,并对与专利相关的内容做了具体规定。虽然戊戌变法历时短短103天即告失败,《振兴工艺给奖章程》也被束之高阁,但由其所开始的鼓励发明创造、发展民间工商业的制度体系,取得了极大的社会认同。《振兴工艺给奖章程》颁布不到一个月,维新运动期间非常流行的《申报》《湘报》就均报道了福建人陈紫绶因自创纺纱机器而获得朝廷发予执照并准其专利15年的事件,这是我国个人获得专利权的最早记录。

教师讲解

《振兴工艺给奖章程》共有十二款,其中涉及以专利的奖励方式来振兴工艺的有第一、二、三、十一、十二款:

第一款——"如有自出新法,制造船、械、枪、炮等器,能驾出各国旧时所用之上","应如何破格优奖,伺临时酌量情形,奏明请颁特奖,并许其集资设立公司开办,专利五十年"。

第二款——"如有能造新器,切与人生日用之需,其法为西人旧时所无者,请给工部郎中实职,许其专利三十年"。

第三款——"或西人旧有各器,而其制造之法尚未流中土,如有人能仿造其式,成就可用者,请给工部主事职衔,许其专利十年"。

第十一款——注明进行专利奖励的部门是总理衙门,并规定了申请专利奖励的程序,"凡请奖励之例或由本人将所制之器、所著之书、所办之事呈明总理衙门查核奏请办理,或由京外大员将所制之器、所著之书、所办之事奏请交总理衙门查核办理"。

第十二款——规定对假冒专利者的惩处，"凡著书制器各事，必由总理衙门认真考验，实属新书、新器，乃得给奖，捐办各事，必行查地方官所办属实，乃得给奖，若有抄袭陈言，冒认新书，私贩洋货，自称新器及兴办各事，捏报不实等情，自应从严驳斥。显暴于众以愧耻之。若竟侥幸售欺得奖，一经查出，除撤销奖案外，仍当严示惩创。已得官者革职治罪，未得官者另行酌情罚重款，禁锢终身。原保大臣分别议处"。

第1课时第6阶段

教师讲解

我国真正让专利保护成为法律，是在民国时期。

1911年辛亥革命之后，中华民国成立。中华民国前期，继南京临时政府之后，以袁世凯为首的晚清北洋军阀在政治格局中占据了主导地位，使得北洋政府成为中国历史上第一个以和平方式完整继承前朝疆域的政权，也是继清朝灭亡后中国第一个被国际承认的中国中央政府。1912年，北洋政府工商部颁布《奖励工艺品暂行章程》，对于发明制造品经考验合格授予5年以内专利权，对改良品予以褒奖，仿造受奖励制品或者伪称其产品为受奖励制品者被处以刑事责任，并基本明确了可授予专利权的范围——饮食品、医药品、妨害秩序风俗的发明或者改良，以及有相同制品申请在先者除外。1923年，工商部对其进行了修订，对保护范围做了适当扩充。

1927年4月18日，蒋介石建立南京国民政府（简称"国民政府"）。1928年，国民政府领导的北伐战争取得胜利，北洋政府覆灭。同年，国民政府颁布《奖励工业品暂行条例》，后于1932年颁布《奖励工业技术暂行条例》及实施细则、《奖励工业技术审查委员会规则》，构成了比较完整的体系，成为国民政府专利法框架的基础，后经数次修订，逐步完善。

到了1940年，国民政府开始积极筹备专利法的制定和颁布。参照英、美、苏、日等国的专利法，国民政府于1942年印行专利法草案，送立法院审议并于1944年5月4日通过，由国民政府主席蒋介石和立法院院长孙科联名签署，于1944年5月29日正式颁布实施。我国历史上第一部称为"专利法"的法律——《中华民国专利法》诞生，涵盖了发明、新型和新式样三部分。1947年，国民政府又颁布了该专利法的实施细则。

第1课时第7阶段

教师讲解

中华人民共和国成立后为鼓励生产科学研究，促进国家经济建设及发展，1950年颁布了《保障发明权与专利权暂行条例》。该条例的部分内容：采取了发明权与专利权并行的双轨制，任何个人或集体有所发明的，都可自愿申请发明权或专利权；获得发明权的人可以领取奖金、奖章、奖状等奖励，发明的利用与处理权属于国家；获得专利权的人对于他的发明有利用的独占权，其他人侵犯专利权的，应依法赔偿专利权人的损失。

依据该条例，第一项被授予发明权的为侯氏制碱法，由发明人侯德榜于1951年5月申请，1953年4月获得批准；第一项被授予专利权的为软硬性透明胶膜网线版，由发明人胡振燮于1950年10月申请，1953年4月获得批准，有效期5年。

1963年，国务院颁布《发明奖励条例》，对那些具备新颖性和实用性，其技术水平处于国内或国际领先的发明创造，发给发明证书。同年，《保障发明权与专利权暂行条例》被明令废止，至此，发明权与专利权并行的双轨制，变成了单一的发明权制度，其后中国大陆暂时处于无专利制度的状态。

第1课时第8阶段

教师讲解

1978年12月十一届三中全会期间，邓小平同志明确表示我国应建立包括专利制度在内的知识产权制度。当月，我国先后派出工作组考察了日本、法国、德国、南斯拉夫、美国等国家的专利组织以及世界知识产权组织。1979年3月，专利法起草小组成立。在充分调研的基础之上，1979年10月17日，当时的国家科学技术委员会向国务院提出了在我国建立专利制度的请示，该请示建议在我国起草专利法。国务院于1980年正式批准国家科学技术委员会的报告。同年，中国专利局（国家知识产权局前身）成立，并且我国正式加入世界知识产权组织。此后，便开始了我国专利法的正式起草阶段，但专利法却迟迟未能出台，主要原因是认知和观念的不同，并且有激烈的争论。

师生互动

在当时的历史背景下，施行专利制度会有什么弊端和利处？

教师讲解

弊端：当时我国科技水平较低，工业产品以仿制外国产品为主，一旦实施专利制度，很多产品我们不能再生产，脆弱的民族工业将面临被摧垮的风险，国家有可能面临重大损失。

利处：科技是第一生产力，保护专利就是保护生产力。有了知识产权保护，才能激发人们的创造才能，并有利于吸引国外先进技术，促进和发展生产力，增强和提高生产力，从而促进经济的发展、财富的积累，提高国家经济实力和国际竞争力，实现中华民族的振兴。相反，如果不保护知识产权，将阻碍生产力，甚至毁掉生产力，发展也将停滞，国家将陷入长期贫穷和落后。

邓小平同志于1984年一锤定音，指出"专利法以早通过为好"。由此，经过4年多的反复论证，历经20余稿修改，终于在1984年3月12日经第六届全国人大常委会第四次会议讨论通过《中华人民共和国专利法》，自1985年4月1日起施行。当天，中国专利局就收到来自国内外的专利申请3,455件，被世界知识产权组织誉为创造了专利历史的新纪录。

随着我国改革开放的不断发展，《中华人民共和国专利法》也随之修改，迄今为止，已经进行过四次修改。

1992年9月第一次修改：延长专利权的期限，将发明专利权期限从15年改为20年，实用新型专利权和外观设计专利权从5年加3年续展期改为10年；将授权前的异议程序改为授权后的撤销程序；增加专利复审的范围；扩大专利保护的技术领域，将食品、饮料、调味品、药品和用化学方法获得的物质列为保护范围；重新规定专利侵权诉讼中举证责任转移的条件；增加对假冒专利产品或者方法的处罚等。

2000年8月第二次修改：简化、完善专利审批和维权程序，规定实用新型专利和外观设计专利的复审和无效由法院终审；明确通过《专利合作条约》（PCT）途径提交国际专利申请的法律依据等，以进一步适应加入WTO后我国经济建设和改革开放的形势。

2008年12月第三次修改：提高专利授权标准，完善审批程序，加强专利权保护以及合理平衡专利权人与公众利益关系，以服务于创新型国家建设，进一步提高自主创新能力，增强我国核心竞争力。

2020年10月第四次修改：加强对专利权人合法权益的保护，加大对侵犯专利权的赔偿力度，对故意侵权行为规定一到五倍的惩罚性赔偿，将法定赔偿额上限提高到五百万；完善举证责任，完善专利行政保护，新增诚实信用原则，新增专利权期限补偿制度和药品专利纠纷早期解决程序有关条款等；促进专利实施和运用，包括完善职务发明制度，新增专利开放许可制度，加强专利转化服务等；完善专利授权制度，包括进一步完善外观设计保护相关制度，增加新颖性宽限期的适用情形，完善专利权评价报告制度；等等。

师生互动

《资政新篇》中体现了哪些与中国现行专利法相近的立法思想？

教师讲解

立法宗旨："益民"，与《中华人民共和国专利法》立法宗旨相类似。

专利类型和不同的保护期限："器小者赏五年，大者赏十年"，与《中华人民共和国专利法》中发明专利保护20年、实用新型保护10年相类似。

侵权惩罚："他人仿造，罪而罚之"，与《中华人民共和国专利法》侵权惩罚相类似。

师生互动

国外的专利审查和授权机构都有哪些呢？

教师讲解

欧洲：欧洲专利局（European Patent Office，简称EPO）。

美国：美国专利商标局（United States Patent and Trademark Office，简称USPTO）。

日本：日本特许厅（Japan Patent Office，简称JPO）。

韩国：韩国知识产权局（Korean Intellectual Property Office，简称KIPO）。

课堂总结

今天我们对我国专利制度的诞生过程进行了学习。了解到"专利"一词在约2000年前就曾出现过；认识了最早将近代专利思想引入中国的洪仁玕及其著作《资政新篇》；知道了上海机器织布局所申请的中国存案在册的第一项专利；知晓了戊戌变法期间光绪帝奏准颁行的中国近代历史上第一部有关专利的法规《振兴工艺给奖章程》、我国个人获得专利权的最早记录——陈紫绶的自创纺纱机器；还学习了国民政府颁布施行的中国第一部称为"专利法"的《中华民国专利法》、中华人民共和国成立后颁布的鼓励生产科学研究的《保障发明权和专利权暂行条例》和《发明奖励条例》，以及《中华人民共和国专利法》的颁布施行情况。最后，我们以课堂问答的形式回顾一下本节课的主要内容。

课堂问答

教师：1985年4月1日起施行的《中华人民共和国专利法》规定对药品不授予专利权，你知道是什么原因吗？

学生：一方面是因为药品涉及公众利益和人民健康，另一方面是因为我国当时药品行业的发展水平还有待大幅提高，需要保护本国工业和市场，所以不宜授予专利权。

教师：何时对这一规定进行了修改，使得药品可以被授予专利权了呢？

学生：1992年9月第一次修改，取消了不对药品进行专利保护的规定。

第四节 地域性与保护期限

【教学目的】

1. 让学生了解专利保护是有地域限制和保护期限的，对发明、实用新型、外观设计三种专利类型的保护地域和保护期限有初步认识。

2. 使学生了解地域性和保护期限的概念，能够初步区分不同专利类型的保护期限，进一步区分不同专利类型在不同地域的保护期限。

【教学重点和难点】

1. 让学生知道专利的地域性和保护期限。

2. 让学生了解不同专利类型在不同地区的保护期限。

【课时安排】

建议1课时。

【知识要点】

地域性和保护期限。

【教学过程】

一、教学大纲

第X课时 第X阶段	教学内容	教学准备	教师活动	学生活动	阶段目标
第1课时 第1阶段	地域性和保护期限	搜集资料	讲解概念	对教师的提问进行互动回答	初步了解专利的地域性和保护期限
第1课时 第2阶段	不同国家的专利保护期限	搜集资料	讲解区别	听讲，做课堂练习	初步了解专利在不同地区的保护期限

二、具体教学过程

第1课时第1阶段

教师讲解

传统的专利制度有着严格的国家地域性，不同的授权机构按照一定的程序和条件授予的专利权仅在该机构所在的国家生效，而在国外无效。创新成果若想要在多个国家获得专利保护，那么必须分别得到多个国家的授权。

专利的地域性意味着专利权只有在授予该专利权的国家或地区，才享有该专利的权利保护。如果其他人想在该国家或地区使用该项专利，就必须事先取得专利权人的许可，并支付合理的专利使用费。当权利人的权利受到侵害时，将依照该国或地区的法律追究侵权人的法律责任。反之，由于专利权人取得的专利权在其他国家或地区并未得到承认和保护，因而在其他国家或地区，非权利人如果使用这项专利，则不需要征得该专利权人的同意，也不需要向其支付专利使用费，更不存在侵权问题。

师生互动

专利的这种地域性保护会引起什么问题呢？

教师讲解

一项发明创造想要获得更多国家和地区的保护，就需要申请人在多个国家或地区申请专利权，程序烦琐，导致申请成本过高，客观上也阻碍了跨国技术、产品贸易、创新合作和技术投资的发展。因此，发达国家不断推动专利制度一体化协调。在全球层面，根据《专利合作条约》（PCT）建立的PCT制度，目前已有150多个成员，成为被广泛使用的跨国申请平台。

教师讲解

专利保护除了有地域性，还有一大特点就是有保护期限。在专利保护制度中，专利权的保护程度直接关系到制度对技术进步的推动力的大小。发明创造者在一定时期内拥有的垄断权是专利保护的核心内容之一（即专利所保护的就是权利人在一定时期内对该项发明创造的垄断使用权），专利的充分保护必须以有效的专利期限制度为依托。没有有效的专利期限制度或者制度不完善，将使整个专利制度促进创新的作用受到限制或者难以实现，所以专利期限制度是专利的充分保护的核心基础。专利保护期限，就是被授予专利权后，权利人得到的保护是有时间期限的。

教师讲解

专利权是对智力活动取得的创造性成果依法享有的专有权利。作为一项产权激励措施，对个人来说，它使发明创造给权利人带来经济价值，对企业来说，它使企业具有创新的动力，创新是竞争力的标志；从社会角度说，它促进了技术创新，提高了经济竞争力，加速了科技成果产业化。

专利权属于无形资产，无形资产指没有实物形态的可辨认非货币性资产，通常包括社会无形资产和自然无形资产。社会无形资产包括专利权、非专利技术、商标权、著作权等。

课堂问答

教师：如果一个人有一项专利权，如何体现出它的价值呢？

学生：可以把这项专利权进行转让，以此来获取经济利益；或者把专利权作为无形资产入股，通过股东分红的方式获取经济利益。

教师讲解

专利保护是通过赋予发明创造者一定时间、一定范围的垄断权来保护其利益的，以此来激励研发创新。在专权保护期限内，权利人享有技术的独占权，这期间权利人既能收回成本，又能获得可观的经济收入，专利保护期限届满后，技术进入公有领域，成为公共财产。

大家看看下面这幅图，这是世界上最早的专利。

世界上最早的专利

这项专利涉及一种"装有吊机的驳船"，由佛罗伦萨于1421年颁发给菲利浦·布鲁内莱斯基。菲利浦·布鲁内莱斯基被授予了三年的垄断权。这种船能够在重负荷的情况下，在河里有效航行，主要是为了运输建造佛罗伦萨大教堂所用的大石块。

这三年就是专利制度发展史上第一个真正的专利垄断期，期限虽然不长，却对专利期限制度发展提供了宝贵的契机。专利保护制度在初期只能称为一种习惯法，没有形成固定的制度。那时的独占性权利完全是皇室授予的特许权，其期限长短完全由皇室自由掌控，且皇室对权利的授予和废止有绝对的权力，这种制度完全是一种由统治阶级控制、为统治阶级经济发展服务的工具。

一件发明创造提出专利申请，通过一系列审查程序后获得授权，授权之后得到相应保护。但大家要注意专利保护期限是从申请日开始起算的。

课堂问答

教师：《中华人民共和国专利法》规定"发明专利权的期限为二十年，外观设计专利权的期限为十五年，实用新型专利权的期限为十年，均自申请日起计算"。什么是申请日？

学生：申请日是向国家知识产权局提出符合受理申请条件的申请的日期。

师生互动

张三同学于2020年1月5日向国家知识产权局申请了一项发明专利，名称为一种用于治疗口腔溃疡的药物，并且于2021年12月31日收到授权通知书，2022年2月1日为授权公告日。请问该专利权期满终止日是哪一天？

教师讲解

题里出现了好几个日期——申请日、授权通知书的发文日和授权公告日，首先我们要判断这些日期里有没有答案，接下来要思考的是这道题中讲到的是哪种类型的专利——我们刚刚学过了，专利保护期限是跟专利类型紧密关联的。

"一项发明专利"——发明专利的保护期限是多长时间呀？二十年。

保护期限从哪一天开始计算？从申请日起算。这道题中的发明专利申请日是2020年1月5日，该专利权的期限为2020年1月5日至2040年1月4日，专利权期满终止日是2040年1月5日（遇节假日不顺延）。

教师讲解

从专利制度宗旨的角度看，过长的保护期限，将强化对专利权人的利益保护，使其过度获得利益，却阻碍了公众对技术的自由利用，从而导致技术传播、科技发展受到阻碍；过短的保护期限又不能充分维护专利权人的利益，导致专利权人应得的利益流向公众，这将极大地降低创新的动力。因此专利最优保护期限是立法宗旨中公平正义原则的体现。

从经济的角度看，过长的保护期限将增加为保护垄断权付出的社会成本，也会增加公众不能获得利用技术造成的损失，造成总成本超过总收益；过短的保护期限则使技术过早地进入公有领域，公众过早地自由利用技术，社会收益将大幅度提高，导致总收益严重高于总成本。专利最优保护期限体现在技术带来的总成本与总收益相对均衡。

从技术寿命的角度看——经济寿命是指某项技术创造收益并有效使用的持续时间，使用该技术不获利或使用另一技术获利更大时，它的经济寿命即告终止——随着科技更新加快，技术的生命周期越来越短，技术的经济寿命也将大幅缩短，导致专利期限往往长于技术经济寿命，在技术丧失市场价值以后维持技术将导致资金的浪费。

可见，从不同的角度看，专利保护是一把双刃剑，专利最优保护期限具有必要性。

对于非专利权人来讲，如果专利保护期限过长会怎样？

助长了不公平竞争。

专利保护期限太短会怎样？

发明人的研发成本很高，享受专利保护所获的收益还抵不上研发投资，发明人肯定就没有了积极性。

专利保护期限为什么不能是"永久"的呢？

首先，专利的诞生是为了保护智力的劳动成果，智力的劳动成果是一种无形资产，如果没有书面或实物的承载是不可能进行客观展示的，尤其是工艺方法、配方、算法等方面的智力成果，而且发明人付出了大量的时间、物力、精力，属于私有权利。但是，这些智力的劳动成果需要通过大众进行传播或保障公众利益，所以国家在立法的时候需要平衡私有权利和公众利益，专利必须得有保护期，但不能永久保护。大家可以试想一下，如果允许对专利进行永久保护，那么我们就不能站在巨人肩膀上向前发展，而只能绕道而行。专利保护期限由法律明文规定，是平衡利益的结果。

第1课时第2阶段

教师讲解

我们讲到《中华人民共和国专利法》规定："发明专利权的期限为二十年，外观设计专利权的期限为十五年，实用新型专利权的期限为十年，均自申请日起计算。"

大家知道其他国家的专利保护期限是多长时间吗？

美国的专利保护期限

1. 美国发明专利：自申请日起20年。

2. 美国外观设计专利：自授权日起15年。

注意

1. 2015年5月13日前在美国提交的外观专利申请，授权后保护期限为自授权日起14年。

2. 2015年5月13日及之后在美国提交的外观专利申请，授权后保护期限为自授权日起15年。

3. 美国的药品、食品、色素添加剂、医疗器械、动物药品、兽用生物制品等专利的保护期限可以延长，一项专利最多可以延长保护5年。

4. 在1995年6月8日或之后提交的部分续展、分割或续展申请中授予的专利，其有效期自最早申请的提交日起20年届满。

日本的专利保护期限

1. 日本发明专利：自申请日起20年。

2. 日本实用新型专利：自申请日起10年。

3. 日本外观设计专利：自注册日起15年。

韩国的专利保护期限

1. 韩国发明专利：自申请日起20年。

2. 韩国实用新型专利：自申请日起10年。

3. 韩国外观设计专利：自注册日起15年。

欧洲的专利保护期限

1. 欧洲发明专利：自申请日起20年。

2. 欧洲外观设计专利：自申请日起5年，到期后可续展4次，每次可以延长保护5年，总的保护期限为25年。

课堂练习

1. 在我国，发明专利的保护期限为（　　）

A. 25年

B. 50年

C. 发明人终生及死后50年

D. 20年

2. 根据2021年6月1日生效的《中华人民共和国专利法》，下面关于专利权的期限描述正确的是（　　）

A. 发明专利权的期限是20年

B. 发明专利权的期限是15年

C. 外观设计专利权的期限为15年

D. 外观设计专利权的期限为10年

课后思考

通过学习,同学们已经了解到专利的地域性和保护期限,申请人想把一项发明创造在多国申请专利,需要考虑哪些方面呢?

(答案:1. 考虑向哪些国家申请。2. 如果要在多国申请,申请人需要了解该国的专利制度、技术现状、产品市场潜力等。)

第五节 专利权保护的类型

【教学目的】
1. 了解专利权保护的三种类型，对发明、实用新型、外观设计相应的保护范围有初步认识。
2. 通过举例让学生初步了解发明专利和实用新型专利的主要区别。

【教学重点和难点】
介绍发明、实用新型、外观设计的概念，以及发明专利和实用新型专利的主要区别。

【课时安排】
建议1课时。

【知识要点】
我国现行专利法中发明、实用新型、外观设计的概念。

【教学过程】
一、教学大纲

第X课时 第X阶段	教学内容	教学准备	教师活动	学生活动	阶段目标
第1课时	专利权保护的类型	风扇、口罩等的图片	通过案例讲解，引导学生思考发明、实用新型和外观设计专利权的保护范围	对教师的提问进行互动回答	使学生知道发明、实用新型、外观设计的概念，初步了解发明专利和实用新型专利的主要区别

二、具体教学过程

教师讲解

随着社会的发展和科技的进步，许多中小学生利用课余时间，充分发挥自己的聪明才智，搞出了许多各具特色的小发明和小创造。

比如台灯原来都是插电的，现在有充电台灯，不受电线长度的限制，可以放在任何位置，使用非常方便。

如果这个点子或者这种改动，是我第一个想出来的，那怎么才能保证它专属于我一个人呢？

申请专利权，这是一个保护本人智力成果的绝好办法。

专利权是什么？前面的课程已经讲到过，专利权是指国家根据发明人或设计人的申请，以向社会公开发明创造的内容，以及发明创造对社会具有符合法律规定的利益为前提，根据法定程序在一定期限内授予发明人或设计人的一种排他性权利。如果我得到专利权，要是他人想使用我的发明创造，必须得到我的同意或许可。

教师讲解

通过前面的学习，我们了解到《中华人民共和国专利法》规定了发明、实用新型和外观设计三种专利类型。

下面让我们跟着果果一起来认识一下这三种专利类型。

进入6月后，天渐渐热了起来，妈妈想让果果帮忙挑选一款风扇。商场里各式各样的风扇引起了果果的兴趣，他发现各种风扇不仅大小、颜色、形状不一样，扇叶、功能也有区别，这可怎么挑呢？他一时没了主意。但是呀，果果很聪明，在心里默默记住了转叶扇、塔扇、涡流空气循环扇、落地扇、无叶电扇、冷风扇这几个名字。

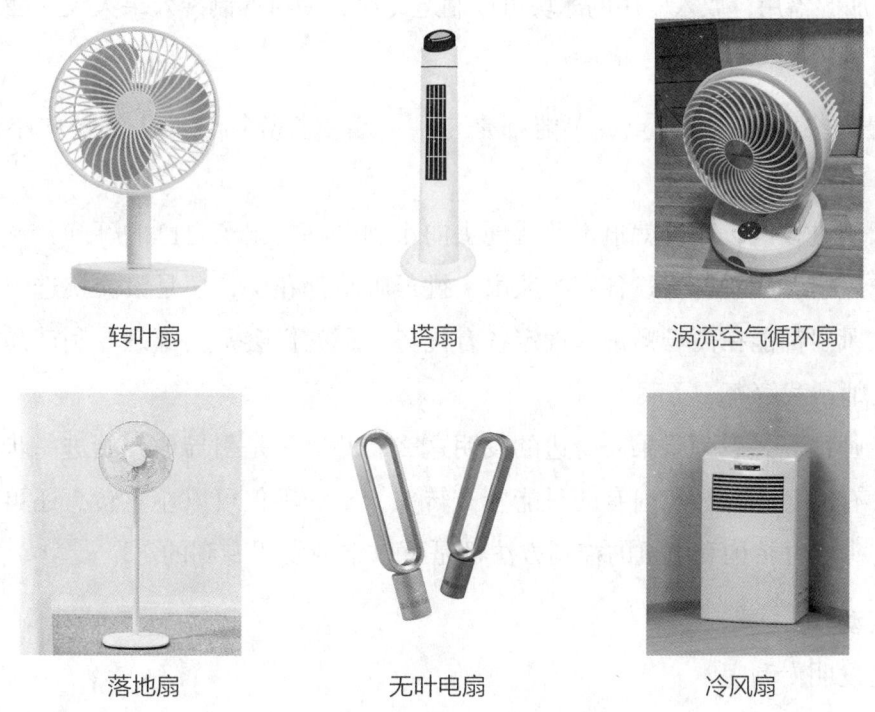

转叶扇　　　　　　塔扇　　　　　　涡流空气循环扇

落地扇　　　　　　无叶电扇　　　　　　冷风扇

教师讲解

转叶扇，是生活中常见的风扇，有圆形的、方形的，常见三至五片扇叶，使用时不受位置、场地限制，有反向旋转的转叶辅助调整风的输出方向，可以使风以更大角度散开，适合近距离吹风，但是不能摇头。

塔扇，是近年来风扇中比较新颖的一种。塔扇的送风原理和空调的送风原理相似，核心部件是贯流风轮，塔扇与壁挂式空调不同的是将横向风轮立起来放置，塔扇在外形上的无叶视觉给人以深刻印象，而且它的出风方式不同于传统风扇。塔扇体积小，省空间，出风比较柔和，可以附加空气净化、加湿、预冷等功能，而且栅格小，可以防止小孩的手指伸入。

涡流空气循环扇，一般是圆形的，也是常见三至五片扇叶，扇叶紧凑，风压大，送风远，主要作用是可以加快空气对流，将室内空气形成对流循环。涡流空气循环扇风比较硬，风面较小，而且在高速运行的情况下噪声也比普通风扇大一点儿。

落地扇，是常见的风扇，常见三片、五片、七片、九片扇叶。

无叶电扇，因为没有叶片，所以不会覆盖尘土或伤到儿童插进的手指。更奇妙的是它的造型奇特，流线型外表简约又清爽，设计灵感源于空气叶片干手器。但是无叶电扇通常噪声比较大。

冷风扇，是融入了空调降温概念的一种新型风扇。这类风扇里有一种蓄水的容器，放入水可以当加湿器用，放入专用的冰块可以制造冷风，使风的制冷效果大大加强。

教师讲解

果果想这些风扇各有特点，可能都是专利产品，打算第二天去学校向小利老师问个清楚。

第二天刚进校门，果果就迫不及待地去向小利老师提出了自己的疑问："周末妈妈让我帮她挑选风扇，我看着各式各样的风扇，挑得眼睛都花了，还是没能挑选出来。我想既然这么多款风扇都能在商场畅销，肯定各有优势，那它们会不会都是专利产品呢？真的很想请小利老师帮我解答一下啊。"

小利老师很高兴看到果果对身边的发明这么有心，于是引导他开始进一步思考："果果，你有没有注意到这些风扇有的只能左右转头，有的不仅可以左右转头还可以上下摆头呢？这种转头组件结构和电机的控制方法都是可以申请发明专利的。"

师生互动

什么是发明专利呢？

教师讲解

发明，是指对产品、方法或者其改进所提出的新的技术方案。

发明专利保护的是新的技术方案，是利用自然规律解决生产、科研、实验中各种问题的技术解决方案，也可以是对现有产品或方法的改进方案。

专利法意义上的这种发明，与通常我们所说的发明含义不完全相同。通常我们所说的发明，一般是直接应用于工业生产的技术成果。而专利法意义上的发明，仅仅是一项解决技术问题的方案，是一种技术构思，还没有达到直接应用于工业生产的阶段，在理论上，有完整的技术方案，就可以申请发明专利。

发明也不同于发现。发现是对自然规律或本质的揭示，如万有引力定律。发明是对揭示的自然规律或本质的具体运用，是运用原理解决具体技术问题的方案。

教师讲解

果果说冷风扇最近很受欢迎，其实冷风扇就是通过给风扇加冷水或放置冰块，使风扇吹出冷风效果。为了实现这个效果，和风扇组合在一起使用的还有加冷水或放置冰块的容器。广大消费者在使用过程中不愿意频繁给风扇加冷水、放冰块。于是，发明人就对容器进行了改进，为冷风扇设计了可以自己制冷的容器。这种改进的容器就可以申请实用新型专利，享受保护。

师生互动

大家知道实用新型是什么吗？

教师讲解

实用新型，是指对产品的形状、构造或者其结合所提出的适于实用的新的技术方案。

实用新型专利保护的是产品，而且是通过视觉可以把握发明信息的产品。反过来讲，如果从视觉上不能把握该产品的形状、构造，这样的产品就不属于实用新型专利保护的客体，比如气态、液态、粉末状、颗粒状的物质或材料。

课堂问答

教师：大家想一想风扇扇叶有什么样子的？

学生：有细长的，也有圆的，还有无扇叶的……

教师：这些不同的形状、构造如果有进一步的改进，这种改进就可以申请实用新型专利。（这时，给同学们展示常见扇叶形状，如下图。）

蔓叶形扇叶（3叶）　　　蔓叶形扇叶（4叶）　　　四边形扇叶　　　细长形扇叶

（教师可以询问学生是否理解了，如果学生理解得不准确可以再举例子进行练习。）

课堂问答

教师：专利有三种类型，刚刚说了保护技术方案的发明专利和保护产品的实用新型专利，最有趣的要数保护色彩、形状、图案的外观设计专利了。同学们想一想，转叶扇和落地扇有什么不同呢？

学生：落地扇比转叶扇高。

教师：是的，这样不同的形状，或者再搭配不同颜色、图案就可以享受外观设计专利保护。

教师讲解

外观设计，是指对产品的整体或者局部的形状、图案或者其结合以及色彩与形状、图案的结合所做出的富有美感并适于工业应用的新设计。外观设计专利的保护范围以表示在图片或者照片中的该产品的外观设计为准。

教师讲解

果果谢过小利老师的解答，正打算回班级，小利老师叫住他，说："向国家知识产权局提交的专利申请并不都能被授予专利权。"果果立马转身回来继续听小利老师的讲解。

教师讲解

不授予专利权的申请有：

1. 违反法律、社会公德的发明创造或者妨害公共利益的发明创造。
2. 科学发现，例如居里夫人发现的放射性元素钋和镭。
3. 智力活动的规则和方法，例如棋牌类的游戏规则。
4. 疾病的诊断和治疗方法，例如中医把脉。
5. 动物和植物品种，动植物新品种可以通过专利法以外的其他法律法规予以保护。
6. 原子核变换方法和用该方法获得的物质。

7. 对平面印刷品的图案、色彩或者二者的结合做出的主要起标识作用的设计。

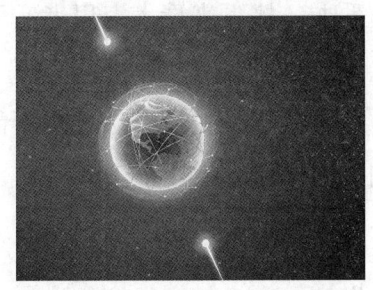
科学发现

中医把脉

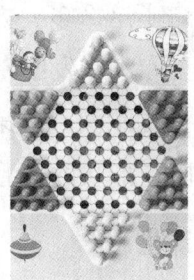
智力活动

教师讲解

这节课的主要内容讲完了，小利老师送给果果一个带小老虎图案的红色口罩，说："疫情防控常态化了，记住佩戴口罩哦，今年是虎年啦，口罩也开始'过年'啦。"（给同学们展示小利老师送给果果的口罩的图片。）

果果边走边念叨着，这小小的口罩应该也有好多专利吧。（给同学们展示各种口罩的图片。）

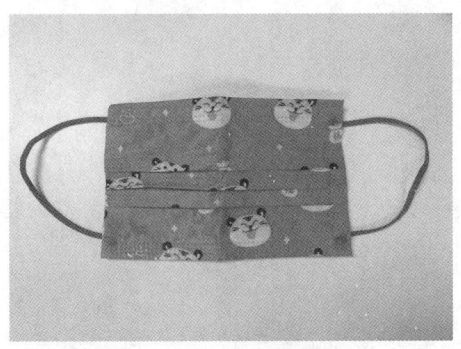
带小老虎图案的红色口罩

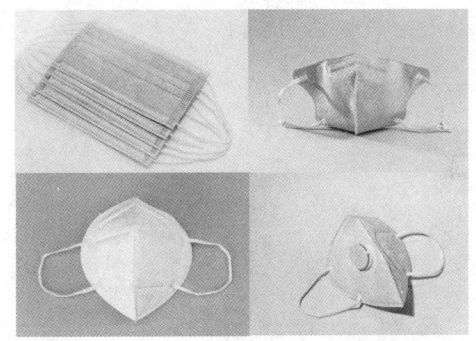
各种口罩

教师讲解

日常佩戴的口罩看似不起眼，但确实可以申请好多专利：

口罩最主要组成部分熔喷布的制作方法属于发明专利；

口罩罩体上沿的形状根据用户脸型进行适应调节的装置也属于发明专利；

口罩罩体增加呼吸阀的结构属于实用新型专利；

增加连接件方便口罩收纳的构造属于实用新型专利；

口罩的各种形状、色彩、大小的组合属于外观设计专利。

师生互动

讲了这么多,大家应该已经对三种专利类型都非常熟悉啦。接下来请大家思考一下实用新型专利和发明专利主要有哪些不同之处呢?

(提示两点:第一,实用新型限于具有一定形状的产品,不能是一种方法,也不能是没有固定形状的产品;第二,对实用新型的创造性要求相比发明较低。)

课堂总结

发明,是指对产品、方法或者其改进所提出的新的技术方案。

实用新型,是指对产品的形状、构造或者其结合所提出的适于实用的新的技术方案。

外观设计,是指对产品的整体或者局部的形状、图案或者其结合以及色彩与形状、图案的结合所做出的富有美感并适于工业应用的新设计。

课后作业

略。

(教师围绕三种专利类型——发明、实用新型、外观设计出练习题,请学生课后完成。)

第六节 实用性、新颖性与创造性

【教学目标】

1. 让学生了解专利审查对于创新技术的三个实质性要求。

2. 给出反面示例,引导学生了解不符合实用性要求的情形;给出对比示例,带领学生感受新颖性和创造性的要求。

3. 使学生明白创新成果需要通过实践才能产生价值,要重视创新高度,提升创新质量。

【教学重点和难点】

教学重点

通过学习专利审查对于创新技术的三个实质性要求,使学生认识到创新成果产生价值的条件。

教学难点

本课涉及许多抽象的概念,不易理解,需要教师对实用性、新颖性与创造性有充分的了解,能够清楚讲授概念,并且能够引导学生触摸到创新的门槛。

【课时安排】

建议1课时。

【知识要点】

创新技术的实用性、新颖性与创造性。

【教学过程】

一、教学大纲

第X课时 第X阶段	教学内容	教学准备	教师活动	学生活动	阶段目标
第1课时 第1阶段	实用性	搜集资料	概念介绍,案例讲解	听讲	知道如何判断一项发明创造是否具有实用性

(续表)

第X课时 第X阶段	教学内容	教学准备	教师活动	学生活动	阶段目标
第1课时 第2阶段	新颖性	搜集资料	概念介绍，案例讲解，通过提问帮助学生理解新颖性的要求	对教师的提问进行互动回答	知道如何判断一项发明创造是否具有新颖性
第1课时 第3阶段	创造性	搜集资料	概念介绍，案例讲解，引导学生分组讨论	对教师的提问进行讨论	知道如何判断一项发明创造是否具有创造性

二、具体教学过程

第1课时第1阶段

教师讲解

果果有个小创意，他很好奇是不是把这个小创意向国家知识产权局申请专利，就能获得专利权。小利老师告诉他，从创意到专利需要经历三道关卡的检验，这三道关卡分别是实用性、新颖性和创造性，简称专利的"三性"，简单来说，就是它是不是可行的、可用的，是不是新的，是不是具有创造性。

国家知识产权局下设专利局，统一受理和审查专利申请，依法授予专利权。也就是说，果果提出专利申请后，专利局接收这个申请，然后进行专利审查，在审查过程中如果发现他的创意不具有"三性"，那就不会授予专利权。

果果知道需要通过三道关卡的检验后，首先来到第一关——实用性。什么是实用性？我们可以用两个案例来帮助理解。

第一个案例是万人扇除雾霾的方法。前几年雾霾严重的时候，有人把一种去除雾霾的方法提交了发明专利申请，这种方法就是组织1500万人一起扇除雾霾。大家想一想，这种方法能去除雾霾吗？很明显，这只是一种幻想。雾是空气中悬浮的微小水滴，霾是空气中悬浮的大量烟、尘等。1500万人一起扇风，雾霾会随着气体流动而混合，犹如将手伸进浑水中搅动，怎么搅也不可能将水变清。因此这种去除雾霾的方法违背了常识，脱离实际，是无法实现的。

第二个案例是人工降温的方法。夏天很热，有同学看到"海拔每升高1000米，温度就降低6摄氏度"的理论，于是想到建造一根几千米的管子，把高空的冷空气引下来。首先，这样的管子很难制造出来；另外，冷空气会在向下流动的过程中完成热交换，因此即使有这样的管子，引下来的空气也不是冷的，产生不了积极效果（这里的"积极效果"是指能把高空的冷空气引下来，并且实现降低地面温度的目的），所以这种方法不具有实用性。

通过上述两个案例，我们知道了好的创意应该是符合常识的、有积极效果的。

教师讲解

下面再讲两个案例加深对实用性的理解。

第一个案例是利用物体的重力和磁体的磁力实现机器的永久运动（申请公布号CN101047350A）。

这是一种产品的设计构想。大家在物理课上都学过磁铁具有同极相斥、异极相吸的特性，这个设计构想利用磁铁的这个特性，依靠斥力把磁体推向高点，再依靠重力使磁体掉回低点，如此反复形成永久运动。但是它忽略了一点，就是摩擦力，在循环往复的运动中，摩擦力造成能量不断被消耗，最终使运动停下来。如果外界不提供能量，就无法实现机器的永久运动。这个设计构想违背了能量守恒定律，就好像装满了小球的盒子，一直往外拿球而不往回放，盒子早晚会空。虽然它的出发点是节约能源、利于环保，但是违背了自然规律，是无法实现的，不具有实用性。创意虽然需要天马行空的想象，但也要尊重自然规律，否则只是一种无法实现的幻想。

第二个案例是通过不断降低人的体温获取人类耐寒的极限值。

这种方法以人体为对象，可能造成身体的损伤或者对生命安全构成威胁，不符合人道主义精神，所以它是不被鼓励的，没有积极效果，不具有实用性。

课堂小结

符合自然规律、尊重常识、有积极效果的奇思妙想才是有实用性的；违背自然规律、脱离实际、明显无益的离奇想法都是没有实用性的。从创意到发明，首先要确定原始想法是可行的，在这个基础上，才能进一步将想法扩展成完整的方案。另外，需要补充说明的是，对"积极效果"的要求不用太高，有一些效果就可以接受。

第1课时第2阶段

教师讲解

果果来到第二关——新颖性。新颖性比较好理解，简单来说，就是新的，与之前的事物相比并非一模一样的，只要有区别，就具有新颖性。

类似于我们经常玩的游戏——找不同，如果能找到两件产品或作品之间不同的地方，那就说明它们并非一模一样的，后一件产品或作品相对于前一件就具有新颖性。

新颖性是相对于已经存在的事物来说的。判断一项发明创造是否具有新颖性，要把它和现有技术进行比较，如果这项发明创造已经记载在出版物上，或者已经能够购买到，或者已经被展出，或者已经被公开播放了，那么它就不具有新颖性了。新颖性的条件比较容易满足，除非是购买的、抄袭的，否则一般而言均具有新颖性。

师生互动

下列产品或作品是否具有新颖性？

1. 在电商平台能够购买到的商品。
2. 在一本外国杂志上刊登的科技作品。
3. 发布在朋友圈中的图片。
4. 自己撰写的已经在期刊上发表的文章。
5. 电视节目中出现的内容。
6. 在展览会的橱柜中展出的模型。
7. 一份处于保密状态的技术合同。

教师讲解

上述1—6项，均属于已被公开的产品或作品，因此它们都属于现有技术，已经不具有新颖性了。第7项较为特殊，这项技术虽然不是刚刚被研发出来的，但是处于保密状态的技术合同是无法被他人获取的，所以它仍具有新颖性。

第1课时第3阶段

教师讲解

顺利通过上一道关卡后，果果来到最后一关——创造性。这是三道关卡中最难的，与实用性、新颖性相比，创造性的要求更高。

师生互动

小利老师要求果果思考两个问题：如果一个创意仅仅是简单的组合，或者是只产生了无关紧要的变化，那么这个创意具有创造性吗？什么情况下一个创意才算具有了创造性呢？

教师讲解

一个创意是否具有创造性，需要根据它的创新程度来判断。在专利制度的范畴内，根据创新程度，可以把发明创造分为两种类型，一种是开拓性发明创造，一种是改进性发明创造。

开拓性发明创造是一种全新的技术，具有开拓某个崭新领域的作用，例如中国古代四大发明、蒸汽机、白炽灯、收音机等，在它们产生的时代均属于开拓性发明创造。如果一个创意被认定为开拓性发明创造，则必然具有创造性。

改进性发明创造是在现有技术基础上的进一步完善和提高。在人类科技进步的历程中，开拓性发明创造固然光辉耀眼，但改进性发明创造是站在前人肩膀上的探索和改良，也为人类科技进步贡献了重要力量。比如爱迪生从几千种材料中找到了合适的灯丝，这就是典型的改进性发明创造。需要注意的是，改进性发明创造是否具有创造性通常需要进一步判断。

教师讲解

果果听了小利老师的讲解之后，跃跃欲试，向创造性这一道关卡发起了挑战。果果面临的问题是：带梳子的笔和带梳子的帽子，哪个具有创造性？请大家一起帮果果来解决。

学生讨论

略。

（教师可以将学生按照四人一组进行分组，引导学生一起参与讨论，讨论五分钟，然后各组选代表发言。在学生讨论过程中教师提示：将梳子安装在笔上，组合后两者在结构上发生变化了吗？梳子的功能和笔的功能产生相互作用的关系了吗？将梳子安装在帽子上，需要对梳子的结构进行改造吗？组合后两者在功能上彼此支持吗？）

教师讲解

将梳子安装在笔上，组合后两者在结构上没有发生变化，梳子的功能和笔的功能没有产生相互作用的关系。带梳子的笔仅仅是一种简单的叠加，不具有创造性。将梳子安装在帽子上，也是一种组合发明。带梳子的帽子，需要对梳子的结构进行改造，梳子充当了帽檐，并且两者在功能上产生了相互作用的关系，梳子随着摘帽子的动作完成了梳头发的功能。因此这不是梳子和帽子的简单叠加，具有创造性。

教师讲解

在大家的帮助下，果果成功解决了问题，又有新问题出现了：将秤上的钩子转用到吊车上和将鸟爪转用到无人机上，哪个具有创造性？请大家一起帮果果来解决。

学生讨论

略。

（请学生继续在小组内讨论，讨论五分钟，然后各组选代表发言。在学生讨论过程中教师提示：吊车上的钩子与秤上的钩子相比，尺寸放大了，材料更坚固了，但其工作原理和结构发生变化了吗？这种转用需要克服技术上的困难吗？将鸟爪转用到无人机上，需要克服技术上的困难吗？在实现着陆、抓紧等动作的过程中是否付出了创造性的劳动呢？）

教师讲解

这两个案例涉及转用发明。吊车上的钩子与秤上的钩子相比，尺寸放大了，材料更坚固了，但其工作原理和结构没有发生变化，仅仅是简单的照搬，不需要克服技术上的困难。这种转用不具有创造性。将鸟爪转用到无人机上，需要完成着陆、抓紧等动作才能实现鸟爪的作用，需要克服技术上的困难。这种转用具有创造性。

教师讲解

在大家的帮助下，果果又成功解决了问题，又有新问题出现了：随着手机的智能化发展，手机的解锁方式可设计的空间已很小，在原有的逐个触摸的基础上变为一笔画触摸，是否提高了解锁效率呢？这种设计具有创造性吗？请大家一起帮果果来解决。

学生讨论

略。

（请学生继续在小组内讨论，讨论五分钟，然后各组选代表发言。）

教师讲解

在原有的逐个触摸的基础上变为一笔画触摸，这种设计的变化很小，但是显著提高了解锁效率。随着手机的智能化发展，手机的解锁方式可设计的空间已很小，在这样的情况下，这种革新使人们感受到了新奇的体验。因此这不是简单的变化，是具有创造性的。

课堂总结

这节课我们学习了判断一项发明创造是否具有实用性、新颖性、创造性的方法——简单来说，根据是否能够制造和使用来判断实用性；根据是不是现有技术来判断新颖性；根据是否付出了创造性的劳动来判断创造性。

课后作业

请学生根据课上的案例，总结一项发明创造具有和不具有创造性的几种情况和原因分别是什么。

第七节 大数据与人工智能

【教学目标】

1. 了解人工智能（Artificial Intelligence，简称AI）的概念、分类及发展方向。
2. 了解大数据（Big Data，简称BD）的概念、特征及应用。
3. 了解大数据、人工智能在创新、检索等方面的作用。

【教学重点和难点】

1. 初步了解人工智能涉及的多种技术。
2. 理解非智能产品进化为人工智能产品的思维方法。

【课时安排】

建议1课时。

【知识要点】

1. 人工智能的概念、分类及发展方向。
2. 大数据的概念、特征及应用。
3. 如何依靠大数据和人工智能寻找创新点。

【教学过程】

一、教学大纲

第X课时 第X阶段	教学内容	教学准备	教师活动	学生活动	阶段目标
第1课时 第1阶段	人工智能的概念、分类及其涉及的技术领域。非智能产品如何向人工智能产品进化	搜集资料和案例	给出人工智能的定义，介绍人工智能的分类，分析人工智能涉及的多种技术，举例说明非智能产品如何向人工智能产品进化	听讲，对教师的提问进行互动回答	了解人工智能的概念，知道人工智能的两种类型及其涉及的多种技术，理解非智能产品进化为人工智能产品的思维方法

(续表)

第X课时 第X阶段	教学内容	教学准备	教师活动	学生活动	阶段目标
第1课时 第2阶段	大数据的概念、特征及其与人工智能的关系	搜集资料和案例	讲解大数据的概念，举例说明它的特征，解释它与人工智能的关系	对教师的提问进行互动回答	了解大数据的概念、特征及应用
第1课时 第3阶段	大数据、人工智能在创新中的应用	搜集资料和案例	举例讲解创新的类型，解释如何利用大数据和人工智能进行创新	对教师的提问进行互动回答	初步了解依靠大数据和人工智能寻找创新点的方法
第1课时 第4阶段	人工智能为什么能够帮助我们创新	搜集资料	用对比的方法进行讲解	听讲	初步了解人工智能为什么能够帮助我们创新

二、具体教学过程

第1课时第1阶段

教师讲解

果果最近在计算机编程课上总听到"大数据很厉害""人工智能很牛"……但是他不太清楚什么是大数据、人工智能。到底什么是大数据、人工智能呢？听听小利老师的讲解吧。

教师讲解

什么是人工智能？

《人工智能标准化白皮书（2018版）》指出，人工智能是利用数字计算机或者数字计算机控制的机器模拟、延伸和扩展人的智能，感知环境、获取知识并使用知识获得最佳结果的理论、方法、技术及应用系统。人工智能具有感知能力、记忆与思维能力、学习能力和行为能力。

人工智能是计算机科学的一个分支，其核心思想在于构造智能的人工系统。根据人工智能推理、思考和解决问题的程度，人工智能分为强人工智能和弱人工智能。

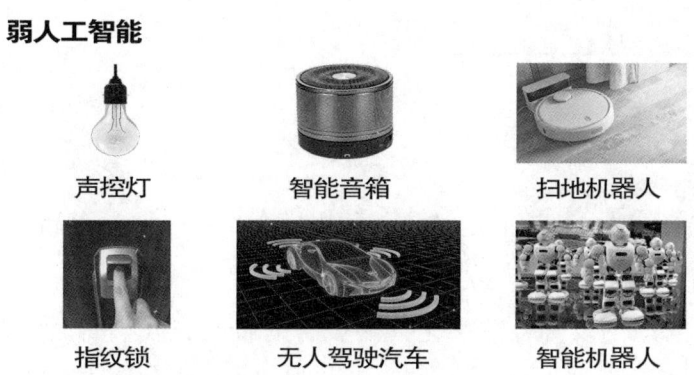

弱人工智能

声控灯　　智能音箱　　扫地机器人

指纹锁　　无人驾驶汽车　　智能机器人

强人工智能

科幻影片中的计算机中枢大脑，如《碟中谍》《黑客帝国》

人工智能产品的分类

我们目前生活中的人工智能产品属于弱人工智能产品，它具有视觉、听觉、触觉等感知能力，以及快速计算和记忆存储能力，也具有不断优化的学习能力和执行操作指令的行为能力，但不具有自我认知能力。也就是说，它不像人一样有自我意识，不能在各种环境中自主思维、自主推理、自主解决问题。

人工智能涉及多种技术领域。以智能机器人为例，它首先要采集信息，需要借助精密的传感器技术实现类似人类的五感（视觉、听觉、味觉、嗅觉、触觉）以获取信息；接着通过通信技术将采集的信息传输到信息存储空间，即各种信息数据库；然后分别对不同类型的信息进行处理，如图像处理、语音处理、文字识别等；然后运用各式各样的算法分析信息，通过机器学习、深度学习，形成解决问题的最优方案，最后传递给行动控制系统。

某个产品从非智能产品如何进化为人工智能产品呢？比如机械式洗衣机，它能帮助人们清洗衣物，但不属于人工智能产品。我们给它加上控制电路板并设定洗衣程序，那么它就进化为全自动洗衣机，变为一种初级人工智能产品。全自动洗衣机与人工智能洗衣机相比，缺少感知能力和学习能力。如果我们给全自动洗衣机再升级，使它能够记录用户的洗衣需求，并把记录的数据与云端数据库中洗衣需求类似的用户的数据进行比较，再结合内部传感器测量的衣物重量和污损程度，自动计算洗涤剂和水的用量，自动选择洗衣模式，产生更好的洗衣效果，这样洗衣机就从机械式洗衣机逐步进化为人工智能洗衣机了。

师生互动

请同学们选择生活中的一个非智能产品，想想如何将其改进为人工智能产品？

第1课时第2阶段

教师讲解

什么是大数据？

麦肯锡全球研究所对大数据的定义是一种规模大到在获取、存储、管理、分析方面大大超出了传统数据库软件工具能力范围的数据集合。

随着传感器、互联网及各种数字化终端设备的普及，我们每时每刻的行为产生的数据，如浏览网页、扫码、导航、接打电话、收发邮件、拍照片、看视频、搜索查询和听音乐等，都能够被收集和存储。我们到底生成了多少数据呢？请来看看每分钟网上生成的大数据：210万张快照在Snapchat上被共享，380万个搜索查询在谷歌上进行，100万人登录Facebook，450万个视频在Youtube上被观看，1.88亿封电子邮件发送了大量数据……这些都是大数据。

我们可以通过一个例子来理解大数据的特征。医院和诊所以患者记录和测试记录的形式收集大量数据（量大），所有这些数据都是以非常高的速度生成、收集、分布式存储（高速产生），各种数据类型（结构化、半结构化、非结构化）以并行方式进行快速处理和计算处理（高速处理），提取分析所有这些数据可以用来提高疾病预测速度，搜集和改善疾病治疗方法，以及降低治疗成本，这就是大数据的价值。运用有价值的大数据可以为各行业提供判断和决策的数据支持，同时大数据也是人工智能学习和训练的数据样本，数据量越大，学习的准确度越高。

师生互动

请同学们根据大数据的特征来判断，下面几幅图是大数据的应用吗？

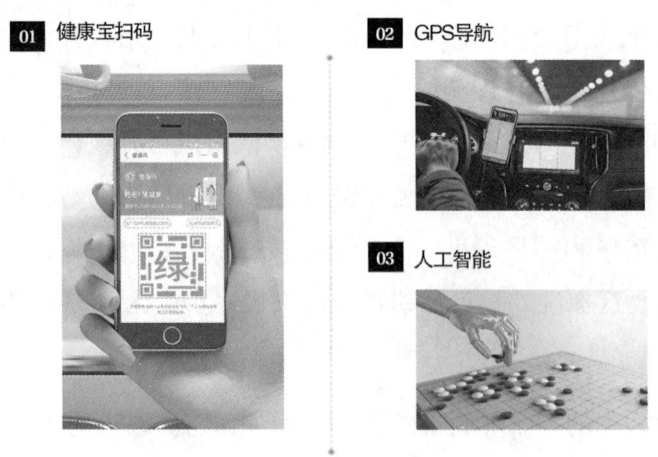

大数据的应用

教师讲解

新冠疫情期间我们使用健康宝扫码,这为流行病学调查提供了大量数据,也为流调人员查找接触者提供了支持。GPS导航运用大数据实时反映交通状况,帮助我们选择最优的路线。阿尔法围棋预装了所有棋谱,不仅在下第一步棋时就计算到最后一步的走法,而且可以根据对手的每一步走棋进行相应计算,随时变换走棋方式。

教师讲解

大数据与人工智能有什么关系呢?

人工智能想像人脑一样推理、思考和决策,必须通过海量数据进行反复训练,掌握更多的认知能力。因此,大数据是人工智能的基础要素之一。想要数据的训练更有效率,则依赖于优秀的AI算法。想要对海量数据进行处理和分析,云计算是必不可少的,它提供了强大和安全的运算能力。还有,机器学习也是大数据分析的重要方式之一。大数据是经过数据清洗和分析后,推演解决问题的更优方案;人工智能则是允许计算机执行认知功能,能够选取最优方案并执行。

简单来说,人工智能=大数据+算法+云计算+物联网。

举个例子,我想给你们讲大数据和人工智能的关系,虽然没有一个权威机构给出准确的说法,但是网络上有大量相关的数据,文字的、视频的、图像的……我先收集这些数据,再利用大脑进行筛选过滤,保留有用的信息,然后进行学习、理解、分析,最终呈现出我现在给你们讲的内容。大数据应用到人工智能的过程,与这个过程类似。

师生互动

大数据的价值不在于"量大",而在于"有效"。1万条数据中可能只有100条有价值,那么我们如何将这100条数据提取出来呢?

第1课时第3阶段

教师讲解

我来讲一讲大数据、人工智能在创新中的应用。

创新是什么?创新就是发现别人没有发现的点。

创新可以是挖掘已有事物或方法的新用途,比如老药新用。新冠疫情暴发初期,在对病毒不甚了解的情况下,快速研发出新药是不可能的。各国研究团队就通过大数据和人工智能在已有药物中寻找可以抑制新冠病毒的药物。英国BenevolentAI公司和伦敦帝国理工学院的研究团队合作,开发算法,在两天内筛查了数百万份科学文献积累的医药行业的数据和药物信息，在未知新冠病毒相关信息的情况下，寻找相关或者更知名的冠状病毒，如SARS病毒入侵人体细胞的机制，找到了接头相关蛋白激酶1（AAK1）作为新冠病毒的可能靶点，从而发现一种治疗类风湿性关节炎的药物——巴瑞克替尼（Baricitinib）是已知的378种AAK1抑制剂中最好的。李兰娟院士在2020年世界人工智能大会中谈到，新冠疫情中我国通过人工智能算法进行智能化药物研发，从151种上市的老药中分析出了5种对病毒可能有效的药物，如抗流感药物巴洛沙韦。

创新可以是研发出全新的事物或方法，比如说新药研发。国际权威科技期刊《科学》公布了2021年度十大科学突破，其中人工智能预测蛋白质结构排在第一。科学家为什么对蛋白质结构的解析如此在意呢？原来，我们最常用的小分子化学药，其作用靶点大部分在蛋白质上，药物研发离不开蛋白质结构的解析。这对缩短新药研发过程中药物发现周期起到重要作用。候选药物的发现首先需要选择和确定药物的作用靶点。借助人工智能技术，让机器学习大量分子结构数据，由计算机对一个分子做一些改变，产生出几十万或者几百万个和这个分子相似的分子（如下图），经过分子筛选找到与疾病相关蛋白质最匹配的那个分子，揭示潜在的药物靶点。这将大大缩短药物发现的时间。

其实在药物发现过程中，机器人自动化的实验方法、基因检测技术和化合物筛选的结合、大规模的分子库的筛选方法，都离不开人工智能技术。这对揭示潜在的药物靶点非常有用。现在，科学家正使用人工智能工具阿尔法折叠2来模拟奥密克戎变体刺突蛋白突变的影响。通过在蛋白质中插入更大的氨基酸，突变改变了它的形状——也许足以阻止抗体与其结合并中和病毒。

如何借助大数据和人工智能帮助我们进行创新呢？我们看一个上海四年级小学生的发明。他从碗上的油腻可以用洗洁精清除，联想到口香糖是否也可以用药水化解后除掉。他先用强酸性助剂清洗，发现会损伤物体表面；再用柠檬油溶解口香糖，但柠檬油直接用于地面易使人滑倒……在化学老师的帮助下，经过几百次实验调试，最终用柠檬油、乳化剂、水按一定比例配制出去除口香糖的药水。

大家看看，我们能否利用大数据和人工智能来帮助他？答案是肯定的。假设我们有化学试剂数据中心，包括所有化学试剂的成分、配比、效用，甚至所有成分的功效，借助人工智能建立算法平台，由计算机根据我们设定的特性（溶解口香糖、防滑、无腐蚀等），自动组合各种成分进行模拟实验，从中选择较优方案再进行实验，就可以大大减少实验次数。

师生互动

创新还可以是对已有事物或方法的改进。请同学们想一想,在生活中有没有见过这样的例子?

第1课时第4阶段

教师讲解

人工智能为什么能够帮助我们创新?

人类的想象力和创造力受到人类的记忆能力、认知领域和学习能力的约束。而人工智能具有强大的数据存储能力,可以"记忆"更多领域的知识;设计者或发明者在制造人工智能产品时,也不会有意地限定人工智能的知识范围,而是根据需要为它提供相关的多学科知识;同时它还具有高速精确的运算能力,能够进行深度学习,因此借助人工智能技术可以帮助我们完成跨领域的技术融合,实现速度快、落点准的创新模式,从而达到创新的目的。

第三章 学会创新思考

第一节 发明创造的基本过程

【教学目标】

了解发明创造的基本过程,培养坚持不懈、不怕失败的精神。

【教学重点和难点】

教学重点

让学生理解发明创造的基本过程。

教学难点

让学生意识到发明创造不是一蹴而就的,培养学生坚持不懈、不怕失败的精神。

【课时安排】

建议1课时。

【知识要点】

发明创造的基本过程。

【教学过程】

一、教学大纲

第X课时 第X阶段	教学内容	教学准备	教师活动	学生活动	阶段目标
第1课时 第1阶段	介绍发明创造的基本过程	搜集资料	针对发明创造的每个过程进行讲解	对教师的提问进行互动回答	理解发明创造的各个阶段

(续表)

第X课时 第X阶段	教学内容	教学准备	教师活动	学生活动	阶段目标
第1课时 第2阶段	介绍典型案例	搜集案例	讲解典型案例，带领学生感受发明创造的艰辛	对教师的提问进行互动回答，分享案例	引导学生明白发明创造是循序渐进的过程，培养学生坚持不懈、不怕失败的精神

二、具体教学过程

第1课时第1阶段

师生互动

同学们请思考一下，如果你是一个发明人，发明创造出一个实际的产品，这需要经历怎样的过程？（在师生互动的过程中，教师对学生的回答进行点评，引导学生们充分发表意见。）

教师讲解

发明创造的基本过程：产生创意——查找现有技术或设计——做出初步构思——对比、检验、重组技术方案——不断进行完善。

教师讲解

如何产生创意呢？

不同的人看到同样的事物，因为角度不同会产生不同的看法。不要拘泥于固有思维模式，要敢于想象，大开脑洞，碰撞出创意的火花。生活处处有发明，只要我们认真观察周围的事物，发现问题和分析问题，并积极思考解决方案，就能产生创意。

我举一些例子。

比如我们早晨起床后开始洗漱，在洗脸时可以观察水龙头有没有让水花四溅，能不能改善呢？如果是感应水龙头，有没有可以改进的地方？有没有节约用水的方法？

在擦脸时，我们可以观察一下毛巾的大小对使用效果有没有影响？毛巾的柔软度有没有让脸不舒服呢？用什么方法可以改进毛巾的柔软度呢？用什么方法能够改进毛巾的吸水效果呢？

在刷牙时，我们可以观察一下牙刷的舒适度怎么样？有没有使用起来不方便的地方？需不需要进行改进？

已经有人发明了电动牙刷，还有水牙线，还有很多牙齿护理的周边产品，同学们在使用这些产品时，请思考一下它们还有没有可以改进的地方？

我们洗漱完后在吃早餐时，觉得餐具或餐桌哪里可以改进一些，使整个用餐过程更舒适？

同学们背上书包去上学时，有没有觉得书包还可以改进？

师生互动

请同学们根据自己的实际情况思考，在起床、洗漱、吃早餐、上学的情境中，还有哪些可以产生创意的点呢？

教师讲解

同学们，仅围绕这些情境，我们就发现了很多能产生创意的点，所以只要大家在生活中勤于思考，善于发现，敢于奇思妙想，就能找到属于自己的创意。

建议大家随身携带纸和笔，随时随地记下自己的创意，然后把所有创意进行筛选，最终确定自己发明创造的方向。

教师讲解

确定自己发明创造的方向后，需要查找现有技术或设计。

师生互动

请大家思考，我们为什么要查找现有技术或设计呢？

教师讲解

我们要确定现有技术或设计中是否有与我们想法相同的，如果有，那我们就没有必要再重复了。

注意，我们在查找其他发明人的发明创造时，应当思考一下我们是否能在他们的基础上再产生新的创意，这样我们就可以做到站到巨人的肩膀上，可以大大节省研发的时间，达到事半功倍的效果。

师生互动

我们在生活学习中可以通过哪些方式查找现有技术或设计？

教师讲解

比如图书、报纸、杂志、专利文献、会议记录、论文以及网络等。随着网络的普及，很多报纸、杂志等纸质读物慢慢淡出我们的生活，但是我们利用网络查找现有技术或设计很便利。同学们可以通过笔记本电脑、平板电脑等电子设备进行网络检索。

师生互动

在日常生活学习中,同学们都用什么设备怎么检索才能找到想要的资料呢?

教师讲解

根据搜集到的资料,以及现有技术或设计的情况,结合自己的创意,先形成初步构思。

师生互动

初步构思是否就是最终方案呢?

教师讲解

在大量相关信息资料、现有技术或设计的基础上,运用创造性思维、原理及技术方法设计出各种可行的原理、方案或思路。对各种可行的原理、方案或思路进行对比、检验、重组技术方案,从中确定最优的技术方案。

教师讲解

尽管采用了最优的技术方案,却未必是最终的发明创造。我们可以将这个技术方案形成发明创造,运用到实际学习生活中去,邀请其他人,比如老师、父母以及同学们参与测评,看看我们的发明创造是否有需要改进的地方,如果有,就加以优化。在这个过程中要注意保密哦。

第 1 课时第 2 阶段

教师讲解

下面分享两个典型案例,我们一起感受发明创造的过程。

教师讲解

第一个案例是:梁同学发明学生保健多用课桌椅。

我们来分析一下梁同学的创造过程。

产生创意:

伏案弓背午休的睡姿,因为血液循环不畅,常造成身体的不适感。这让他萌生了创新课桌椅的想法,希望通过简单操作,就能使课桌椅变形为躺椅。

查找现有技术或设计:

梁同学参考了会议室的桌椅,其桌面、椅面可以翻动变形。

做出初步构思:

通过参考会议室的桌椅的桌面、椅面可以转动变形，想到椅面可以从横向中轴翻动，进而想到亦可以从横向前后轴翻动。桌斗、桌面可以设计成带轴翻转的形式，这便是初步构想。

对比、检验、重组技术方案：

梁同学先用纸盒和雪糕棍制作了一个可变形的连体桌椅模型，不断完善和改进后，再制作仿真模型。

在检验过程中，发现支撑横杆操作不便，连体桌椅不易打扫卫生且难移动，实用性差，不易推广。

不断进行完善：

梁同学通过不断实验，重组技术方案，通过同学们和专家们的审核，最终完成了发明创造，并成功申请专利，专利名称为学生保健多用课桌椅（专利号：00224358.X）。这种桌椅的桌面可以呈现平面和斜面，可以当课桌，亦可以当画架，还可以改成躺椅。

在2008年8月，第十届全国青少年创新大赛中，该专利获得大赛一等奖。

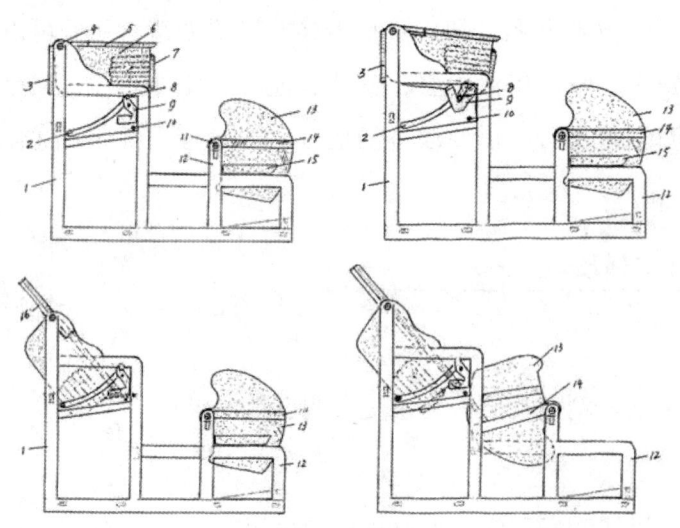

学生保健多用课桌椅

师生互动

同学们通过这组图，能说出这款课桌椅是如何使用的吗？

教师讲解

第二个案例是：屠呦呦创制抗疟药

屠呦呦领导课题组系统整理历代医籍，四处走访老中医，就连群众来信都翻阅一遍。

她最初将注意力都集中在胡椒上，但是经过深入研究发现，胡椒只能抑制疟原虫裂变繁殖，灭杀效果不理想。

放弃胡椒后，她把目光转移到青蒿上，但是，当她利用现代医学方法检验青蒿提取物的抗疟能力时，结果亦不理想，实验中发现采用一定的提取方法能够有效避免青蒿的有效成分被破坏。

屠呦呦领导课题组收集了2000余方药，编写了640种药物为主的《抗疟单验方集》，对其中近200种中草药展开实验研究，经历380多次失败，终于获得新型抗疟药——青蒿素和双氢青蒿素。

师生互动

请大家分享经过多次失败获得成功或者未获得成功的案例。

课堂总结

在发明创造的过程中，每一个节点都有潜在的障碍，都有可能成为研发失败的原因。在发明创造的过程中出现失败太平常了，任何人都不例外。发明创造不是一蹴而就的，我们要有坚持不懈、不怕失败的精神。

第二节 创意产生的角度

【教学目标】

1. 让学生了解可以从不同的角度进行观察和思考，从而获得创意。

2. 结合训练让学生了解如何从具体的事物出发，思考需要改进的不足之处和可以增加的功能，从而获得创意。

3. 结合训练让学生了解如何从特定的问题出发，思考不同的解决方案，从而获得创意。

【教学重点和难点】

教学重点

1. 学习从具体的事物出发，思考需要改进的不足之处和可以增加的功能。

2. 学习从特定的问题出发，思考不同的解决方案。

教学难点

让学生学会如何从不同的角度进行观察和思考，从而获得创意。

【课时安排】

建议1课时。

【知识要点】

1. 从具体的事物出发，思考需要改进的不足之处和可以增加的功能。

2. 从特定的问题出发，思考不同的解决方案。

【教学过程】

一、教学大纲

第X课时 第X阶段	教学内容	教学准备	教师活动	学生活动	阶段目标
第1课时 第1阶段	引入概念	总结产生创意的两个思考角度	说明从两个角度思考可以获得创意	听讲	使学生知道寻找创意的两个思考角度是什么

（续表）

第X课时 第X阶段	教学内容	教学准备	教师活动	学生活动	阶段目标
第1课时 第2阶段	学习如何从具体的事物出发获得创意	准备记录表格	讲解如何从具体的事物出发获得创意，并鼓励学生思考	对教师的提问进行互动回答，将自己的想法记录到表格中	使学生基本掌握从具体的事物出发获得创意的方法
第1课时 第3阶段	学习如何从特定的问题出发获得创意	准备记录表格	讲解如何从特定的问题出发获得创意，并鼓励学生思考	对教师的提问进行互动回答，将自己的想法记录到表格中	使学生基本掌握从特定的问题出发获得创意的方法

二、具体教学过程

第1课时第1阶段

教师讲解

通过前面的课我们已经了解到，只要能突破一些思想束缚，就有可能做出意想不到的发明创造，而且只要学会多观察、勤思考，从生活中的点点滴滴做起，锻炼创新思维能力，就可能有很多发明创造。

想要发明创造，首先要产生创意，后面的课我们从不同的角度，训练大家的创新思维能力，学习如何通过不同的思维方式，观察生活，发现问题，产生创意。

本节课我们学习从哪些角度思考以获得创意，一般有两个角度：一是从具体的事物出发，二是从特定的问题出发。

第1课时第2阶段

教师讲解

接下来，我们学习如何从具体的事物出发获得创意。

我们观察一个具体的事物，看它有什么样的设计、功能，产生了什么样的效果，思考它有什么不足之处，或者还有什么可以增加的功能，想到改进的方向后，再思考可以通过什么方法来实现。很多事物都可以用这种方式找到改进的方向，大家一定要脱离固有观念的束缚，敢于去想。

师生互动

请大家说一说，如下图所示的简单衣架，我们怎么把它改造得更好用、更好看呢？

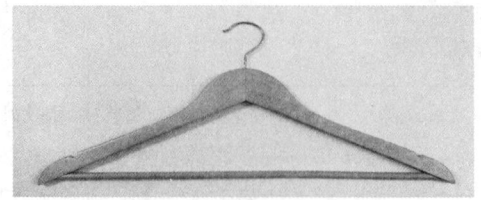

简单衣架

（学生可以在下面的表格中记录自己的想法，并在课堂上分享。）

不足之处/增加的功能	改进方法

教师讲解：

（教师汇总学生的答案，从不同角度给出改进衣架的设计方案，进行总结。）

1.解决衣架容易被风吹掉的问题，可以像下面这样设计顶钩：

两种衣架顶钩

2.解决衣服容易从衣架上滑下来的问题，可以像下面这样设计：

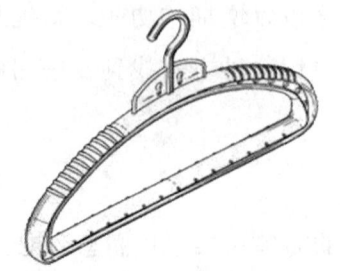

防滑衣架（CN201830258428.5）

3. 使衣架能挂各种大小的衣服，可以像下面这样设计：

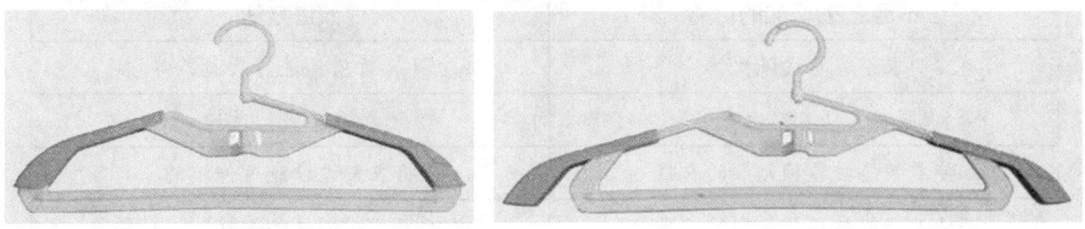

伸缩衣架（CN201930351094.0）

4. 使衣架能挂各种类型的衣服，比如T恤、小背心、裤子等，可以像下面这样设计：

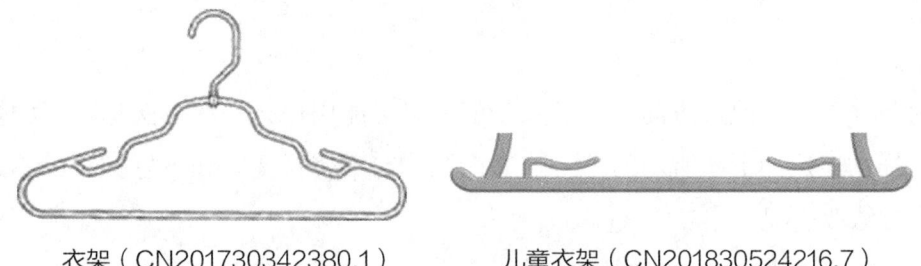

衣架（CN201730342380.1）　　　　儿童衣架（CN201830524216.7）

5. 使多个衣架可以挂在一起，节省衣橱的空间，可以像下面这样设计：

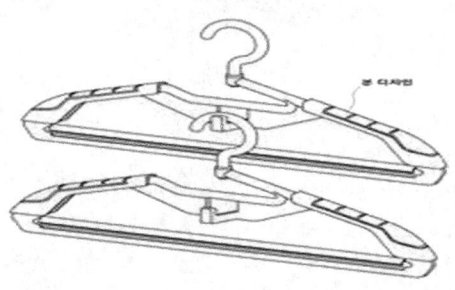

叠挂衣架（KR30-2003-0029024）

6. 使衣架更加好看，可以像下面这样设计：

儿童衣架（幸运草）（CN201430036153.5）　　儿童可伸缩成长衣架（CN201730652073.3）

汇总表格的示例：

不足之处/增加的功能	改进方法
衣架容易被风吹掉	对顶钩进行改造
衣服容易从衣架上滑下来	对肩架进行改造
使衣架能挂各种大小的衣服	将衣架设计成可伸缩的
使衣架能挂各种类型的衣服	给衣架不同部位加上挂钩、挂柱
使多个衣架可以挂在一起	给衣架加上叠挂钩
使衣架更加好看	设计不同的造型

教师讲解

想到对具体事物的改进方向后，下一步就是思考能用什么样的方法达到目的。方法可以是多种多样的。比如下图所示的一个普通拖把，有不容易洗净和不好拧干的不足之处，可以用什么方法改进呢？

简单拖把

我们看以下示例，都可以在一定程度上改进拖把的上述不足：

拧水拖把　　　　　　　　胶棉拖把

旋转拖把　　　电动拖把和清洗桶（CN202030783802.0）

不同的拖把设计

同学们还能想到其他解决方法吗？

第1课时第3阶段

教师讲解

上面我们学习了从具体的事物出发，从改进不足和增加功能的角度来思考，从而产生创意；下面我们再学习如何从特定的问题出发，思考有哪些方案可以解决这个问题，对同一个问题的解决方案可以多种多样，然后再思考设计什么样的产品来实现这个解决方案。

师生互动

请大家说一说，为了预防青少年近视，可以设计什么样的产品呢？

（学生可以在下面的表格中记录自己的想法，并在课堂上分享。）

解决方案	具体产品

教师讲解

（教师汇总学生的答案，结合图例，进行补充和总结。）

预防青少年近视，可以有以下解决方案和相关产品：

（1）矫正姿势：矫正座椅、矫正器等。

（2）提示用眼时间：闹钟、计时器等。

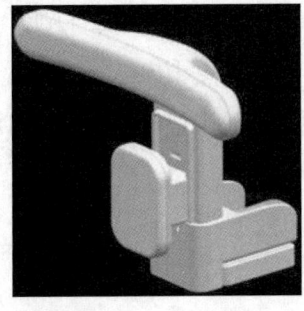

矫正器（CN202030804875.3）

时间管理计时器（CN201930662885.5）

（3）提示用眼距离：坐姿提醒器、阅读距离提醒器等。

（4）改善环境光线：护眼台灯等。

（5）眼部按摩：眼部按摩仪、护眼仪等。

 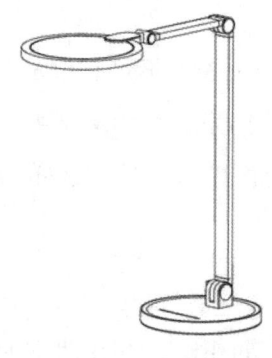 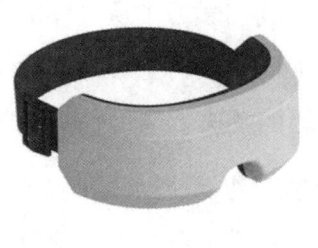

坐姿提醒器（CN202030467189.1）　护眼台灯（CN202130259024.X）　眼部按摩仪（CN201930558665.8）

汇总表格的示例：

解决方案	具体产品
矫正姿势	矫正座椅、矫正器等
提示用眼时间	闹钟、计时器等
提示用眼距离	坐姿提醒器、阅读距离提醒器等
改善环境光线	护眼台灯等
眼部按摩	眼部按摩仪、护眼仪等

课堂总结

经过这堂课的学习，我们了解到可以从具体事物出发或者从特定的问题出发，去寻找创意。这只是让大家有一个初步印象，知道该如何观察生活，发现问题，进而解决问题，后面的课程将带领大家从多种创新思维的角度，去改进事物或解决问题。刚开始的时候，大家可以从自己熟悉的物品入手，去试着观察、分析、思考，多留心学习生活中遇到的问题，把自己的想法记录下来，和同学、老师、家长多交流，相信一定能找到不少发明方向，开启创造之门。

中 篇
ZHONG PIAN

第一章 灵感初现,出师不利

第一节 信息资源

【教学目标】
1. 培养学生在动手创新前先进行文献调研的思维意识。
2. 了解信息资源的具体形式。
3. 理解专利文献的特点,充分认识专利文献的重要性。

【教学重点和难点】
教学重点
从生动、具体、直观的角度构建学生对信息资源与专利文献的初步理解。
教学难点
培养学生在动手创新前先进行文献调研的思维意识。

【课时安排】
建议1课时。

【知识要点】
信息资源的具体形式、专利文献的特点、专利文献的重要性。

【教学过程】
一、教学大纲

第X课时 第X阶段	教学内容	教学准备	教师活动	学生活动	阶段目标
第1课时 第1阶段	信息资源的具体形式	搜集案例	观察学生对于信息资源与专利文献的认知程度,主要介绍专利文献的起源	对教师的提问进行互动回答	知道信息资源与专利文献的基本概念
第1课时 第2阶段	专利文献的特点	搜集案例,准备迈克尔·杰克逊45度倾斜站立的视频	讲解专利文献的特点,进入国家知识产权局专利检索系统,进行检索和结果展示	听讲,观看检索演示和迈克尔·杰克逊的视频	理解专利文献的特点
第1课时 第3阶段	收集和研究现有信息,尤其是专利文献的重要性	搜集资料,总结重要性表现在哪些方面	组织学生讨论,进行总结	对教师的提问进行讨论	培养文献调研的思维意识

二、具体教学过程

第1课时第1阶段

教师讲解

果果同学基于口罩存放困难的问题,产生了一个创意,那就是设计一个上下部分通过铰链连接的类似铅笔盒的收纳盒来存放口罩。小利老师提醒他在动手设计前先要检索现有技术或设计——这些都属于信息资源。充分利用信息资源,不仅可以避免重复劳动,还可以使我们站在巨人的肩膀上做出创新。

师生互动

1. 在学习生活中,大家有没有见过、用过信息资源?

2. 专利文献是信息资源的重要组成部分,大家有没有见过或使用过专利文献?

(师生互动过程中,教师应活跃气氛,并观察学生对于信息资源与专利文献的认知程度,便于确定随后的授课节奏。)

教师讲解

我来举一个例子,看一看我们在日常生活中如何获取信息资源。例如:如果你对拼插玩具感兴趣,可以从购物网站、书籍、报纸、杂志、网上视频、新闻等途径获取信息资源。

信息资源在生活中无处不在，专利文献是信息资源的重要组成部分。

专利文献的起源可以追溯到17世纪。在1611年，一个英国人自愿提交描述其发明创造的文件，这可以说是专利文献的起源。1852年英国专利局颁布《专利法修正法令》，规定发明人必须充分陈述自己发明的内容，并且要求公布——提交专利申请后无论授权与否都要公开出版。这项法令标志着专利文献的正式诞生。历史上许多对人类文明产生重要影响的发明创造，例如炸药、火车、内燃机、电话等都记载在专利文献中。至今全世界可查阅的专利文献已达到数千万件的规模。

第1课时第2阶段

教师讲解

专利文献的第一个特点：内容广博。专利文献涉及绝大多数技术领域，从小到大，从简到繁，几乎涉及人类生活的各个领域。

下面我们通过国家知识产权局专利检索系统简单验证一下专利文献的这个特点。

（教师登录国家知识产权局专利检索系统，首先请部分学生说出一个他们感兴趣的主题，教师进行检索，观察命中的文献数量，再请部分学生说出一个他们认为比较冷门的主题，教师进行检索，观察命中的文献数量，根据命中的文献数量验证专利文献涉及领域范围广的特点。）

专利文献的第二个特点：传播最新的技术信息。一项研究调查表明，有三分之二的发明创造是在完成后的一年之内提出专利申请的，其余的三分之一大部分也会在第二年提出申请。

下面我们再次通过国家知识产权局专利检索系统简单验证一下专利文献的这个特点。

（教师登录国家知识产权局专利检索系统，关注最近一组专利的公开时间，侧面说明专利文献更新速度快的特点。）

教师讲解

我们补充一个知识点——"先申请制"的概念：当两个或两个以上的人就同样的技术分别向专利局提出专利申请时，专利权授予最先提出申请的人。

教师讲解

专利文献是一部实时更新的技术百科全书。这些专利文献被公开后，我们就可以从中一探究竟，甚至可以预测未来技术发展的方向。

案例：某汽车公司2014年推出了一款新产品，主要为了解决人们生活中"最后一公里"的问题。但其实这款车的相关专利文献早在2010年就公开了。

教师讲解

（播放一段迈克尔·杰克逊演唱会表演45度倾斜站立的视频。）

为什么迈克尔·杰克逊可以做到身体倾斜45度而不倒呢？秘密就藏在他的鞋里。这种鞋的鞋跟是特制的，需要表演45度倾斜站立时，通过舞台和鞋子的装置共同发挥作用来实现。迈克尔·杰克逊把这种梦幻的舞步申请了专利。

通过这个案例我们知道：首先，任何人都可以成为发明家，只要是从解决学习、工作、生活中的实际问题出发，做出的创新之举都值得被肯定；其次，专利文献是个知识宝库，如果有搞不明白的技术问题，不妨在专利文献中查一查、看一看，也许会有意外发现。

第1课时第3阶段

教师讲解

开展创新课题时，收集和研究现有信息，尤其是专利文献是非常重要的，为什么呢？接下来我们分组讨论。

学生讨论

略。

（学生先分组讨论，然后每组推举一名同学分享本组观点，教师进行讲评。）

教师讲解

首先，开展创新课题时，收集和研究现有信息的重要性在于可以及时发现他人是不是已经做了相关创新，避免重复研究，不做"无用功"，帮助我们提高研发效率；其次，在做这项工作的过程中，还可以发现很多他人做过的相关技术或设计，看看别人是怎么做的，是否比自己的想法更好。如果是，那就可以在别人创新成果的基础上再进行创新；最后，还可以及时发现他人是否已经就相同的创新成果获得了知识产权，要避免侵权，尊重他人的知识产权是每个公民的义务，也是促进创新的必然之举。

总之，从避免重复研发、提高创新起点和防止侵权三方面来看，开展创新课题时，收集和研究现有信息，尤其是专利文献是非常重要的。

第二节 什么是检索

【教学目标】

1.了解检索的概念。

2.充分认识检索的作用。

【教学重点和难点】

教学重点

将检索的抽象概念具体化，使学生了解检索的概念。

教学难点

强化文献检索重要性的意识，培养创新过程中的检索习惯。

【课时安排】

建议1课时。

【知识要点】

检索的概念、作用。

【教学过程】

一、教学大纲

第X课时 第X阶段	教学内容	教学准备	教师活动	学生活动	阶段目标
第1课时 第1阶段	检索的概念	搜集案例	介绍检索的概念并举例讲解	对教师的提问进行互动回答	了解检索的概念
第1课时 第2阶段	检索的重要性	准备案例	结合案例，分析文献检索的重要性	对教师的提问进行讨论	认识检索的作用
第1课时 第3阶段	讨论教学	搜集资料	组织学生讨论，并汇总和拓展知识点	对教师的提问进行讨论	加深认识检索的作用

二、具体教学过程

第1课时第1阶段

教师讲解

首先我们来讲检索的概念。

师生互动

在日常学习生活中，大家有没有做过检索？都在哪里进行检索？什么是检索呢？通过检索，大家能够达到什么目的？

教师讲解

什么是检索？从海量信息中查找、阅读、提取信息资料的过程就是检索。专利文献检索是指在专利文献范围内进行搜索查阅。

信息资源的庞大决定了必须要通过检索才能获得自己关注的内容，举一个例子，地下有矿藏，有金子、钻石，也有普通石头，如果只要金子，或只要钻石，检索就是把这些金子或钻石找到的过程。

我再举一个贴近生活的例子，帮助大家加深对概念的理解。例如，最近一段时间，我们越来越多地从新闻中听到奥密克戎这个名词，很多学生好奇什么是奥密克戎，于是，我们可以通过搜索引擎对"奥密克戎"进行检索，查找相关信息，并阅读、提炼相关信息。经过检索，我们知道了：第一，奥密克戎是新型冠状病毒的变异毒株，于2021年11月26日被世界卫生组织以希腊字母"奥密克戎"命名；第二，科学家研究发现，这种病毒的特点是毒性转弱，但传播速度加快；第三，目前奥密克戎已经成为全球优势流行株。通过检索，我们查找到相关的信息资源，并通过阅读分析，提取总结相关的信息，这就是检索的过程。

课后作业

请按照相同的思路，对感兴趣的主题，例如某一位奥运冠军、娱乐明星，或是冬奥会的运动项目、如何做一道菜等进行检索，记录一下自己的检索过程。

第1课时第2阶段

教师讲解

下面我们了解一个案例，以此学习检索的重要性。

A公司是生产产品包装的企业，在一次市场调研中，他们发现很多消费者反映他们生产的牙膏软袋在使用过程中存在挤压费力的问题。针对这个问题，A公司马上进行了技术改进，确定了最终的产品方案：在原有的牙膏软袋上套一个牙膏挤压套，使用牙膏时，从底部向上逐步推动牙膏挤压套，这样就从徒手挤牙膏转变为借助工具挤牙膏，起到了省力的作用。A公司马不停蹄地开始试制产品，购买设备，大量生产并上市了。

正当这时，和A公司同样生产牙膏包装的B公司找上门来，说他们在市场上发现了A公司的这种产品，这与他们去年就已经开发出的产品相同，他们已经申请了专利，并在前不久获得了授权，他们要求A公司立刻停止生产和出售这种产品，不然就要起诉他们侵犯了自己的专利权。

听到这些，A公司马上查阅了B公司提到的这项专利，发现这个产品确实已经受到保护，由此，A公司陷入了窘境，投入大量人力、物力、财力，却无法生产、出售产品，非常被动。于是，A公司派出了技术骨干C员工认真学习了检索知识，C员工运用学到的知识，对A公司关注的与牙膏包装相关的文献进行了检索，发现现有的文献不仅已经记载了借助工具挤牙膏的方案，还有很多方案对这一工具进行了优化，比如卷着挤、两头挤等多种改进方案，除此之外还有更进一步的方案，把挤压工具改进为压泵工具，这样不仅操作方便，还可以反复使用，避免资源浪费和环境污染。经过检索、研究，C员工判定利用压泵工具泵出牙膏是目前最佳的技术方案。

于是A公司决定在压泵工具的基础上改进。不久，研发部门的改进方案出炉了：为压泵工具加上感应装置，具体来说就是，在压泵工具上设置电池单元、电机驱动单元、红外检测单元、定量设置单元，当牙刷头放置于牙膏出口下方，红外检测单元判定有牙刷头伸入时，电机驱动单元驱动电机转动并带动真空泵将牙膏挤出；另外，定量设置单元还可以根据刷牙者的习惯和使用对象的特点，设置需要泵出的牙膏量，实现无须自行挤压就可以方便、快捷地自动挤出牙膏。

企业在研发之前是不是应该进行检索？检索的目的是什么？

学生讨论

略。

（教师组织学生分组讨论，讨论结束后，每组推举一名代表进行发言。同学们发言后教师进行总结，主要从以下方面进行总结：在研发开始前进行文献检索，可以避免重复研发，还可以帮助我们提高研发起点，帮助我们站在更高的台阶上进行创新研发。）

第1课时第3阶段

教师讲解

大家讨论一下企业在研发过程中和研发结束后要不要进行专利文献检索及其重要性，

通过讨论，大家的理解会更加深刻。

学生讨论

略。

（教师组织学生分组讨论，讨论结束后，每组推举一名代表进行发言。同学们发言后教师进行总结，主要从以下方面进行总结：避免重复研发，提高研发起点，规避侵权风险，监控竞争对手，引入研发人员，授权前景预判。其中，前两个方面是本教材传达给学生关于检索的最重要的两点作用，教师可以根据授课对象的接受程度，在此基础上进行知识点的拓展和引申，例如：在研发中和研发结束后，要针对创新技术方案进行实时检索，防止这个方案落入他人已经获得的知识产权范畴，从而规避侵权风险；我们还可以随时针对特定的竞争对手进行检索，达到跟踪监控竞争对手研发动向的作用；通过关注检索文献的相关人员信息，我们可以锁定在这个领域活跃的研发人员，如果需要引入研发人员，这倒不妨是个很好的办法；如果我们的创新研发成果申请了专利，文献检索还可以帮助我们提前预测判断是否具备授权的可能。）

第二章 峰回路转，思路调整

第一节 检索基础

【教学目标】

1. 理解关键词的概念，掌握选取与扩展关键词的方法。

2. 初步理解分类号的概念，掌握分类号的基本查找方法。

3. 理解简单的逻辑运算方法。

4. 掌握通过逻辑运算组配关键词和分类号来构建检索式的方法。

【教学重点和难点】

教学重点

掌握选取与扩展关键词的方法，初步理解分类号的概念。

教学难点

掌握通过逻辑运算组配关键词和分类号来构建检索式的方法。

【课时安排】

建议2课时。

【知识要点】

1. 关键词的选取与扩展。

2. 分类号的概念和基本查找方法。

3. 逻辑运算方法。

4. 通过逻辑运算组配关键词和分类号形成检索式的方法。

【教学过程】

一、教学大纲

第X课时 第X阶段	教学内容	教学准备	教师活动	学生活动	阶段目标
第1课时 第1阶段	为什么要检索	搜集资料	通过讲解使学生认识到为什么要检索	听讲	使学生对检索产生感性认识
第1课时 第2阶段	关键词的概念	搜集案例	通过案例介绍关键词的概念	参与互动，思考什么是关键词	通过有趣的方式使学生了解关键词的概念
第1课时 第3阶段	关键词的扩展	搜集案例	通过案例介绍扩展关键词的方法	对教师的提问进行讨论	通过案例使学生了解如何扩展关键词
第2课时 第1阶段	介绍分类号的概念和作用	搜集案例	通过案例介绍分类号的概念和作用，介绍查找分类号的方法	听讲	使学生了解分类号的概念和作用
第2课时 第2阶段	介绍逻辑运算	搜集资料	介绍逻辑运算符的意义	听讲	使学生了解逻辑运算的基础知识
第2课时 第3阶段	通过案例复习本节内容	搜集资料	总结检索过程	对教师的提问进行讨论	使学生对关键词、分类号有更深的认识

二、具体教学过程

第1课时第1阶段

教师讲解

上节课我们学习了检索的概念，知道了检索的重要性，这节课的内容涉及检索的方法，旨在帮助大家掌握一般的检索方法，建立检索思维。

本课程主要分为四个部分：第一部分简单介绍我们为什么要检索；第二部分和第三部分介绍检索的两把利器：关键词和分类号；第四部分介绍什么是逻辑运算，如何用关键词和分类号进行逻辑运算的表达，从而获得想要的检索结果。

教师讲解

为什么要检索？牛顿曾经说过："如果说我看得比别人更远些，那是因为我站在巨人的肩膀上。"这句话放在发明创造中同样适用，我们都是站在前人的肩膀上望向更远的地方，做出更伟大的创新。

那么，要想站到巨人的肩膀上，第一个挑战是怎样找到"巨人"。显然我们需要借助工具，这个工具就是检索。上节课，我们已经学习了什么是检索以及检索的重要性。检索是发现问题和解决方案之间非常关键的一步。

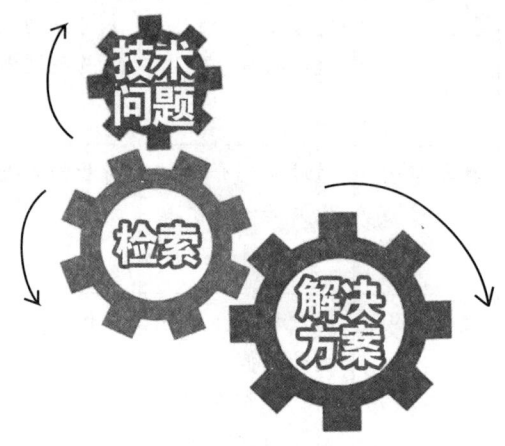

检索是桥梁

教师讲解

检索分为手工检索和计算机检索。以前人们采用手工检索，使用的大多是印刷型或书本型的检索工具，检索人员翻阅这些纸质文献，检索效率相对较低。随着计算机技术的发展，手工检索被计算机检索代替，计算机检索是通过数据库系统来实现的，目前，专利文献检索基本都通过计算机检索实现。

检索人员使用计算机进行检索的过程，也是和计算机进行对话的过程，检索人员需要告诉计算机想要什么文献，即检索人员要将需求变成计算机可以听懂的语言，这个过程怎么实现呢？需要两把利器，一把是关键词，另一把是分类号。

教师讲解

关键词是对检索对象的语言描述，分类号是对检索对象的所属领域描述。在检索过程中，通过关键词和分类号对检索对象从不同角度进行描述能有效地限定检索范围，同时去除不必要的"噪声"，获得更加准确的现有技术或设计。

第1课时第2阶段

教师讲解

关键词，顾名思义，就是特别关键的词语。获取关键词的方式是多种多样的，最常见的就是用文字表达出来，想要找什么，就说什么，也就是描述方案本身。但是，存在不能清晰描述方案的情形，此时需要借助工具书、相关文献，参考它们对这个方案的描述选取关键词。同时，对于相关技术或设计知识的日常积累，可以帮助我们扩展关键词。

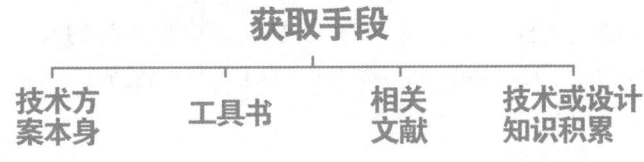

关键词的获取手段

教师讲解

我举例讲一下关键词的选取。

为了预防新型冠状病毒肺炎，人们需要佩戴口罩，偶尔也存在可以摘掉口罩的情形，这时如果口罩存放不当，有可能使口罩接触到更多的细菌，所以，有同学想制作一个能够暂时存放口罩的小盒子，解决口罩被临时取下后的收纳问题。此时，如果要了解口罩收纳领域的相关技术，就需要对"口罩收纳"进行描述，即关键词的提取。在提取关键词时，"口罩"就是一个关键词，它体现了要检索的主题是关于"口罩"的。还有没有其他的关键词呢？另一个关键词是"收纳"，它表明对口罩要做的事情是"收纳"。

第1课时第3阶段

教师讲解

当检索人员"告诉"计算机，需要检索的对象为"口罩收纳"时，有可能命中的文献量很少，这是为什么呢？

学生讨论

略。

（在学生讨论过程中，教师可以引导学生分析其中的原因。）

教师讲解

通过讨论我们知道，因为"口罩"和"收纳"具有多种表达方式，如果仅使用"口罩"和"收纳"这两个词语进行检索，有可能会漏掉大量的相关文献。针对这种情况，就要想办法扩充文献量，怎么扩充文献量？答案就是扩展关键词。

教师讲解

扩展关键词有哪些方法呢？可以从同义词、近义词、反义词、俗语、上下位概念等多角度表达中获取。比如，"收纳"的同义词和近义词有保存、携带、便携、暂存等；"口罩"的上下位概念有面罩、防护工具、防颗粒物呼吸器等。

除此之外，还可以从结构的角度进行关键词扩展，比如夹、套、包、盒、袋、容器等都可以起到收纳的功能，这些词也可以成为关键词。另外，有的文献可能存在错别字，因此检索人员有时还需要根据关键词的具体情况，使用常见的错别字进行关键词扩展。

教师讲解

下面我们通过具体案例对知识点进行实践练习。

案例一：隐身衣。

很多同学对"隐身衣"感到好奇。如果大家想了解与"隐身衣"相关的技术或设计，仅仅使用"隐身衣"这个关键词进行检索，命中的结果很少，这时就要用到学过的知识，对"隐身衣"这个关键词进行扩展。

首先，要从主题入手，思考"隐身衣"的其他表达方式，比如隐身服；其次，从功能出发思考"隐身衣"的技术效果——使别人看不见穿着这种服装的人，得出关键词可以扩展至视觉消失、看不见等。

通过关键词的扩展，命中的文献数量大幅上升，通过阅读文献，可以发现相当一部分文献是对隐身衣的材料和微观结构的改进，由此，可以掌握隐身衣这个技术领域的研发热点和技术发展状况，并在此基础上进行进一步的发明创造。

案例二：预防近视的桌子。

针对"预防近视的桌子"这个检索对象，如果从主题扩展的角度获得关键词，检索时存在困难。建议从结构的角度进行关键词扩展。比如，什么样的桌子可以实现预防近视的效果呢？也就是说，先对桌子的改进方向进行预判，再进行关键词扩展。比如，设置一个能够使人保持正确学习姿势的器具；或者设置一个报警装置，如果学习姿势不正确，它可以感应到，并产生报警信号。

通过上述方法，关键词可以扩展为课桌、桌子、书桌、支架、杆、报警、警报、提醒、提示等。

通过上述两个例子，我们发现可以针对检索对象的特点，从不同的角度实现关键词的扩展。

教师讲解

牙刷是日常生活中很重要的牙齿清洁工具，人们在使用过程中会发现很多问题，进而形成新的技术或设计。现在我们需要检索关于牙刷有哪些技术或设计，请问应当使用哪些关键词呢？

学生讨论

略。

（教师将学生分成五组，请他们分别从功能、造型、结构、使用环境、材料五个方面找出目前市面上的牙刷存在的问题，并基于这些问题，提取并扩展关键词，经过检索，找到目标文献。）

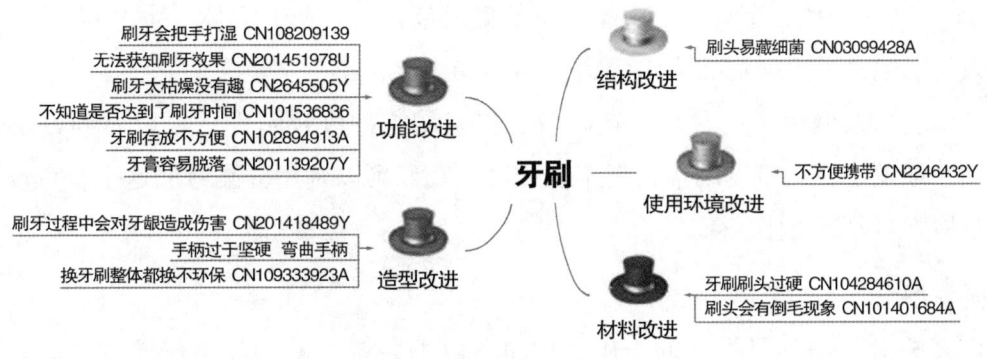

从五个方面改进牙刷

（请学生就本组的检索过程进行分析和总结，每组推举一位学生分享结果，教师对学生发言进行点评，并进行示例性总结，例如，针对功能改进，如果觉得刷牙太枯燥无趣，想了解一下现有的文献有哪些改进，首先需要确定"牙刷"这一表达主题的关键词，还可选取牙刷的上位概念"口腔清洁装置"作为扩展关键词；其次，"有趣"这一表达效果的关键词是必需的，还可以把"有趣"的近义词作为关键词，例如好玩、乐趣等，也可以使用反义词进行尝试，例如枯燥、无聊等。经过检索，发现现有文献中解决刷牙太枯燥这一问题的技术方案比较丰富，例如：会播放歌曲、讲故事的牙刷，会发出彩色灯光的牙刷等。教师可以鼓励学生课下自行尝试。）

第2课时第1阶段

教师讲解

我来介绍检索的另一把利器——分类号。分类号的基本概念较晦涩，先举一个相似的例子进行类比，例如，在网站购物时，一般通过商品目录查找商品信息，网站通过商品目录给商品进行了分类，这与分类号的基本理念是类似的。

教师讲解

分类号是按照专利文献不同的技术主题分别形成不同的簇，分类号使专利文献具有共同的类别标识。分类号就像一个一个的小抽屉，把具有类似特点的文献放到一起，方便人们查找、检索和统计。在计算机普及以前，纸件的专利文献被按照分类号归类放在一个一个的小盒子里。检索员根据分类领域的不同，在不同的小盒子里查找相关的文献。

分类号一般适用于专利文献，应用范围比较广泛，以国际专利分类号为例，被世界上100多个国家、5个国际组织使用，共分为8个部，分别归为8本书籍进行出版。

国际专利分类号第一级结构叫作部，部以下从大到小依次是大类、小类、大组或小组。以A45C13/00为例，字母A表示A部，A部里面包含了人类生活必需品，A45表示大类，在这个大类中包含了手携物品或旅行品，A45C指小类，小类中包含的是行李箱、手提袋，A45C13/00这个大组中则包含行李箱以及手提袋的零件以及附件。可以看到，从部到大组，范围逐渐缩小，对事物的描述越来越准确，我们可以利用分类号的这个特点选择合适的范围对检索对象进行限定。

教师讲解

我们要充分认识到分类号的作用。以口罩收纳装置为例，如果仅通过关键词进行检索，命中的文献"噪声"较大，例如会命中锅炉器械等领域的文献，这些文献会提醒使用者使用设备时佩戴口罩，因此作为"噪声"被命中。在这种情形下，就可以拿出分类号这把利器，通过表示口罩的分类号进行限定，将命中的专利文献锁定在口罩领域，大大降低了"噪声"。

除了对发明和实用新型专利文献分类使用的国际专利分类号，还有针对外观设计专利文献进行分类的分类体系，叫作洛加诺分类，它按照产品用途进行分类，目前最新的分类表共分为32个大类及若干小类。

下面对分类号的查找方法进行简单介绍：一是使用关键词先进行专利文献检索，观察命中的专利文献的分类号；二是使用检索系统中的分类辅助功能，通过关键词查找相应的分类号。具体的操作步骤，会在以后的课程详细进行讲解。

第2课时第2阶段

教师讲解

前面我们学习了检索的两把利器——关键词与分类号，下面我们讲授逻辑运算的方法。

"与"算符and表示交集,例如:口罩"与"存放,表达的意思是同时包括口罩和存放。"或"算符or表示并集,例如:存放"或"收纳,表达的意思是存放或者收纳。"非"算符not表示差集,例如:水果"非"苹果,表达的意思是水果,但不是苹果。有了这些算符,我们就可以利用关键词和分类号进行检索式的构建。

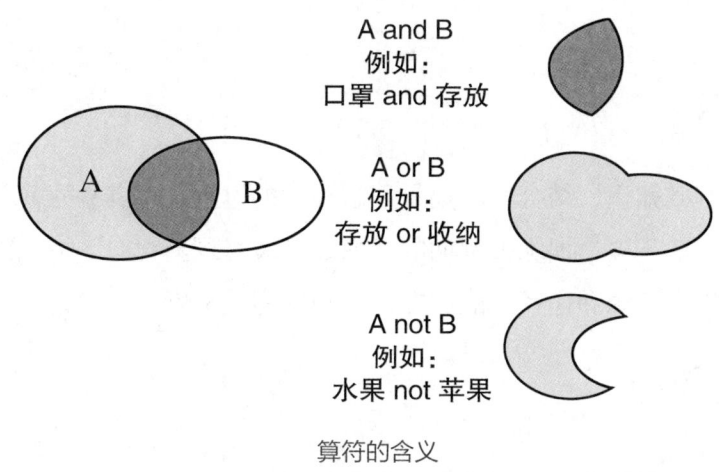

算符的含义

第2课时第3阶段

教师讲解

如果我们想查找与飞行摩托有关的专利文献,应当如何进行检索呢?

学生讨论

略。

(教师从关键词的提取与扩展、分类号的选取以及如何构建检索式这三个方面引导学生进行分组讨论,使学生回顾整节课程的知识点。)

教师讲解

从"飞行"和"摩托"两方面提取关键词,通过同义词、近义词、反义词、俗语、上下位概念等方式进行关键词扩展。可将"飞行"扩展为翱翔、航行、飞翔等,可将"摩托"扩展为电单车、机车等,为了避免单纯使用关键词检索带来的"噪声",选择分类号B60F——轨道和道路两用车辆,可在不同介质上或介质中行驶的车辆,例如两栖车辆(气垫车入B60V)做进一步限定,最终,使用算符"或"进行逻辑运算,构建检索式。

课堂总结

同学们掌握了检索的两把利器——关键词和分类号,还知道了可以通过逻辑运算构建检索式,这样就可以通过检索去寻找"巨人"啦。

第二节　玩转检索

【教学目标】

1. 巩固检索的基础知识，结合生活场景理解检索的过程，培养检索意识。

2. 掌握检索的一般步骤，训练关键词的选取、扩展、逻辑组合。

3. 了解常见的检索资源和途径，能够在课下独立完成检索。

【教学重点和难点】

教学重点：

运用检索知识，掌握检索过程，培养检索习惯。

教学难点：

关键词的选取及检索思路的调整。

【课时安排】

共3课时。

【知识要点】

1. 基于生活场景认识检索的四个步骤：明确检索目标、选择检索工具、描述检索目标、获得检索结果。

2. 关键词的扩展方式、关键词之间的逻辑关系。

3. 检索式的构建、检索的过程。

【教学过程】

一、教学大纲

第X课时 第X阶段	教学内容	教学准备	教师活动	学生活动	阶段目标
第1课时 第1阶段	回顾检索的基础知识	搜集资料	回顾与关键词、关键词扩展、检索式有关的知识点	对教师的提问进行互动回答	巩固检索的基础知识

（续表）

第X课时 第X阶段	教学内容	教学准备	教师活动	学生活动	阶段目标
第1课时 第2阶段	生活中的检索场景、四种常见的检索需求	搜集资料	组织学生讨论生活中的检索场景，说明四种常见的检索需求	对教师的提问进行讨论	通过讨论生活中的检索场景，使得学生对检索有感性认知
第1课时 第3阶段	检索的步骤	搜集资料	介绍检索的步骤	对教师的提问进行互动回答	认识检索的各个阶段
第1课时 第4阶段	描述检索目标	搜集资料	组织课堂游戏	参与游戏，感受描述目标的过程	锻炼对一个主题多角度描述的能力
第2课时 第1阶段	演示购物网站的检索过程	搜集资料	演示关键词搜索，讲解扩展关键词的方式，介绍网站的附加功能	观看演示，对教师的提问进行互动回答	从产品查找过程感受检索的过程及技巧
第2课时 第2阶段	关键词的选取影响检索结果	搜集资料	讲解关键词的变化对检索结果的影响	对教师的提问进行互动回答	使学生了解选取合适关键词的重要性
第2课时 第3阶段	总结日常检索过程	搜集资料	总结检索过程	听讲	对检索有进一步的认识
第3课时 第1阶段	专利检索常使用的数据库	搜集资料	介绍专利检索常使用的数据库	听讲	知道两种专利检索常使用的数据库
第3课时 第2阶段	国家知识产权局的专利信息检索系统的使用方法	搜集资料	通过演示的方式，介绍国家知识产权局的专利信息检索系统的使用方法	观看演示，对教师的提问进行互动回答	了解国家知识产权局的专利信息检索系统的使用方法
第3课时 第3阶段	专利检索演示：牙刷相关技术的检索	搜集资料	再次演示国家知识产权局的专利信息检索系统的使用方法，通过演示说明关键词和分类号的作用	对教师的提问进行讨论	掌握检索的一般步骤，学会使用关键词构建简单检索式，学会使用分类号

二、具体教学过程

第1课时第1阶段

教师讲解

下面我们进入《玩转检索》的学习，本课在《检索基础》之后，前面的课偏重理论，本节课偏重实践，通过这两节课对检索进行系统的学习。

师生互动

首先我们回顾一下检索的基础知识。请问关键词是什么？如何扩展关键词？如何构建检索式？

（教师通过师生互动的方式带领学生简单回顾上节课的知识。）

教师讲解

从同义词、近义词、反义词、俗语、上下位概念等多角度表达中获取关键词，是扩展关键词的方式之一。补充一个知识点，上位概念与下位概念相对，可以理解为概括的说法和具体的说法，比如，"植物"是上位概念，"杨树""玫瑰花"是下位概念。

师生互动

如果我们要检索与"照明雨伞"有关的文献，除了照明、雨伞，还可以选取哪些关键词？检索式是什么样的？

教师讲解

关键词扩展：照亮（"照明"的同义词）、阳伞（"雨伞"的近义词）、黑暗（"照明"的反义词）、雨具（"雨伞"的上位概念）。

获得了扩展关键词后，就可以利用逻辑运算构建检索式了。表达不同含义的关键词之间是"与"逻辑，照明and 雨伞；表达同一含义的关键词之间是"或"逻辑，照明or 照亮；表达范围的关键词之间是"非"逻辑，雨具not 雨鞋。

检索式：(照明 or 照亮) and (雨伞 or 阳伞)；(照明 or 黑暗) and 雨具；雨具 not 雨鞋。

第1课时第2阶段

教师讲解

上节课我们学习了检索是通往巨人肩膀的桥梁，检索有两把利器。上节课主要讲了专利文献的检索，我们生活中有没有检索呢？

学生讨论

略。

（教师组织学生讨论生活中的检索场景，引导学生从熟悉的事物出发认识检索。提醒学生思考：寻找目标是什么，它一般会在哪里出现，怎样描述它？这种思考可以为后面检索步骤的学习做铺垫。）

教师讲解

生活中检索的例子很多,比如有学生喜欢玩魔方,但是单纯靠自己研究还原的过程比较困难,或者想挑战高阶魔方,想要查找一些攻略,查找攻略的过程就是一种检索。

通过讨论,我们发现不仅查找专利文献需要检索,在生活中我们遇到了不熟悉的人、事、物,并且有了解的需求时都会用到检索。常见的检索需求有四种:第一,了解某项技术或设计的发展趋势;第二,判断自己做出的创新产品是不是侵犯了别人的专利权;第三,看看在自己感兴趣的领域,研发人员在干些什么,创新热点是什么;第四,寻找自己感兴趣的领域的现有技术或设计,"站到巨人的肩膀上"进行下一步的创新和改进。

第1课时第3阶段

教师讲解

接下来介绍检索的步骤,检索的步骤包括:明确检索目标、选择检索工具、描述检索目标、获得检索结果。

第一步是明确检索目标。前边大家在讨论时我提醒大家注意自己的目标,这些目标,还有后来的案例中的魔方还原攻略,都是检索目标。

第二步是选择检索工具。现在我们最常用的检索工具是互联网。互联网上的资源非常丰富,我们熟悉的有搜索引擎、学术平台、购物网站、企业信息查询平台等,这些网站会对它们收集到的信息进行加工,并提供搜索和查看的功能,我们可以利用这些网站进行检索。提示大家,网站的选择与目标有关,知识、新闻等信息可以在搜索引擎上检索,正在销售的产品可以在购物网站中检索。

第三步是描述检索目标。这需要用到我们学过的检索的基础知识。以检索魔方还原攻略为例,我们可以在搜索引擎中直接输入问题语句:如何还原魔方;也可以使用关键词表达:魔方、还原、攻略;还可以利用同义词、近义词等对关键词进行扩展,或者干脆不输入"攻略",只要使用魔方、还原两个关键词来检索。

第四步是获得检索结果。

师生互动

到第四步后检索就结束了吗?

教师讲解

不一定结束了,我们需要在结果里确认有没有需要的内容。如果有,这次检索就结束了;如果没有,就要退回第三步,重新描述检索目标,可能需要替换关键词或者将多个关键词组合在一起,再次检索。

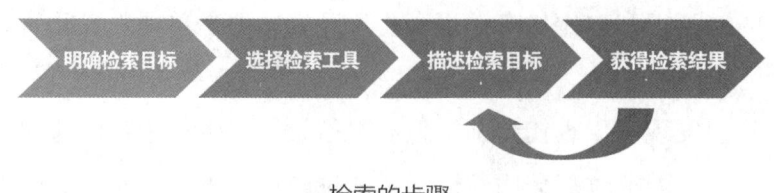

检索的步骤

教师讲解

我以查找魔方还原攻略的过程为例填写了下面表格的一部分,请同学们把剩下的部分填写完成。(教师引导学生按照检索的步骤填写表格,帮助学生掌握相关知识。)

明确检索目标	选择检索工具	描述检索目标	获得检索结果
查找魔方还原攻略	搜索引擎	词句:怎样还原魔方 文字:魔方、还原、攻略/方法	网页、图片、视频……
查找探索太空的纪录片			
确定熟悉旋律的曲名			

第1课时第4阶段

教师讲解

接下来我们做一个游戏。我介绍一下游戏规则:一位同学做出题人,一位同学做猜题人;出题人选定一项事物作为答案,例如彩笔、鸡腿等,出题人选定后不要公开;然后猜题人猜测答案,在猜测过程中猜题人可以提出问题,出题人只能回答"是"或"不是";猜题人通过不断提问逐渐缩小范围,最终得到答案。

课堂游戏

略。

(这个游戏可以锻炼学生对一个主题多角度描述的能力。比如,答案是北京时,可以通过"是国内的城市吗?""是北方的城市吗?""城市的名字是两个字吗?"等问题缩小范围,最终得到答案。课堂游戏可以提高学生的学习积极性。)

第2课时第1阶段

教师讲解

前面的课程讲到果果想设计一个口罩收纳盒,小利老师提醒他在动手设计前先要检索现有技术或设计。前面已经讲过专利文献是信息资源的重要组成部分，除了专利文献，果果还可以通过很多途径查找现有技术或设计，比如通过购物网站获取产品信息。

下面我来演示在购物网站检索的过程。（下面教师边演示边讲解。）

我们在购物网站的搜索栏中输入了"口罩"和"收纳"两个词语（两个词语中间输入了空格），获得了产品描述中同时有这两个关键词的结果。

师生互动

只是在搜索栏中输入了"口罩"和"收纳"，两个词语中间并没有填写逻辑算符，为什么我们能够得到同时包含"口罩"和"收纳"两个关键词的结果呢？

教师讲解

原因是购物网站以及许多网站默认对多个关键词进行逻辑"与"的操作，输入两个关键词等同于输入了"口罩 and 收纳"。

师生互动

我们输入的是"口罩"和"收纳"两个词语，两个词语中间有空格，如果不输入空格，直接搜索"口罩收纳"四个字，结果中会出现"口罩"和"收纳"两个词分开的情况吗？

教师讲解

会出现。购物网站对搜索栏中输入的文字自动进行了分解，不仅会检索"口罩收纳"，还会将"口罩收纳"分解为两个词语进行检索，这样可以覆盖到更多的产品，提供更多的选择。

我们搜索后发现已经存在很多类似的产品了，所以口罩收纳盒虽然是果果的创意，但是并不是首创，已经没有再研发的必要了。当然果果可以通过观察产品描述，再去发现其他创意。

我们通过观察产品描述可以了解产品的具体情况，比如，有便于随身携带的迷你产品，也有便于家庭收纳的大容量产品等。注意，产品描述中出现了随身、便携迷你、大容量等词语，这些都是关键词。观察产品描述是扩展关键词的一个好办法。

教师讲解

我们在购物网站搜索时，还发现一些有趣的功能，比如，页面上弹出"你是不是想找"一栏，提供了口罩收纳袋、口罩收纳神器等选项；在搜索栏中只输入了"口罩"时，网站会自动提供口罩收纳、口罩一次性医疗、口罩3D立体等联想搜索内容，猜测我们可能想要输入的内容。这是由于网站对所有曾经被输入的内容进行了记录和分析，提供智能联想的功能。支持这个功能的是前面学习过的大数据的技术。

购物网站还提供了分类筛选的功能，从功能、材质、适用人群等角度对口罩产品进行了分类，类似《检索基础》中讲到的分类号，这也是对产品的一种描述方式。搜索栏右侧有一个"在结果中删除"，如果输入"硅胶"一词再次检索，搜索栏中出现了"减号硅胶"的字样，展示的结果就排除了由硅胶材质制作的口罩收纳产品，这个相当于前边学过的"非"逻辑。

第2课时第2阶段

师生互动

在购物网站寻找口罩收纳产品的过程中，对关键词进行更换、增加或删除的操作，得到的结果会发生什么样的变化呢？

教师讲解

我们发现检索到的产品范围会随着关键词的增加而缩小，随着关键词的删除而扩大，更换关键词会得到不同的范围。

师生互动

为什么要不断改变关键词呢？

教师讲解

我举个例子帮助大家理解这个问题。

假如我们知道地下有钻石，但是并不清楚它的具体位置，我们想把钻石挖出来。挖掘的范围会影响我们挖上来的东西。我们一口气挖了很大一片时，有钻石的可能性比较大，但同时挖上来的石头等也会很多，要通过大量的筛选才能确定有没有钻石。如果我们想在尽量少挖的情况下提高挖到钻石的概率，那只能边勘探，边尝试挖掘，通过勘探不停地调整挖掘范围。检索时关键词的调整与挖掘范围的调整类似。

第2课时第3阶段

教师讲解

上面我们充分地了解了购物网站的检索，下面我们对照检索的四个步骤回顾一下整个过程。首先，我们明确了检索目标——了解口罩收纳产品；然后，我们选择了购物网站，通过输入关键词"口罩收纳"获得了相关的产品信息，同时我们观察到购物网站有搜索联想、分类筛选、在结果中删除等功能；再然后，我们调整了关键词，获得了新的结果列表，这样的操作重复执行了几次；最后，我们通过更加准确的描述，找到了我们需要的产品。

通过学习，大家掌握了检索的步骤，大家在课下要多练习，并在检索的每一步主动思考，为后面学习专利检索做好准备。

课后作业

为了改善家里的收纳空间，可以选择在墙上或者门后安装挂钩，请以购买挂钩产品为检索目标，填写表格，并且思考一下可以通过哪些角度描述挂钩产品。

明确检索目标	选择检索工具	描述检索目标	获得检索结果

第3课时第1阶段

教师讲解

专利检索常使用的数据库主要分为两种：一种是官方专利网站，一种是免费商业网站。官方专利网站最常见的是国家知识产权局的专利信息检索系统，使用外文检索会涉及的官方网站有欧洲专利局（EPO）的专利信息资源、日本专利局（JPO）的专利信息资源、美国专利商标局（USPTO）的专利信息资源以及其他官方专利网站。这些网站的特点是数据比较齐全，对公众免费开放。

还有一些免费商业网站，这些商业数据库整合了全球各大专利局专利数据库，包括：美国申请、美国专利、欧洲申请、欧洲专利、世界专利、日本申请、韩国申请、韩国专利、中国发明申请、中国实用新型、中国发明授权等全文数据库。但是这些网站在拥有一批固定用户之后，逐步开始收费。

第3课时第2阶段

教师讲解

前述果果想设计一个口罩收纳盒，但是在购物网站上检索后发现已经有了同类产品。果果没有放弃，想知道现有技术或设计中有哪些口罩收纳装置，想了解研发人员对口罩收纳装置已经进行了哪些改进，从而在此基础上进行创新。我们站在果果的角度去描述自身的检索目标，即"寻找感兴趣的领域中的现有技术或设计来辅助创新"。明确了检索目标，亦即明确了检索方向。这次果果要在国家知识产权局的专利信息检索系统中进行检索。

下面我通过演示来帮助大家了解国家知识产权局的专利信息检索系统如何使用。（下面教师边演示边讲解。）

国家知识产权局主页

检索系统入口在国家知识产权局的主页，主页菜单中进入"服务"—"公共服务"子菜单，进入"国家知识产权公共服务网"。这个页面汇聚了多个检索平台和查询系统，我们主要用到的是"专利检索及分析系统"。

国家知识产权公共服务网

点击"进入系统"，就可以看到检索系统非常简洁的页面了。我们主要用到的是搜索栏，这里还非常人性化地设置了使用说明，告知各位用户如何快速上手，掌握检索技巧。

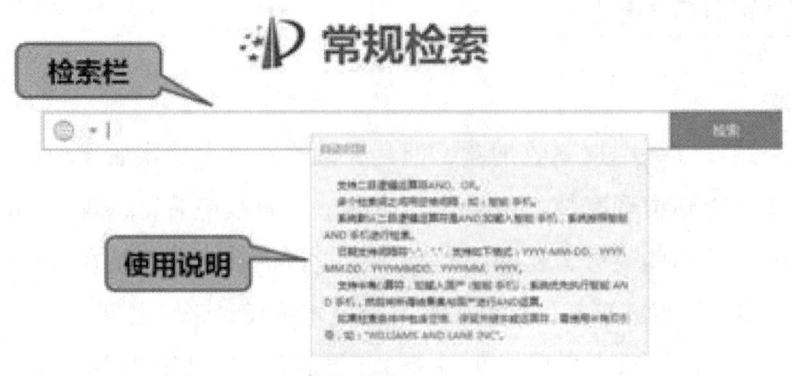

常规检索

师生互动

如何构建检索式呢?

教师讲解

选取"口罩""收纳夹"两个关键词就可以,在两个关键词中间使用运算符"and"连接,填在搜索栏中。

常规检索

提醒一下同学们,我们点击搜索栏前面的圆球形按钮可以从地理区域("国内"还是"国外")、时间范围等方面对检索范围进行进一步的限定。选择好检索范围之后,点击"检索"按钮就可以了。

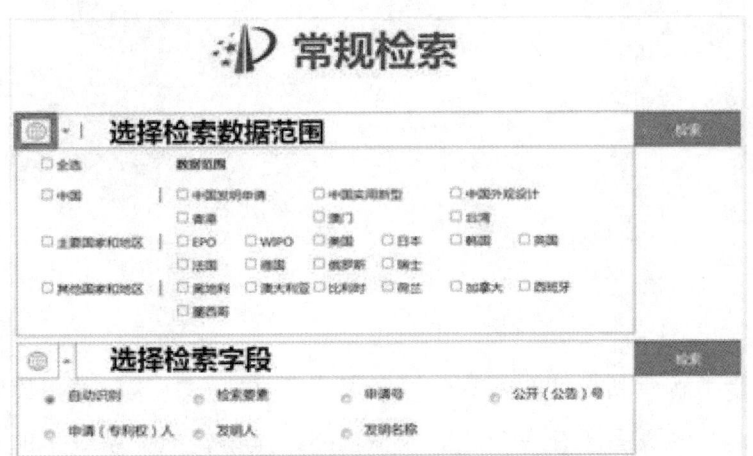

常规检索页面选择数据范围和选择检索字段

检索结果展示在我们眼前。检索结果显示页面中,"口罩"和"收纳夹"这两个词语被标红了,提示同学们重点关注。

检索结果"列表式"展示

检索结果的展示方式有很多种，我们可以根据需要进行选择。如果同学们觉得"列表式"展示方式不够直观，可以选择"多图式"，这种展示方式可以直接将专利文献的摘要附图展示出来。这样同学们就可以直接了解口罩收纳装置的整体结构，从而快速找到想要的专利文献。

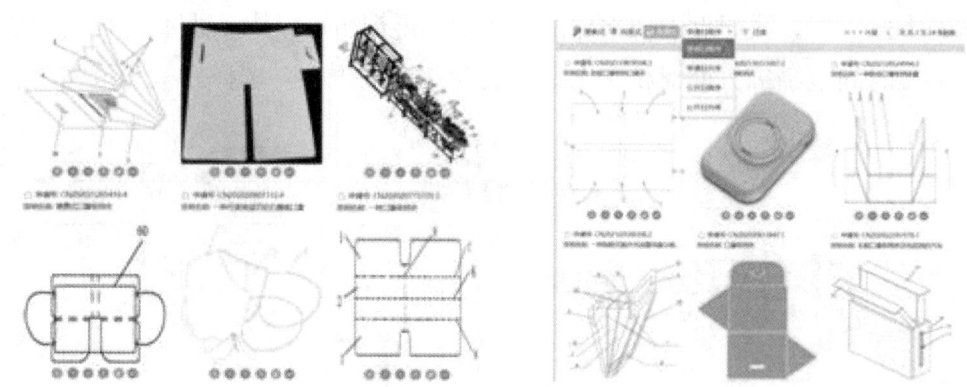

检索结果"多图式"展示

如果想进一步了解专利文献的内容，可以点击"详览"，这样就可以看到完整的专利申请文献。文献详览的页面还有一个"下载"功能，点击就能把系统里的专利文献下载到电脑里。

如果我们利用"口罩"和"收纳夹"两个关键词并没有检索到想要的专利文献，那么可以重新描述检索目标，比如扩展关键词，重新检索。

教师讲解

前面我们讲的是如何检索中文文献，有些同学可能想了解一下国外的情况。国家知识产权局的专利信息检索系统也可以使用外文进行检索，以口罩为例，我们把口罩的英文单词"facial mask"输入到搜索栏中，然后点击左侧的圆球标志，在"主要国家/地区/组织"一栏，选择国家，然后点击"检索"，外文文献就展示在我们眼前。点击专利文献号，就可以看到外文文献的摘要以及摘要附图，同时"facial mask"这个关键词也会被标红。外文文献也可以进行详细阅读以及下载，对于外文文献的检索，同学们大概了解一下即可。

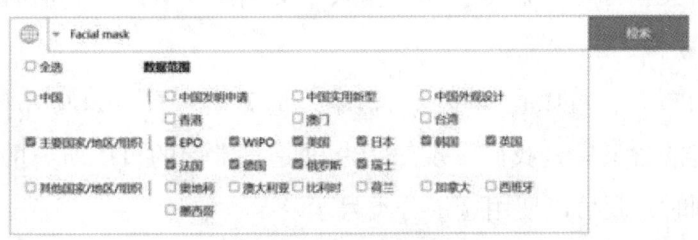

常规检索界面英文检索

教师讲解

我们学过检索有两把利器，一把是关键词，另一把是分类号。分类号对文献进行了分类。我们怎么知道想要的文献的分类号呢？现在就向同学们介绍如何查询分类号。（下面教师边演示边讲解。）

首先，进入国家知识产权局的专利信息检索系统，刚才我们使用的是"常规检索"，现在我们选择"导航检索"，进入页面，我们就能看到左边一列是IPC分类的A—H八个部分，可以看到八个部分的名称，涵盖了生活、化学、机械、物理、电学等各个领域。

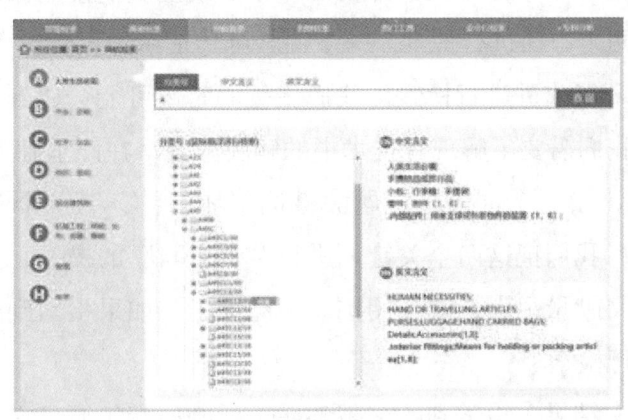

分类号查询

选择左边的部，如"A"部，在中间区域会按树形从大类、小类、大组至小组逐级展开A部下的分类，右边区域上下框内分别显示选中分类的中文含义和英文含义。综合各级的含义，我们可以知道A45C13/02这个分类号的含义是"箱包类产品的内部配件"。

点击树形分类号分支右侧的"检索"按钮，可以检索这个分类下的所有国内外专利文献，检索结果会直接在下面展示出来。

在IPC分类号查询页面的上方，还有一个搜索栏，包括"分类号""中文含义""英文含义"三个标签。选择"分类号"标签，在搜索栏中直接输入分类号，如A45C13/02，可以快速查到这个分类号的含义。

选择"中文含义"标签，在搜索栏中输入中文词语，可以查到所有中文含义中包含这个词语的IPC分类号。

比如输入"口罩"，可以查到涉及"口罩"的分类号有A62B9/06和F41A35/04，分别查看这两个分类号的含义后，我们发现A62B9/06是日常用的口罩所属的分类。我们想检索与口罩相关的专利时，就可以使用这个分类号了。

第3课时第3阶段

教师讲解

使用环境改进

上一节我们提到了从五个方面改进牙刷的例子。现在我们使用国家知识产权局的专利信息检索系统对其中两个方面进行检索。（下面教师边演示边讲解。）

针对牙刷的使用环境改进进行检索。我们旅行的时候可能会遇到牙刷不方便携带的问题。针对这个问题，我们需要了解现有技术中的解决方案，在此基础上进一步创新。

首先选取关键词，第一个词语是主题关键词"牙刷"，第二个关键词与技术效果有关，那就是"便携"，我们把这两个关键词进行逻辑"与"的操作，把检索式输入到搜索栏中。如果检索到的文献量很大，就不用扩展关键词了；如果检索到的文献较少，我们就需要扩展关键词再进行检索。

我们来看一下检索结果，检索到的文献都属于牙刷便携领域且文献量很大，不用对关键词进行扩展。这个案例是仅使用这两个关键词即可检索出足够的相关文献。

教师讲解

针对牙刷的材料改进进行检索。我们在刷牙的过程中可能会遇到由于刷头过硬导致牙龈出血的问题。针对这个问题，我们想了解一下现有技术中的解决方案。

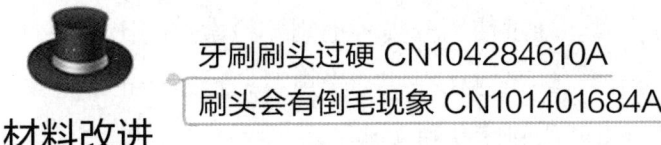

材料改进

同样，先选取关键词。我们先使用"牙刷"和"硬"两个关键词进行检索。检索结果中包含了大量的"噪声"，比如，有些文献涉及牙刷的手柄、牙刷盒的材质等，与刷头的关联性不强。在这种情况下，我们应该重新描述检索目标，将关键词"牙刷"稍微缩小一下范围，变成牙刷的一部分，即"刷头"，同时我们使用反义词对"硬"进行扩展，即"软"，我们期望的技术效果是让刷头变软。改变关键词后，我们再次进行检索。

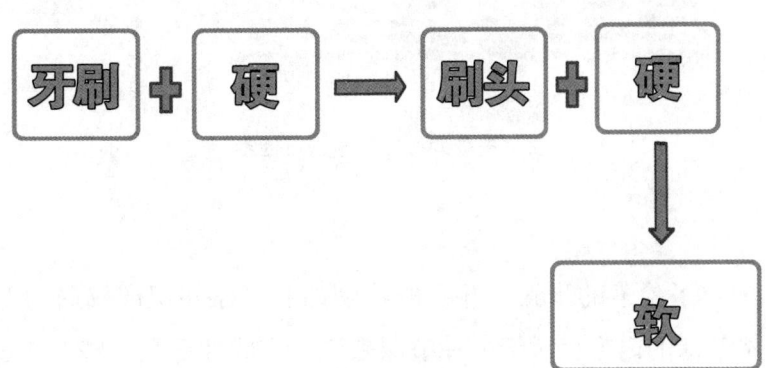

更新检索式

检索结果还是不太理想。因为使用关键词"刷头"之后，检索范围不仅没有缩小，反而更大了，检索结果中包括各种大型器械的文献，不止涉及牙刷的问题。我们该如何处理？

学生讨论

略。

教师讲解

检索有两把利器,除了关键词,另一把是什么?是分类号。我们仅使用关键词检索遇到困难的时候,可以使用分类号这把利器。

同学们还记得查找分类号的方法吗?在国家知识产权局的专利信息检索系统里面,在"导航检索"这一栏中选择"中文含义",在搜索栏里输入"牙刷"点击"查询",就能够搜索到有关牙刷的分类号。通过使用分类号把刚才检索到的比较多的文献进行限定,检索结果就令人满意了。当然,还是存在一些"噪声",这属于正常现象,大部分文献是我们想要的即可。这样就可以开始阅读专利文献了。

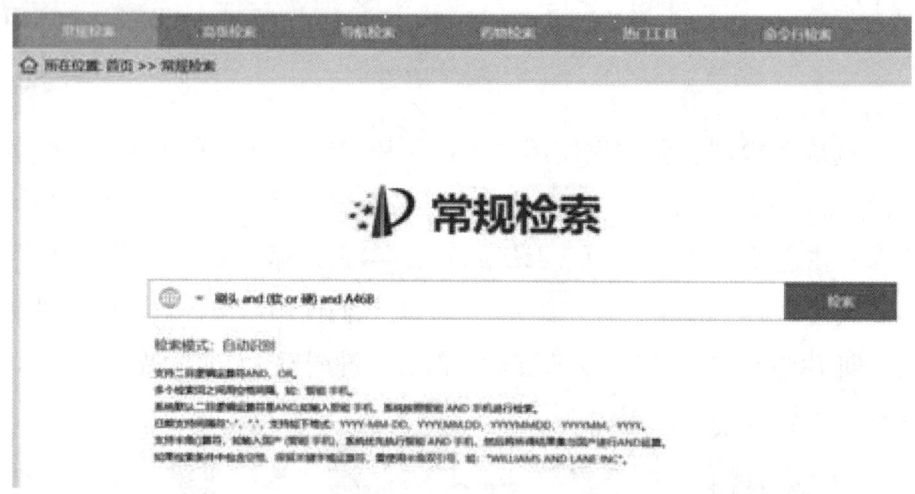

使用关键词和分类号进行检索

课堂总结

这节课我们学习了检索的步骤,并在购物网站和国家知识产权局的专利信息检索系统进行了检索,本节课的内容相对于上一节课来说,实践性更强一些。通过这两节课的学习,我们对检索有了更深入的理解,我们的检索能力也会有明显提高。

第三章 茅塞顿开，豁然开朗

第一节 破译专利密码

【教学目标】

1. 知道什么是著录项目，了解其作用。

2. 知道申请日、公布日、授权公告日、申请号、公布号、授权公告号的含义。

【教学重点和难点】

教学重点

1. 了解著录项目及其作用。

2. 知道申请日、公布日、授权公告日、申请号、公布号、授权公告号的含义。

教学难点

读懂著录项目的隐含信息。

【课时安排】

建议1课时。

【知识要点】

著录项目、申请日、公布日、授权公告日、申请号、公布号、授权公告号。

【教学过程】

一、教学大纲

第X课时 第X阶段	教学内容	教学准备	教师活动	学生活动	阶段目标
第1课时 第1阶段	复习专利的基础知识	搜集资料	简单介绍专利文献的不同之处，复习专利的基础知识	对教师的提问进行互动回答	巩固专利的基础知识

（续表）

第X课时 第X阶段	教学内容	教学准备	教师活动	学生活动	阶段目标
第1课时 第2阶段	著录项目及其作用	搜集资料	讲解申请日、公布日、授权公告日、申请号、公布号、授权公告号的含义	听讲	读懂著录项目的隐含信息

二、具体教学过程

第1课时第1阶段

师生互动

前面我们已经讲了什么是检索，以及怎样检索。请大家回忆一下，什么是检索？检索的两把利器是什么呢？

教师讲解

我们通过检索得到了一篇专利文献。这篇专利文献的扉页，和我们平时查阅的书籍、期刊的扉页不太一样，罗列了很多人名、号码、日期。同学们可能读不懂它们，读不懂很正常。它们叫著录项目，有许多信息隐含在里面。今天我给大家讲一下如何破译它们，读懂著录项目的隐含信息。

教师讲解

为什么专利文献这么与众不同呢？因为专利文献属于法律文件的范畴，具有法定的文体格式，它同时包含了技术信息和法律信息，这种统一的格式使文献阅读更方便。读著录项目时请大家主要关注三个方面：什么人，在什么时间，做了什么事。这三个方面涉及九个名词。

为了便于理解，我们先回顾一下专利的基础知识。

师生互动

专利包括几种类型？

教师讲解

我国专利共有三种类型，即发明、实用新型和外观设计。发明可以保护产品，也可以保护方法；实用新型只能保护产品，不能保护方法；外观设计主要保护富有美感并适于工业应用的新设计。

师生互动

专利具有什么特性？

教师讲解

专利具有三大特性，即独占性、时间性和地域性。独占性是指发明成果是专利权人的财产，未经其许可或者未出现法律规定的特殊情况，任何人不得实施该发明成果；时间性是指专利只在专利保护期限内受到法律保护，期限届满后或专利权中途丧失，任何人都可以无偿使用；地域性是指一项专利在哪个国家或地区获得授权，就在哪个国家或地区受到法律保护，在其他国家或地区则没有约束力。

师生互动

发明人完成发明创造后就自动获得了专利权吗？

教师讲解

答案是否定的。要获得专利权，除了应有符合专利条件的发明创造外，还必须按照法律规定提出申请，经过国家知识产权局的审批程序，才能受到保护。发明需要经过实质审查，审批时间较长，保护期限也较长；实用新型和外观设计只经过初步审查即可获得专利权，保护期限也相对短一些。

第1课时第2阶段

教师讲解

刚才我们说到读著录项目时主要关注三个方面，其中一个方面是"什么人"。这里的"人"指三种"人"，下面将为大家一一介绍。

发明人，指对发明创造的实质性特点做出创造性贡献的人。

申请人，指向国家知识产权局就某一发明或设计提出专利请求的当事人。请注意这里所说的当事人，不一定是自然人，也可以是公司、学校、科研院所等。

专利权人，指获得授权后享有专利权的主体。

申请人申请了专利，获得授权以后，就变成了专利权人。

知道这些人有什么用处呢？比如大家检索到了一个与想要的文献相关的文献，可以看一下它的发明人和申请人，通过发明人和申请人的入口检索他们的申请情况，有可能更高效地获得想要的文献。

教师讲解

另一个方面是"在什么时间"。

这里的"时间"涉及三个日期：申请日、公布日、授权公告日。这三个日期非常重要。

刚才我们讲了，想要获得专利权，必须按照法律的规定提出申请，经过国家知识产权局的审批程序，才能受到保护，而且保护是有一定期限的。所有专利权保护期限的起始日都是从专利申请日开始计算的，因此申请日是一个特别重要的概念。

公布日指发明专利申请的公布日，发明专利申请要先经过公布，然后经请求进入实质审查程序，获得授权之后才有授权公告日。

大家能看到的实用新型专利的著录项目中显示的就是授权公告日，因为没有授权的实用新型申请是不会公告的。

教师讲解

我们讲了"什么人""在什么时间"，那么他们"做了什么事"呢？这个方面通过三个"号"体现出来：申请号、公布号和授权公告号。申请号和公布号里隐含了申请年份和专利类型的信息。

申请号的前4位，是申请的年限；紧接着的数字表示申请的类型，例如，1是发明，2是实用新型，3是外观设计；后面的7位是当年申请的序号；最后是计算机校验位。

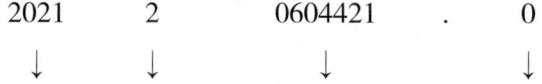

2021　　2　　　0604421　　．　　0
↓　　　↓　　　　↓　　　　　　↓
2021年　实用新型　当年申请序号　计算机校验位

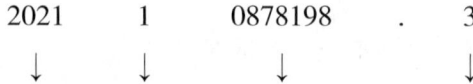

2021　　1　　　0878198　　．　　3
↓　　　↓　　　　↓　　　　　　↓
2021年　发明　当年申请序号　计算机校验位

公告号的CN表示中国的专利；紧接着的数字表示专利的类型，例如，1是发明，2是实用新型，3是外观设计；后面的是流水号；最后的字母是U，早期的文献是Y，表示的是实用新型专利。发明专利申请公布号最后的字母是A，经过授权公告以后就变成了B。

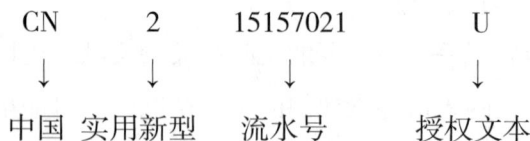

CN　　2　　　15157021　　　U
↓　　↓　　　　↓　　　　　　↓
中国　实用新型　流水号　　　授权文本

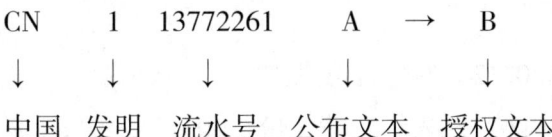

外国专利的著录项目也遵循统一的格式。下面分别是欧洲、日本、韩国的著录项目。

欧洲某专利扉页　　　　　　　　日本某专利扉页

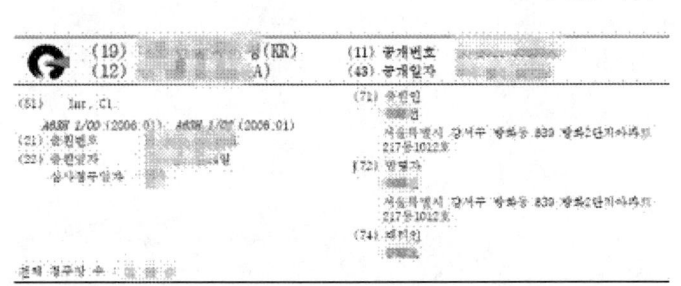

韩国某专利扉页

学完这堂课，大家就可以称得上"圈内"人士了。以后销售人员向我们推荐产品说"这是专利产品，性能可好了"的时候，我们可以看一看申请号或者授权公告号，如果销售所说的专利是外观设计专利，那么它与产品的性能压根儿没关系，这样就不会被"忽悠"了。

课堂总结

以上就是关于著录项目的内容，希望大家学习后能知道什么是著录项目，了解它的作用，知道申请日、公布日、授权公告日、申请号、公布号、授权公告号的含义。

课后作业

请写出申请号"CN20212……"中"CN20212"的隐含信息。

（答案："CN"表示是中国的专利,"2021"表示申请年份是2021年,"2"表示专利类型是实用新型。）

第二节　轻松读懂专利

【教学目标】

1. 了解专利文献包括哪几个部分以及各部分之间的关系。
2. 掌握阅读专利文献的方法。

【教学重点和难点】

教学重点

1. 通过本课学习让学生了解专利文献包括哪几个部分以及各部分之间的关系。
2. 通过教学，学会怎样阅读专利文献。

教学难点

学会怎样阅读专利文献。

【课时安排】

建议1课时。

【知识要点】

专利文献的组成和阅读顺序。

【教学过程】

一、教学大纲

第X课时 第X阶段	教学内容	教学准备	教师活动	学生活动	阶段目标
第1课时 第1阶段	了解专利文献的组成	搜集资料，寻找合适的专利文献	讲解专利文献的组成	对教师的提问进行回答	让学生了解专利文献的组成
第1课时 第2阶段	了解专利文献的阅读顺序和阅读重点	搜集资料，找出专利文献的特点	讲解专利文献的阅读顺序和阅读重点	对教师的提问进行回答	让学生了解专利文献的阅读顺序和阅读重点

二、具体教学过程

第 1 课时第 1 阶段

教师讲解

前面我们学习了什么是著录项目，明确了申请日、公布日、申请号、公布号的含义。下面我们开始讲技术内容：如何轻松读懂专利文献。

教学目的

1. 了解专利文献包括哪几个部分以及各部分之间的关系。
2. 学会如何阅读专利文献。

重点和难点：如何阅读专利文献。

在阅读一篇专利文献的时候，我们从著录项目部分可以了解到法律信息，那么我们更关注的技术内容要从哪里发掘呢？又是按照什么顺序阅读呢？听了这节课，同学们就明白了。

首先讲一下专利文献的组成元素：发明或者实用技术介绍，包括摘要、摘要附图、权利要求书、说明书和说明书附图。

外观设计包括图片或照片，以及简要说明。下面我们分别讲述这些组成元素是什么，以及它们的功能。

第 1 课时第 2 阶段

教师讲解

以专利文献"一种口罩消毒收纳器"（文献号CN215157021U）为例。

著录项目下方为发明名称、说明书摘要及摘要附图。摘要是对专利说明书的简要概括。从摘要中，我们可以了解到基本的发明内容，包括所属领域、要解决的技术问题、解决技术问题的技术方案的要点和主要用途。

我们来读一下这个摘要：一种口罩消毒收纳器（主题名称），包括盒体1和盒盖2，其特征在于：所述盒体1与盒盖2之间安装有盒盖开关3，盒盖2的内部设置有口罩消毒腔4，口罩消毒腔4的内部和/或盒盖2的内侧面上设置有一个或多个紫外线杀菌灯6，盒体1的侧面或盒盖2的上表面镶嵌设置有显示屏8，盒体1的内部安装有时钟模块和控制器（这是在介绍技术方案），这种实用发明结构合理，能够对口罩进行有效的消毒杀菌，同时还能够对口罩的使用进行有效管理，并具有口罩使用时间过长的更换提醒功能，有利于疾病防控和人体健康，使用方便（技术效果，也就是获得了哪些好处）。

读完摘要，我们再来读说明书。

说明书首先要列出发明名称，依次是技术领域、背景技术、发明内容、附图说明和具体实施方式等内容。发明内容又包括发明目的、技术方案和技术效果三个方面。

这项发明创造是属于建筑领域、化工领域还是医药领域——这就是技术领域。大家可看这篇文献的技术领域"本实用发明涉及一种消毒收纳器，尤其涉及一种口罩消毒收纳器"。这是属于生活用品技术领域的发明。

这个领域目前有哪些相关技术，这些相关技术有哪些缺陷——背景技术。

"新冠肺炎疫情防控很重要，佩戴口罩已成为疫情防控的重要举措，出行、学习、工作等都离不开口罩的防护。与此同时，口罩在使用过程中的问题也暴露出来了，口罩佩戴时间过长，长期暴露在外沾染了很多细菌和病毒；有时临时摘下口罩，放置不当会造成二次污染；在口罩使用较长时间并丢弃前没有进行消毒和无害化处理，为病毒的传播以及非法回收利用口罩留有可乘之机；最重要的是不具有口罩佩戴时间提示，同一个口罩有时会佩戴时间过长，这些问题都不利于疾病防控和人体健康。特别是新冠肺炎疫情防控不能松懈的时期，人们在吃饭、喝水等需要临时取下口罩时，没有安全合适的地方来放置口罩，一直以来缺乏一种能够具有消毒功能、佩戴时间提醒功能，同时又方便好用的收纳器来解决这一技术问题。"

针对这些问题，通过发明创造可以改进或者解决哪些问题——这就是发明目的。

"本发明的目的是针对目前的口罩在日常使用过程中缺乏有效的消毒杀菌，不具有口罩使用时间更换提醒功能，不利于疾病防控和人体健康的缺陷或不足，现提供一种能够对口罩进行有效消毒杀菌，同时还能够对口罩的使用进行有效管理，并具有口罩使用时间过长的更换提醒功能，有利于疾病防控和人体健康，是一种非常方便的口罩消毒收纳器。"

如何去解决——也就是技术方案；在这里不用仔细看，因为后面的具体实施方式还会再详细地说一遍。

采用这个技术方案能够获得哪些好处或者产生哪些效果——这就是技术效果。

"本发明的优点是：

1. 本发明采用了可以密封的盒体结构，并设置口罩消毒腔，通过紫外线对口罩上的病菌进行全方位的杀灭，在不使用口罩或需要放置口罩时，实现对口罩的收纳的情况下，实现了对口罩的消毒杀菌。

2. 本发明通过条码识别或者二维码识别，借助于时间进行控制，实现了对口罩使用时效的管理，具有口罩使用的更换提醒功能，解决了口罩佩戴时间过长的问题，有利于疾病防控和人体健康。

3. 本发明智能化程度高，携带方便，能够与手机等智能设备相连接，所采用的电子器件可以为标准化通用器件，能够进行模块化安装，成本较低，生产和安装方便，适合于大批量加工生产。"

为了说明该技术方案取得技术上的成效，可以举几个例子予以证明——这就是具体实施方式。必要时，配有附图进行说明，所以说明书中就有附图说明部分。

"这是本实用新型的结构示意图。图中：盒体1，盒盖2，盒盖开关3，口罩消毒腔4，弧形杀菌面5，紫外线杀菌灯6，识别窗口7，显示屏8，蓝牙模块9，USB连接口10。"

用数字代表这些名词，这些数字叫作附图标记。

然后，结合附图看具体实施方式是如何描述的。

"本发明是一种口罩消毒收纳器，包括盒体1和盒盖2，盒体1上通过连接轴安装有盒盖2，其特征在于：所述盒体1与盒盖2之间安装有盒盖开关3，盒盖2的内部设置有口罩消毒腔4，口罩消毒腔4的内部和/或盒盖2的内侧面上设置有一个或多个紫外线杀菌灯6，盒体1的侧面或盒盖2的上表面镶嵌设置有显示屏8，盒体1的内部安装有时钟模块和控制器，控制器分别与紫外线杀菌灯6、显示屏8以及时钟模块相连接。"

上面的内容都读懂了，我们基本读懂了专利的相关知识和技术内容。我们再来学习一下权利文献要求，权利要求才是专利的核心，专利划定了多大的保护范围，是由权利要求来决定的。权利要求分为独立权利要求和从属权利要求。采用数字顺序编号，请大家看权利要求1，一种口罩消毒收纳器，包括盒体1和盒盖2，盒体1上通过连接轴安装有盒盖2，其特征在于：所述盒体1与盒盖2之间安装有盒盖开关3，盒盖2的内部设置有口罩消毒腔4，口罩消毒腔4的内部和/或盒盖2的内侧面上设置有一个或多个紫外线杀菌灯6，盒体1的侧面或盒盖2的上表面镶嵌设置有显示屏8，盒体1的内部安装有时钟模块和控制器，控制器分别与紫外线杀菌灯6、显示屏8和时钟模块相连接。

再看权利要求2，根据权利要求1所述的一种口罩消毒收纳器，其特征在于：所述盒体1或者盒盖2的内部设置有二维码识别器，盒盖2的外表面或者盒盖2的内侧面上对应于口罩镶嵌设置有识别窗口7，识别窗口7与二维码识别器相连接，二维码识别器与控制器相连接。

独立权利要求保护范围是最大的，从属权利要求与独立权利要求相比，附加的技术特征越多，对应的保护范围越小。本案中权利要求1就是独立权利要求，权利要求2即为权利要求1的从属权利要求。

比如，集合A="高一的学生"；集合B="高一2班的学生"；集合C="高一2班的男学生"。

现在，我们来总结一下，怎么能快速读懂专利文献中的技术内容，这要注意阅读顺序。

先读发明名称，了解是什么主题。

再读摘要，了解基本信息，判断技术内容是否相关。

接下来读背景技术，看该发明解决的技术问题是什么，与自己的技术问题是不是相关。

然后读发明内容，看专刊文献起始位置处的发明目的，再看专刊文献最后面可以达到的技术效果的部分。

最后，结合附图阅读具体实施方式，对技术方案的内容有一个详细准确的认识。

讲完发明专利文献，我们再来看看外观设计。外观设计专利文献包括扉页、图片或照片、简要说明。其中与发明差异较大的部分是图片或照片、简要说明。

图片或照片要求提供多个视图（如六面正投影视图）以清楚地显示要求保护的产品的外观设计，图片或照片是确定专利权保护范围的基础。

简要说明是对图片或照片所表示的产品的外观设计进行解释或补充说明，具体来说，简要说明包括但不限于名称、用途、设计要点，并指定一幅最能表明设计要点的图片或照片。

学完了中国的专利文献，再来简单了解一下外国的专利文献。以专利文献"REUSABLE MASK STORAGE AND DONNING & DOFFING DEVICE"（文献号US2021/0387795 A1）为例，著录项目下面也是说明书摘要和摘要附图，然后是说明书附图，这一点和我国不太一样，接下来是说明书部分，也是包括背景技术、发明内容、附图说明、具体实施方式。它们的权利要求是写在最后面。虽然顺序有所不同，但是每个部分的含义是基本一致的。

课堂小结

通过这堂课，我们了解到怎样阅读一篇专利文献，从说明书摘要、说明书及附图看专利的技术内容，通过权利要求看专利的保护范围。

课堂总结

合理安排阅读专利文献的顺序和重点有助于提高阅读的速度和质量，让同学们知道通过著录项目查看相关的法律信息，以获得更多的检索入口。通过说明书摘要和说明书及附图看专利的技术内容，通过权利要求可以清楚地知道该专利的保护范围。

课堂问答

教师：请同学们思考一下：这篇外观设计专利文献中的口罩收纳袋图片为粉红色，那粉红色是不是也受保护呢？

学生：这就需要看看简要说明里有没有写入要保护颜色的内容，像这篇专利文献没有在简要说明里写入颜色，那么颜色就不受限制。

第四章 融会贯通，举一反三

第一节 归纳梳理，抽丝剥茧

【教学目标】
1. 掌握对专利文献进行梳理、总结的基本方法。
2. 引导学生尝试在厘清技术脉络的前提下进行创新。

【教学重点和难点】
教学重点
培养学生整理、归纳、总结所获信息资源的能力。
教学难点
在梳理技术脉络的基础上产生"创新点"。

【课时安排】
建议2课时。

【知识要点】
梳理、总结专利文献的方法流程。

【教学过程】

一、教学大纲

第X课时	教学内容	教学准备	教师活动	学生活动	课时目标
第1课时	介绍故事背景，结合案例讲解专利文献归纳梳理的基本思路与方法	教材案例	通过对专利文献的检索和阅读引出对其进行梳理和归纳的过程 提问式教学：采用什么方法对专利文献进行梳理和归纳，结合例子进行讲解	听讲、发言	掌握对专利文献进行梳理、总结的基本方法
第2课时	在厘清技术脉络的前提下进行创新	教材案例	结合案例，对已有技术资料进行归纳和总结，找到创新的切入点；分组讨论，每组分享一个创新点；教师总结	听讲、小组讨论、发言互动	引导学生在理顺技术脉络的前提下进行创新

二、具体教学过程

第1课时

介绍故事背景，结合案例讲解专利文献的归纳梳理的基本思路与方法。

教师讲解

1.介绍故事背景，通过对专利文献的检索和阅读，引出对其进行梳理和归纳的过程。可以举例帮助学生理解该行为。

A.选择生活中的例子：例如整理积木时，可以根据不同的颜色、形状进行分类。

B.选择班级评选三好学生的例子：每个人都有自己的优势，需考量的入选条件很多，所以我们可以把这些条件进行归纳梳理，总结成以下几点：科目学习方面，包括数学、语文、英语等；课余爱好方面，分成艺术与体育两大类，艺术类包括钢琴、舞蹈等，体育类包括篮球、足球、跳绳、跑步等；道德素养方面，包括乐于助人、勤劳勇敢、是否具有团队协作精神等。经过归纳梳理，可以得到一个思路清晰的评判标准，给每一项设置分数，每位候选人根据具备条件的不同得分不同，根据分数的高低，最终选出能够获得"三好学生"称号的学生。

2.结合案例分步讲解方法。

对信息进行提取的方法有很多，教师可以通过提问对学生进行引导，例如：使用最原始的画正字方法，比如，学生如果对口罩收纳容器的种类感兴趣，我们可以依据这个角度对文献进行分类，并针对出现的容器类型在纸面上进行记录并画正字，最终统计正字的数量；或者在阅读专利文献后，对其重命名，增加能够用于分类的关键词，例如包、夹、盒等，再对文件名称中出现相关关键词的频次进行统计；再比如利用Excel表格对所阅读文献的基本信息进行统计，例如针对申请号、容器类型、功能等进行统计分析，可以得到目前口罩收纳容器的种类主要集中在包、夹、盒、套、环、袋这六种。

引导学生从现有的容器种类中选择最感兴趣的一个继续进行归纳梳理。以口罩盒为例，在实现口罩收纳的基本功能的基础上，在现有的专利文献中还有哪些可以进一步改造的地方呢？总结起来可以有六个方面：针对口罩容易滋生细菌、表面吸附水汽和灰尘的问题，可以增加消毒、吸湿和祛尘的功能；针对塑料不环保的问题，可以选择环保材料作为盒体材质；可以将口罩盒与其他使用功能结合，比如口罩盒与手机支架形成组合发明，还可以通过表面花纹、奇特造型等外观设计，增加视觉美感。

如果你还想要进一步研究，可以继续挖掘口罩盒某一方面功能改进的具体方式。比如，对于口罩盒的杀菌功能，看看现有的专利文献都是采用哪些手段实现这个功能的，经过总结，可以发现已经有很多创新达人关注到了这个功能，所采用的手段也是多种多样，例如采用紫外线、二氧化氯颗粒、竹炭纤维、雾化等杀菌方式。

第2课时

在厘清技术脉络的前提下进行创新

教师讲解

1. 介绍故事背景，通过提问的方式帮助学生回忆如何在厘清技术脉络的技术层面上进行创新。

2. 总结前序内容，如何在最接近的技术的基础上寻找技术空白点，并结合应用中出现的问题加以改进。

3. 分析教材中给出的两个创新点。

由于目前的口罩收纳盒大多采用上下两部分铰链来实现开合、卡扣固定的方案，因此每次打开都需要两只手配合，使用不太方便。为了解决这个问题，我们可以尝试从其他产品上获得灵感，例如将滑盖手机的开合方式应用于口罩盒，仅仅利用拇指与其他手指之间的配合，就可以轻松地实现单手开合。这里，我们用了创新思维方法中的转用思维。

我们总是希望随身携带的小物件具有多种功能，这样可以减少外出携带物品的种类。小型暖手宝是近年来很多人冬季出行必不可少的物品，现有发明的口罩盒可以通过电热方式烘干收纳盒中的口罩，避免水汽聚集使口罩滋生细菌。如果我们把口罩盒的电热功能利用起来，与暖手宝的功能结合，就可以减少人们出行时携带的物品数量。另外，为了使热量能够传递至口罩盒的外部，我们还需要对口罩盒进行改进，那就是将盒体材料选择轻质导热材料，这样就可以使烘干收纳盒的热量传导至外部用于暖手。这里，我们用了创新思维方法中的组合思维。

学生讨论

每个小组在现有的专利文献基础上，寻找到一个创新点，由学生代表进行发言，教师点评。

讨论的内容只要是从实际问题出发，能解决技术问题的创意，在不违反法律、社会公德或者妨害公共利益，并且不违背科学原理时，我们都应当予以鼓励，并且要强化学生们在寻找"创新点"时主动运用科学思维方法的理念，为下一篇教材内容的学习做好铺垫。

第二节　练习实践，真知立现

【教学目标】

1. 能够在日常生活中发现问题，并想到解决方法。

2. 能够根据解决方法找到检索思路。

3. 进一步熟悉检索过程。

4. 能够具备发散思维，提升解决问题的思考能力。

【教学重点和难点】

教学重点

根据实际问题确定检索思路，以及掌握整个检索过程。

教学难点

能够扩展思维，确定及调整检索思路，并可以根据检索思路构建检索式。

【课时安排】

建议2课时。

【知识要点】

通过案例复盘全课涉及的主要知识点：

1. 检索思路的确定及调整。

2. 关键词的选取。

3. 分类号的选取。

4. 检索式的构建。

5. 阅读、提炼文献。

6. 进一步创新。

【教学过程】

一、教学大纲

第X课时	教学内容	教学准备	教师活动	学生活动	课时目标
第1课时	确定检索思路，找到关键词和分类号，构建检索式	案例，分类表，水杯，水	1.复习：根据前面的知识要点（关键词、分类号等）带领学生以问答的方式回顾之前的知识点 2.引言：水杯易被碰倒的情境展示，引导学生进行发散思维，思考这个情境所反映的问题是什么，以及应该如何解决；教师引导学生给出检索思路 3.实践：采用分组讨论的方式，引导学生针对被检索物品进行关键词及分类号的选取，教师可适当给出提示，可结合教材完成 4.课堂提问：提出扩展问题，教师引导学生思考 5.课堂小结	1.回答问题，复习知识要点 2.分组，回答情境问题，组内讨论检索思路 3.分组讨论关键词和分类号的选取，结合其他组的结果，总结归纳，完善自己的内容，并完成教材相应部分 4.发散思维，回答扩展问题 5.跟随教师完成总结	能够确定检索思路；熟悉检索过程
第2课时	调整检索思路，进行思维扩展	案例，杯套	1.发散思维：教师提出新问题，带领学生分组讨论，发散思维，给出新的解决方式，教师进行点评 2.实践：构建新检索式，采用分组合作方式，教师适当给出提示，引导学生调整检索思路及检索式的构建思路，通过情境演示，展示教材中的思路，并带领学生讨论实践的可行性，可结合教材完成 3.思维扩展：通过分组展示使学生们的思维进一步发散，学生们可相互点评，激发出新创意 4.思维发散：通过分组合作的方式，进行非专利文献检索的模拟游戏，从明确检索需求、选择检索工具、确定目标描述、获得检索结果四个阶段进一步学会如何检索，并尝试思维发散 5.课堂小结	1.分组回答情境问题，组内讨论，并给出至少一个方案 2.分组讨论新关键词的选取，调整检索思路及检索式。完成情境演示所涉及的检索式构建等，完成教材相应部分 3.扩展思维，分组讨论，分组展示成果，相互点评 4.发散思维，分组讨论，并配合完成非专利文献检索模拟游戏 5.跟随教师完成总结	能够通过思考来调整检索思路，发散思维

二、具体教学过程

第 1 课时

教师讲解

1. 复习相关内容

教师带领学生系统地复习回顾全篇知识点：信息资源的定义和分类，专利文献两大特点（涵盖领域广、更新速度快），什么是检索（即从海量信息中查找、搜索、阅读、提取信息资料的过程），检索的作用（最重要的是避免重复研发和提高研发起点）。检索部分包括检索基础和检索方法。检索基础包括关键词的扩展表达和分类号，分类号包括分类号的定义、最重要的分类体系（国际专利分类），国际专利分类号的构成特点，如何查找国际专利分类号，如何将关键词与关键词、分类号与关键词进行逻辑构建形成检索式等。检索方法包括通过互联网检索熟悉检索的四个阶段，明确检索目标、选择检索工具、检索对象描述与获得检索结果；另外以国家知识产权局官方检索系统为例，掌握检索界面、基本检索与文献阅读方法、查找分类号的方法等。著录项目信息解读方面，包括与专利文献著录项目相关的号码、相关人与日期信息的含义与作用。专利文献阅读方面，需要掌握专利文献的基本组成与常用的阅读方法，最后是归纳梳理专利文献的基本思路与方法。

2. 确定所要解决的技术问题，确定检索思路

引出本教材的案例内容，从放在桌子上的水杯总是会被不小心碰倒这个问题入手，确定需要解决的技术问题为：如何使杯子不倒。

3. 确定关键词

组织学生分组讨论，确定关键词，并对关键词进行扩展表达，例如，可以确定杯和不倒作为关键词，并将杯扩展为同义词：杯子，下位概念：水杯、茶杯、吸管杯、咖啡杯等；不倒是一个功能性的关键词，可以把它扩展为同义词：不倒、不洒、防倒，或者反义词：放倒、倾洒、倾倒。另外还可以引导学生进行思维发散，思考这两个关键词还可能有哪些扩展表达的方式。

4. 确定分类号

分发给每组学生相应部分的分类表，让学生通过小组讨论的方式找到"水杯"的分类号。

可提出教材上所涉及的思考题，让学生进行讨论，教师根据结果进行点评，从而进一

步熟悉如何理解分类表。

5. 构建检索式

分组构建检索式，构建完成后，派各组代表进行讲解，之后大家一起判断该组检索式的表达是否正确，教师根据结果点评。

6. 阅读文献

教师可以让每个小组的代表讲一讲他们组都阅读了哪些文献，经过梳理总结，都是采用了哪些技术方案实现了水杯不倒的效果的。学生发言完毕后，教师进行总结发言，并举出一些总结的示例，例如：不倒翁式水杯，通过将杯体设计成不倒翁的形状，保持杯体的稳定性；或者底部有吸盘的水杯，通过将杯底设计成吸盘，实现杯体与底面的稳定固定，保持杯体不倒。

课堂小结

讲述针对一个检索主题确定基本检索思路的过程：第一步，确定技术问题；第二步，找到关键词和分类号，充分拓展关键词表达；第三步，将关键词、分类号进行逻辑组合，形成检索式；第四步，阅读专利文献，并进行梳理总结。

第 2 课时

分组讨论

1. 调整检索思路

让同学分组讨论，进行思维发散，找寻是否还有其他可能解决技术问题的方式，并构建新的检索思路。每组派代表进行简单表述，教师根据结果进行点评。

结合道具讲述教材上的新思路，让学生们判断该方案是否可行。

2. 构建新检索式

各组根据自己的检索思路调整上一节课中的检索式，完成后，由各组代表进行讲解，大家一起判断该组检索式的表达是否正确，教师根据结果点评。

分发按教材所涉及的新检索思路检出的文件，各组阅读讨论，简单概述其原理。

3. 思维扩展

结合教材所对应的思考题，教师带领学生分组讨论，比一比哪一组想到的方法多，可在纸上画出相应的方案，并由代表进行讲述，其他同学听后可指出问题，并思考如何进行改进，进行思维发散。还可进一步带领学生根据新方案思考如何构建新的检索式，从而能够检索判断该方案是否存在专利文献，最后由教师进行点评。

4. 思维发散

带领学生思考还可以如何进行检索，在哪里检索。进一步让各组给出一个想要查找或检索的主题，可以为任意主题，比如词语释义、想购买的物品、影视歌曲等，由其他小组答出可以选择什么检索工具、如何检索（采用什么样的描述方式），以及根据上述选择可能获得什么样的结果，从而完成非专利文件检索的模拟游戏，最后由教师进行点评。

课堂总结

教师根据课堂情况完成课程总结。

下篇 XIA PIAN

第一章 创新思维有方法

第一节 探寻思维法

【教学目标】

1. 了解什么是探寻思维法,学会发现身边物品的缺陷并提出改进的方案。

2. 努力培养和提高学生善于发现问题、提出问题、解决问题的能力,并掌握运用此种方法的规律。

3. 培养学生动脑的能力,能够积极参与讨论,敢于提出自己的见解。

【教学重点和难点】

教学重点

了解探寻思维法,学会发现身边物品的缺陷并提出改进的方案,从而形成新的创意。

教学难点

从不同角度列举物品的缺陷并找到问题产生的原因,最后提出合理的解决办法。

【课时安排】

建议3课时。

【知识要点】

发现身边物品的缺陷并提出改进的方案。

【教学过程】

一、教学大纲

第X课时 第X阶段	教学内容	教学准备	教师活动	学生活动	阶段目标
第1课时 第1阶段	引入概念，认识探寻思维	搜集资料	用实例激发学生兴趣，引出探寻思维法的概念	阅读教材	了解概念，激发兴趣
第1课时 第2阶段	实例讲解	搜集资料	带领学生欣赏生活中的发明创造	阅读教材	了解概念，激发兴趣
第1课时 第3阶段	课堂训练	搜集资料	通过塑料、课桌椅、保温杯的例子，提问：针对这些物品的缺陷，案例是分别用了什么方法来改进的？分别总结	结合生活经验回答问题	了解概念，激发兴趣
第2课时 第1阶段	多角度探寻缺点	搜集资料	以筷子为例，带领学生找寻筷子的缺陷、分析问题产生的原因并提出改进方案	小组讨论	从多角度探寻问题并提出解决方法
第2课时 第2阶段	多角度探寻缺点	搜集资料	提问：筷子还有哪些缺陷？如何改进？	小组讨论	从多角度探寻问题并提出解决方法
第3课时 第1阶段	运用探寻思维，讨论与探索	一次性口罩	提问：对物品做出改进，最关键的是什么？那下一步是什么？	小组讨论	认识探寻思维
第3课时 第2阶段	运用探寻思维，讨论与探索	一次性口罩	让学生找出一次性口罩的缺陷和不足，适当引导，让学生给出改进方案，最后对学生的方案进行点评，并补充和总结	小组讨论	能够自主思考，运用所学知识找到物品的缺陷并提出合理的改进方案

二、具体教学过程

第1课时第1阶段

（一）引入概念

教师讲解

（室外很冷，教师戴着眼镜走进教室时，眼镜上满是雾水。）同学们，看老师的眼镜起雾了，都看不清大家了，谁能帮帮老师呢？（设置的这个故事情景有一定的局限性，如果教师不戴眼镜，或者室外天气不够冷，都无法完成这个实验。这种情况下，教师可以采用其他方案，比如可以用酒精灯加热烧杯中的水，使得烧杯口上的玻璃片布满水汽的实验。）

学生讨论回答。

师生互动

看老师变个魔术。（走出教室，再走进来，眼镜上很干净。这时，可以用语言引导学生注意观察教师的动作有什么不同？）看老师手里（举着喷剂）这是什么？是一种防镜片起雾的喷剂，是不是起到防雾的作用？

课堂小结

世界上的物品不会十全十美，或多或少存在着缺陷与不足，而我们就要去探寻，寻找这些潜在的缺陷或不足，然后加以分析，提出改进的设想方案，进而创造出优于原物的新产品。要达到这个目标，我们就需要具备探寻思维能力，而且具有勇于质疑、敢于提出新想法的科学精神，这样才会使我们的生活变得更加便利和美好。

第1课时第2阶段

（二）实例讲解

接下来，我们一起探究，如何从问题中寻找创意？

【案例1】

教师讲解

水龙头是生活中常用的一个物品，我们经常在涂肥皂或挤洗手液时忘记关水龙头，这样会造成水资源的浪费；另外，在公共场所洗完手之后，用洗净的手再次触摸水龙头，又会造成手部的二次污染，从而影响清洁效果。这些都是传统水龙头的使用缺陷。针对这些问题，我们来看看当前人们是怎样解决的吧。

脚踏式水龙头——利用脚踏板控制水龙头的开关，脚踩踏板即出水，松开踏板即停水。解决了上述细菌交叉感染的问题，但对于节水的效果并不明显。于是人们有了更新式的产品。

感应式水龙头——相信大家在公共场所的卫生间都使用过。把手放在水龙头下部的感应区域内即出水，手离开感应区域后即停水。开关水由水龙头内部的感应器自动完成，无须用手接触水龙头，这种方式有效地解决了浪费水和细菌交叉感染的两方面问题。

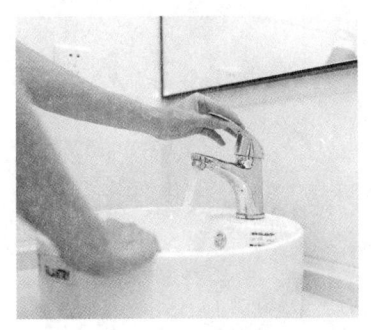 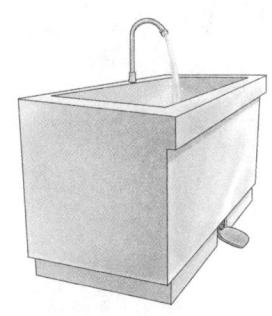 

水龙头　　　　　　　　　脚踏式水龙头　　　　　　　　感应水龙头

【案例2】

教师讲解

这是一个传统的固定电话，需要通过电话线连接到固定的传输接口上，这就被称为固定电话。我们很容易就能发现它的一个缺陷——不能移动。那么，摆脱线的束缚是不是就可以移动了呢？由此，无线通信应运而生。我们今天所使用的手机、电话手表等，都是无线通信设备，给我们的生活带来了很大的便利。

固定电话　　　　　　　　　　　　移动电话

【案例3】

教师讲解

扫帚在我们生活中很常见，可以用来清扫地上的垃圾和灰尘。但是用扫帚扫地的过程既累又费时间，而且清洁效率也低。要是能有一个会自动清扫的扫帚就好了——于是就有人发明了扫地机器人，它不仅能自动清理，能识别障碍物自动避开，而且具有很强的清扫能力。

课堂小结

以上案例都是针对现有物品的缺陷进行分析，继而产生解决问题的新思路，形成新的创意,制作出新产品,从而极大地改善了我们的生活条件。

第1课时第3阶段

(三)课堂训练

【案例4】

师生互动

在我们日常生活中,许多物品都是由塑料制成的,如袋子、盒子、饮料瓶等,塑料制品方便了我们的生活。请同学们仔细观察下面两幅图,并由教师写出来:用什么方法改进了塑料制品的哪种缺陷。

学生讨论回答。

普通塑料　　　　　　　　　　　　　　　　可降解塑料

课堂小结

塑料为人们的日常生活提供了便利,但是由于其自身的不可降解性,给环境带来了一定的危害。可降解的塑料在特定环境下能够在一定时间内进行生物降解,这是通过对材料本身的改进来实现的。

【案例5】

师生互动

课桌椅,大家肯定很熟悉!请同学们观察下面两幅图,并由教师写出来:用什么方法改进了课桌椅哪方面的缺陷。

学生讨论回答。

普通桌椅　　　　　　　　　　　　　可升降桌椅

课堂小结

第一组桌椅的桌腿和椅腿都是固定的，这势必会让身材过高或过矮的同学坐着不舒服，进而影响大家的坐姿，久而久之就影响了大家的身体发育。第二组桌椅是针对固定腿进行了改良，将桌椅的固定腿改为可以升降腿，这就解决了第一组课桌椅不适合各种身高学生使用的问题。这是利用升降结构来改进桌椅高度不能调节的缺陷。

【案例6】

师生互动

保温杯内的真空绝热层能使装在内部的水等液体延缓散热，从而达到保温的目的。请同学们观察下面两幅图，并写出来：用什么方法改进了保温杯哪方面的缺陷。

学生讨论回答。

普通保温杯　　　　　　　　　可显示温度的保温杯

课堂小结

保温杯有很好的保温效果，但是不知道杯内水温，人们在打开杯子喝水的时候很容易烫到嘴。由此，带温度的保温杯就被发明出来了，通过杯壁上显示的杯内水温可以轻松判断杯内水是否适合饮用。这一改进就是通过在杯体上加入可以测温的温度传感器，再通过主控芯片的程序控制，将温度显示到LED屏上，这种可以显示温度的保温杯解决了因无法判断水温而被热水烫嘴的问题，因此这一改进是利用增加温度显示解决保温杯内水温无法判断的缺陷。

第2课时第1阶段

（一）引入概念

探寻思维法就是针对想要改进的物品，通过发现它的缺陷来寻找改进方向。然而，通常来说物品的缺陷不止一个，为了使思路清晰，我们需要从不同的角度来探寻物品的缺陷，将这些缺陷一一列举出来，然后分别提出新的方案，一般称之为"缺陷列举法"。可以按照以下三个步骤进行缺陷列举：第一步先找到物品的缺陷，第二步分析缺陷产生的原因，第三步对缺陷产生的原因提出合理的解决方法。

（二）实例讲解

下面以我们每天使用的筷子为例，看看都可以从哪些角度来列举缺陷，并相应地做出哪些改进。

教师讲解

我们根据刚刚介绍的三个步骤，首先列出可能考虑的各种角度，然后从这些角度思考有哪些缺陷，也一一列出来，接下来再列出这些缺陷产生的原因。我们可以从筷子本身的使用、使用人群、卫生安全和功能等角度来思考，再结合生活实际思考这几个角度下筷子的缺陷。这些缺陷应该很容易想到：①在夹取豆子之类食品时极易滑落；②小孩或外国人不会使用筷子；③饭店里重复使用的筷子不卫生；④无法用筷子判断食物的温度是否适合食用。然后再思考是什么造成了这些缺陷：在夹取豆子的时候豆子容易滑落，小孩或外国人不会使用筷子，以及无法判断食物的温度是否适合食用，这几种缺陷都是筷子本身的结构造成的；饭店里重复使用的筷子不卫生，是筷子的使用方式造成的。

好了，三步法的前两步工作已经完成了，接下来就是我们最后一步提出改进方案了。①普通筷子头是比较圆滑的，这就造成夹豆子易滑落，所以可以考虑改变这个圆头结构，在筷子头设置防滑结构；②对于小孩和外国人来说不能很好掌握筷子的使用方法，那么就可以考虑在筷子上设置指套，辅助使用筷子；③筷子重复使用导致不卫生，可如果都使用一次性筷子又不环保，那么如何两者兼顾呢？发明一种可换头的筷子，这样只需要更换筷子头就可以解决卫生与环保的问题了；④筷子通常是由竹子、塑料或木头制作成的，在使用筷子时因无法判断食物的温度,很容易被烫到,那么可以考虑在筷子中设置温度传感器测温并显示出来,这样就可以判断食物是否适宜食用啦。

第 2 课时第 2 阶段

教师提问

请大家开动脑筋,运用刚才学习的缺陷列举法,说说筷子还有哪些缺陷,又该如何改进呢?提醒学生,不局限于上述的几个角度。小组讨论并填写表格。

学生讨论回答。

课堂小结

同学们的想法都很好,对同学们的答案进行肯定总结或补充。

缺点	产生原因	改进方案
不方便携带	筷子结构细长,长度固定	伸缩式筷子
不环保	材料主要为木质、塑料或竹子	使用环保材料
不能吃流食、西餐,功能单一	筷子结构细长,只能夹取	在筷子后端放上勺子或刀叉

第 3 课时第 1 阶段

师生互动

经过上两节课的学习,请同学们说说探寻思维法最关键的步骤是什么?

学生回答。

教师解答

首先是找出物品的缺陷和不足,但是找到一些隐性的、不易察觉的缺陷是极其困难的,而这些隐性的、不易察觉的缺陷往往就是创意的关键。那下一步是什么呢?

学生回答。

教师解答

就是寻根究底,找准产生缺陷的原因,只有找准了原因,第三步才能做到对症下药,寻求到解决问题的最佳创意。

第 3 课时第 2 阶段

师生互动

现在我们就自己来动动脑:大家每人手里都有一个一次性口罩,请同学们戴上感受一下，想想它有什么缺陷？有什么地方可以改进？请大家分组讨论一下，给出改进的方案。
（适当引导，学生讨论并回答。）

缺点				
改进方案				

学生讨论回答。

教师展示现有的改进方案：

（1）戴上口罩紧贴鼻子，容易造成呼吸不畅。可以在口罩里面设计一个支架，撑起口罩，使得鼻子头部位形成一个小空间。

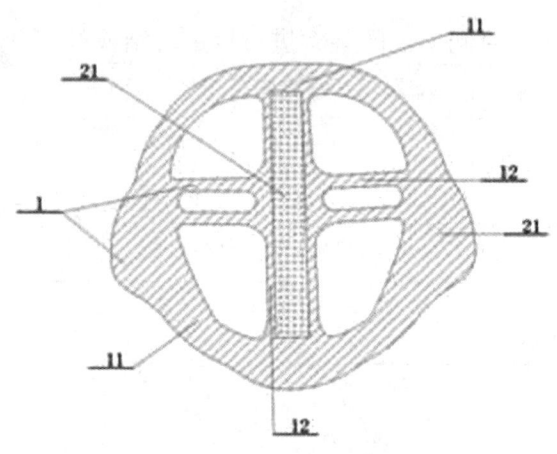

口罩支架（CN213045404U）

也可以将口罩本身设计成立体的，如下图。

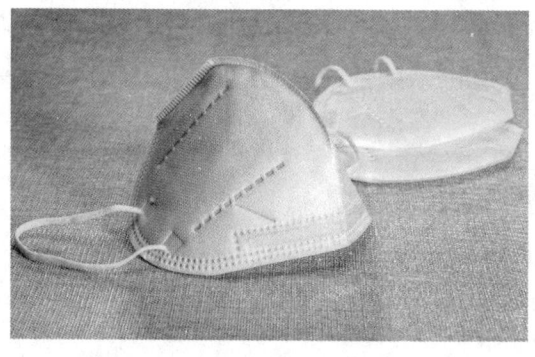

立体口罩

（2）戴眼镜的同学有没有发现，戴上口罩，一哈气，眼镜就会起雾。那我们就可以设计一种防哈气口罩。

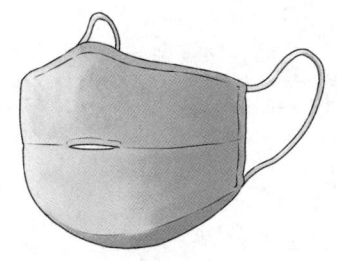

防哈气口罩

（3）当我们取下口罩放在桌上，口罩可能会被污染，我们可以设计一个盒子，把口罩放进盒子里；也可以设计一种口罩收纳夹。

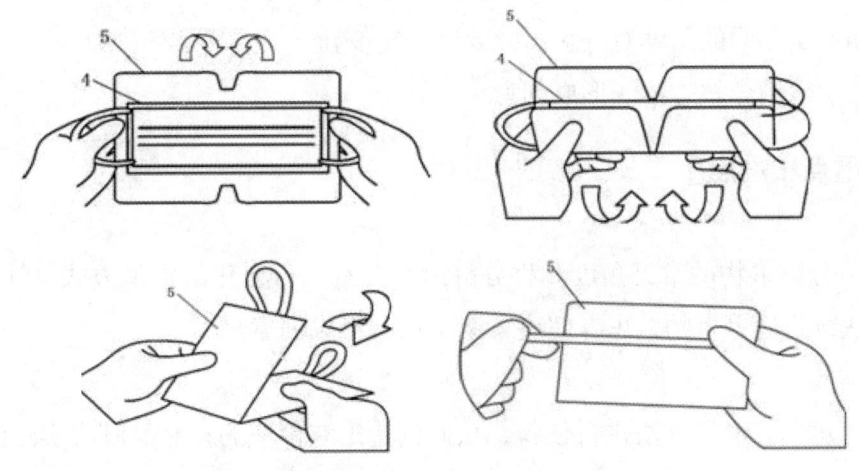

口罩收纳夹（CN212830282U）

课堂总结

这节课同学们都积极思考，发挥了自己的创造才能，在接下来的学习和生活中，希望同学们具有一双善于发现的眼睛，发现身边物品的不足，并能够积极思考，动手改进不足，使我们的生活更加便捷美好。

第二节　分解思维法

【教学目标】

1. 使学生理解什么是分解思维法，结合训练，培养学生运用分解思维法分析周围事物和进行创新的意识。

2.学习如何从不同的角度将完整的事物分解成若干要素（在本文中所提及的要素，指整体事物被分解后的单个元件、单个系统或单个参数等）。

3.学习如何从不同的角度对分解出的要素进行变化。

4.引导学生运用分解思维法形成创意。

【教学重点和难点】

教学重点

通过学习分解事物的常见角度和将分解出的要素进行变化的常见方式，让学生学会运用分解思维法分析周围事物，思考解决方案，从而形成创意。

教学难点

学习如何运用分解思维法进行创新，从而创造出有价值的物品，解决实际问题。

【课时安排】

建议3课时。

【知识要点】

1.要素分解的方法。

2.对要素进行变化的方法。

【教学过程】

一、教学大纲

第X课时 第X阶段	教学内容	教学准备	教师活动	学生活动	阶段目标
第1课时 第1阶段	引入概念	搜集运用分解思维的案例	由小故事引出问题，可以用"分解思维法"解决问题、形成创意	对教师的提问进行回答	让学生认识到可以通过分解思维法找到创意
第1课时 第2阶段	学习分解的常见角度	提供记录表格	讲解如何从不同角度进行分解，并组织学生分组讨论	理解讲授的内容，对布置的课堂练习进行分组讨论，将讨论内容记录到表格里	使学生通过训练，基本掌握如何从不同角度进行分解的方法
第2课时 第1阶段	学习变化分解出要素的常见方式	搜集资料	结合案例讲解如何将分解出的要素进行变化，从而形成创意	理解讲授的内容	使学生了解变化分解出要素的常见方式
第2课时 第2阶段	练习通过变化分解出的要素形成创意	提供记录表格	组织学生分组讨论，并结合拓展案例进行小结	对布置的课堂练习进行分组讨论，将讨论内容记录到表格里	使学生通过训练，基本掌握如何将分解出的要素进行变化，从而形成创意的方法
第2课时 第3阶段	课程小结	搜集资料	对所学知识进行概括总结，总结运用分解思维法的基本步骤，强调运用分解思维法的注意事项	理解讲授的内容	巩固和加深学生对基本概念的理解
第3课时 第1阶段	巩固拓展训练	搜集资料	布置课题，组织学生分组讨论	学生分组对具体物品综合运用分解思维法进行创新设计，把创意绘制出来，然后每组上台展示	通过课堂练习，巩固知识、拓展运用分解思维法解决实际问题的能力
第3课时 第2阶段	巩固拓展课程小结	搜集资料	对学生的创意进行点评和总结，并展示与训练课题相关的创新设计	学习老师展示的案例，进一步开拓思维	通过展示与训练课题相关的创新设计，进一步开拓学生的思维

二、具体教学过程

第1课时第1阶段

（一）引入概念

曹冲称象

教师讲解

曹冲称象的故事大家都知道：曹操让官员们称出大象的重量，官员们都想不出好办法。曹操年幼的儿子曹冲提议，先将大象赶到一艘大船上，然后根据船身下沉多少，沿着水面在船舷画线。然后再把大象赶上岸，往船上装石头，装到船下沉到画线的位置，这表明船上的石头和大象的重量一致。最后再分多次称出石头的重量，将这些重量相加就能得到大象的重量了。

在这个故事里，曹冲使用的称重方法就是分解思维法，把一个难以解决的大问题，分解为小问题，再逐一去解决。

分解思维能够深化人们对世界的认知，所有的科学都是从分解而来的。人们为了深入地理解知识，对事物做出不同层次的分解。现代工业的高速发展，离不开各类分工的科学化和专职专能的专业化。

师生互动

同学们能想到生活、学习中有哪些不同的分类吗？

学生讨论回答。

课堂小结

在我们的学习和生活中，分类无处不在，例如我们的学科分为语文、数学、科学、音乐、美术、体育等，医院的科室分为儿科、眼科、耳鼻喉科、口腔科、心血管科、消化科等。

许多事物都是可以被打散和分解的，善于分解事物是一个人发展创造的关键要素。通过分解，我们可以将事物化大为小，化整为零，把大目标分解成小目标，可以使原先混沌的印象和笼统、模糊的事物变得清晰，从而帮助我们厘清自己的思路，找到突破方向，改进分解部分，进而获得创新的思路和成果。

比如德国化学家欧立希，他尝试研制杀死人体内病菌的药物，曾因为思路不对屡遭失败。后来他从一本化学杂志上看到，有一种化学药品名叫"阿托西"，它能够杀死人体内的锥体虫，使病人免于死亡，但眼睛却因视觉神经受到损害而失明。欧立希想是否能既保持"阿托西"的杀虫功能，又不影响人的健康呢？欧立希设法将"阿托西"治病和伤人这两种作用分离开，使其成为专治锥体虫的无毒良药。正是在这种分解思维的指导下，欧立希找到了研究的新方向，改变了"阿托西"的化学结构和成分，把影响视觉神经的结构基团分离出去，最终成功研制出治疗锥体虫病的良药"606"。

欧立希头像

第1课时第2阶段

（二）如何分解一个事物

教师讲解

从不同的角度去看待同一事物，会有不同的分解方式。对于具体的产品，可以从产品的名词特征、形容词特征和动词特征等角度来进行分解。

名词特征：指产品的整体、各组成部分、材料、整体的组装工具或组装方法、各组成部分的制造工具或制造方法等。

形容词特征：指产品的性质、形状、色彩等，如硬、软、大、小、长、短、高、低、圆、方、红、绿等。

动词特征：指产品的功能、作用等，如可折叠、可移动等。

教师结合电饭煲的示例对概念进行深入的讲解：

电饭煲的不同分解角度

课堂练习

学生分组讨论如何从不同的角度分解冰箱，在表格中记录下分解出来的要素。

分解角度	分解出的要素
名词特征	
形容词特征	
动词特征	

课堂小结

教师汇总学生的分解表格，给出冰箱的结构图例和参考分解表格，进行总结。

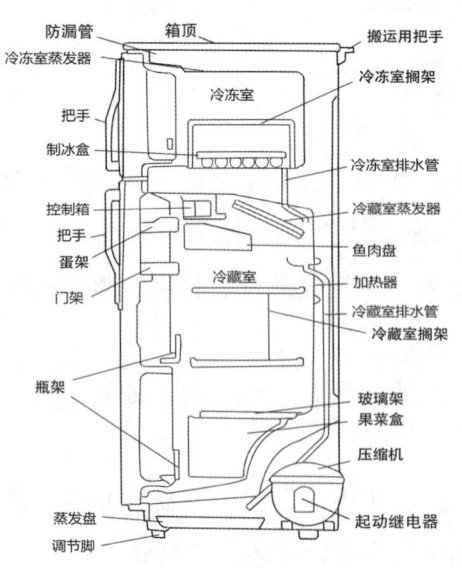

冰箱结构（侧方位剖面图）

分解角度	分解出的要素
名词特征	门、把手、底座、调节脚、冷藏室、冷冻室、置物架、抽屉、照明灯、压缩机、排水管、蒸发器、防漏管、控温系统、制冷系统、照明系统、表面材料……
形容词特征	白色、银色、混合色、长方形、圆角、弧角、大型、小型、表面图案……
动词特征	冷藏功能、冷冻功能、保鲜功能……

第2课时第1阶段

（三）对分解的要素进行改进，产生创意

教师讲解

将一个完整的产品从不同角度进行分解，就可以分别列出对每一分解要素可能进行的改进，从而产生创意。

可以从以下角度考虑如何对要素进行变化：能否改变、能否扩大、能否缩小、能否替代、能否重新排列组合。

1.能否改变要素

如考虑能否改变形状？改变颜色？改变图案？改变状态？……

2.能否扩大要素

如考虑能否增大尺寸？增加厚度？增加强度？提高速度？增加数量？进行夸大？……

3.能否缩小要素

如考虑能否减小尺寸？减小厚度？减小强度？降低速度？减少数量？减小重量？变得微型？

4. 能否替代要素

如考虑可以替代哪个要素？可以用什么来替代？能否用其他材料？能否有其他的制造工具？能否有其他的制造方法？

5.能否重新排列组合要素

如考虑能否改变各要素的组成比例？改变相对位置关系？改变制造步骤的顺序？……

教师进一步结合电饭煲的示例，展示通过对电饭煲的不同要素进行变化，形成的各种新设计。

该设计通过加上蒸屉，给电饭煲增加了蒸食物的功能。

该设计改变了锅体的形状，增加了提手。

该设计通过改变控制电路，使电饭煲增加了制作甜品和酸奶的功能，且减小了体积。

该设计增加了电饭煲内胆的数量，改变了锅体的形状和控制按键的排布方式。

电饭煲　　　　　　智能电饭煲　　　　　　电饭煲　　　　　电饭煲（双锅）

（CN202130600067.X）（CN202130524985.9）（CN202130594977.1）（CN202130550045.7）

第 2 课时第 2 阶段

课堂练习

我们已经完成了冰箱的分解，下面请大家分组讨论，在分解出来的不同要素中挑出部分要素，从上述变化角度分析可以对冰箱进行哪些改进，在表格中记录下来。

要改进的要素	变化的方式	获得的效果

教师讲解

分组讨论后，教师进行总结，给学生展示对冰箱的不同要素进行变化的案例。

该设计改变了冰箱门的数量和内部存储空间的布局。

该设计改变了冰箱的表面图案。

该设计将冰箱的形状由常见的长方体改成了圆柱体。

该设计将冰箱小型化，成为可在车上使用的冰箱。

对开门冰箱	荷花图案冰箱	圆柱体冰箱	车载冰箱
（CN201930119486.4）	（CN201130277815.1）	（CN201530465021.6）	（CN202130790628.7）

第 2 课时第 3 阶段

（四）课堂小结

教师小结

通过这堂课，我们了解到可以运用分解思维法去发掘更多的具有可改造的物品，在现有物品的基础上，进行发明创新，具体的运用步骤为：（1）选一个完整的事物作为对象；（2）从不同的角度分解对象；（3）对分解的各个要素进行改变、扩大、缩小、替代或重新排列组合，进而产生新的创意。

需要注意的是，如果仅仅是对事物进行一般的简单分解，而没有其他变化，并不能产生创新成果。例如把带橡皮的铅笔分解成橡皮和铅笔，这种简单分解没有使原先的整体或分解后的要素在功能、结构等方面有更进一步的提高或优化，所以没有创新的意义。只有能通过分解，对要素做出异于原先的改进，形成新的事物，并产生了出乎意料的效果，这种改变才有创新的意义和价值。

（五）巩固拓展

第 3 课时第 1 阶段

课堂练习

教师课堂上布置课题，让学生对一项具体物品（如电风扇）综合运用分解思维法进行创新设计，分组完成各自的设计方案，把创意绘制出来，然后每组派代表展示，最后教师进行点评和总结。

第3课时第2阶段

教师讲解

学生汇报完毕后,教师可以进一步展示与电风扇相关的现有创新设计。

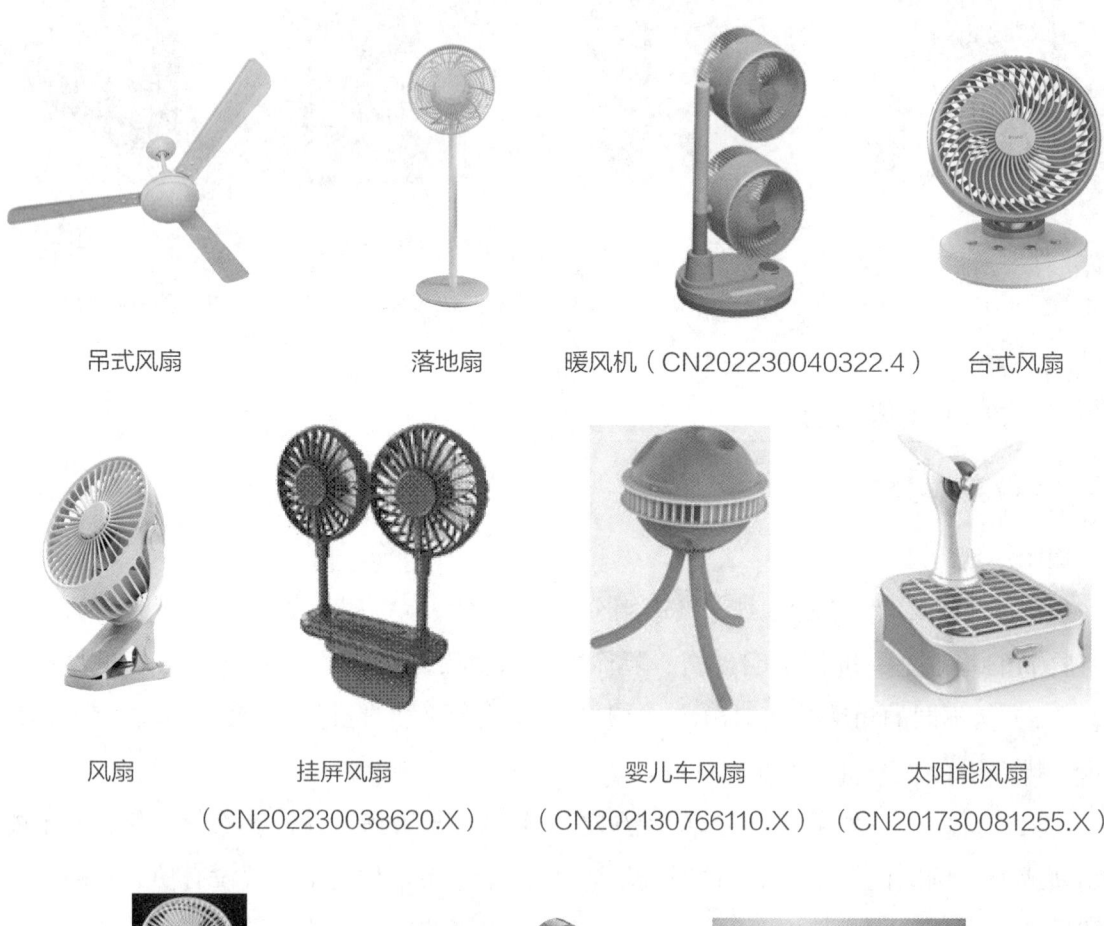

吊式风扇　　落地扇　　暖风机(CN202230040322.4)　　台式风扇

风扇　　挂屏风扇(CN202230038620.X)　　婴儿车风扇(CN202130766110.X)　　太阳能风扇(CN201730081255.X)

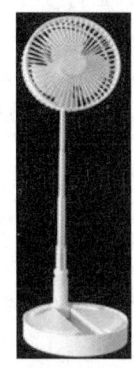
折叠风扇(CN202130363308.3)

手持风扇

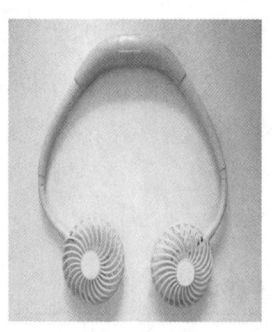
挂脖风扇

各种电风扇的创新设计

第三节　组合思维法

【教学目标】

1. 让学生了解什么是组合思维法，通过训练，培养学生运用组合思维法分析周围事物和进行创新的意识。

2. 学习运用组合思维法进行发明创造的常见方式。

3. 引导学生运用组合思维法形成创意。

【教学重点和难点】

教学重点

通过学习组合思维法，让学生学会运用组合思维法分析周围事物，思考解决方案，从而形成创意。

教学难点

学习如何运用组合思维法进行创新，从而创造出有价值的物品，解决实际问题。

【课时安排】

建议3课时。

【知识要点】

1. 组合思维法概述。

2. 运用组合思维法进行发明创造的类型（同类组合、异类组合、主体附加组合）以及特点。

3. 运用组合思维法进行发明创造的具体案例。

【教学过程】

一、教学大纲

第X课时 第X阶段	教学内容	教学准备	教师活动	学生活动	阶段目标
第1课时 第1阶段	组合思维法概述	搜集资料	1.以常见组合物品引入概念 2.展开讨论，活跃学生的思维	学生针对教师的提问进行回答	学生对运用组合思维法进行发明创造具有初步认识和了解
第1课时 第2阶段	同类组合	搜集资料	1.以同类组合案例引入概念 2.课堂训练，拓宽学生思路 3.结合训练，进一步拓展案例 4.小结同类组合特点	针对教师的讲解，学习如何运用同类组合进行发明创造	掌握运用同类组合进行创新的方法
第2课时 第1阶段	异类组合	搜集资料	1.以异类组合案例引入概念 2.课堂训练，拓宽学生的思路 3.结合训练，进一步拓展案例 4.小结异类组合特点	针对教师的讲解，学习如何运用异类组合进行发明创造	掌握运用异类组合进行创新的方法
第2课时 第2阶段	主体附加组合	搜集资料	1.以主体附加组合案例引入概念 2.课堂练习，拓宽学生的思路 3.结合训练，进一步拓展案例 4.小结异类组合特点	针对教师的讲解，学习如何运用主体附加组合进行发明创造	掌握运用主体附加组合进行创新的方法
第2课时 第3阶段	课堂总结	搜集资料	对所学知识概括性总结；强调运用组合思维法的注意事项	理解讲授的内容	进一步学习组合思维法的类型和特点
第3课时 第1阶段	课堂知识巩固，案例拓展	搜集资料	布置课题，并对学生的创意进行点评和总结	学生综合运用组合思维法对物品进行创新设计，将创意绘制出来，给学生分组，小组派代表上台展示	巩固和加深组合思维法在创新实践中的应用，通过拓展，提升学生对知识点的综合运用能力
第3课时 第2阶段	巩固拓展课程小结	搜集资料	对学生的创意进行点评和总结，并展示与训练课题相关的创新设计	学习老师展示的案例，进一步开拓思维	通过展示与训练课题相关的创新设计，进一步开拓学生的思维

二、具体教学过程

> **第1课时第1阶段**

教师可以从日常生活中常见物品入手，比如双向拉链、共享单车、风扇帽、VR健身器材等，来引出组合思维法的概念。

教师举例

双向拉链具有两个相同的拉链头，可以向相反的方向拉，相较于单向拉链，它可以从两个方向拉开拉链，用在人们的外套上可以调节衣服下摆的开合程度，使衣服穿着更舒适、穿脱更方便；将自行车和智能锁组合起来就创造了一种共享单车，为人们"最后一公里"出行提供了便捷；风扇帽将帽子和风扇进行结合，实现了在遮阳的同时达到降温、解暑的目的；将VR技术融入健身器材的使用，人们戴上VR头盔后，可以借助器材模拟滑雪、帆船等户外运动场景；将带线多位插座（也称插线板或排插）和USB接口进行组合，创造出方便对电子产品进行充电的USB插排；我们平时用的U盘极易受到病毒的攻击，在U盘上附加一个防火墙（保护代码），就实现了对U盘的保护。

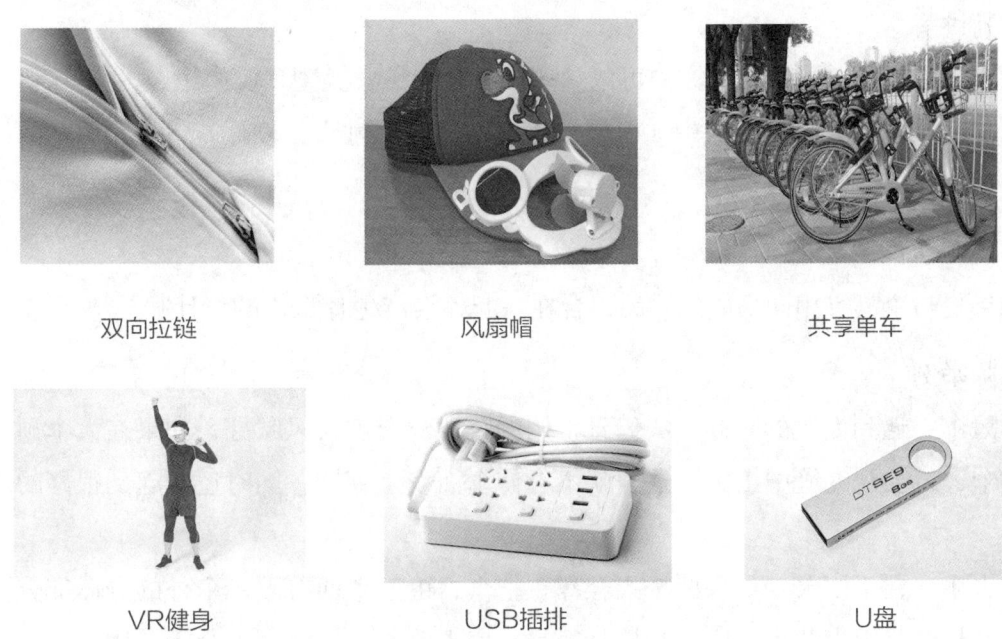

双向拉链　　　　　　　　风扇帽　　　　　　　　共享单车

VR健身　　　　　　　　USB插排　　　　　　　　U盘

师生互动

请举例说一说生活中还有哪些物品是通过不同物品的组合而创造出来的？它带来了哪些好处？

学生讨论回答。

教师讲解

下面我们引入组合思维法的具体概念。

运用组合思维法，就是将两个或两个以上相同或不同的事物按一定的科学规律或艺术形式有效地组合在一起，形成一个具有新功能的事物，一般它在功能上具有1+1＞2的效果。

课堂小结

进行组合的事物是任意的,不过也要注意不是所有的事物组合在一起都能被称为发明(此处的发明指的是具有实用性和新颖性的发明创造),两个或者多个单独的事物组合在一起后产生了新的功能,那这样的创意就具有价值。但是如果你的创意看上去很巧妙也具备一些新功能,可是在现实的生活中却没有实际应用的价值,那么这样的创意就没有意义,所以运用组合思维法进行发明创造也要遵循实用性和新颖性。

第1课时第2阶段

(组合思维法常见类型及特点)

教师讲解

运用组合思维法寻找发明方向可以参照以下几种组合类型来实施组合。

教师从一把伞的组合方式中,引导学生进行学习、讨论。教师展示一般雨伞的设计,并引出相关同类组合的例子。

师生互动

如果将与伞具有相同功能的物品组合在一起,会产生什么样的设计呢?

教师举例

防风伞:遇到大风的时候,我们日常用的普通伞会被大风吹翻,如果在大伞顶部增加一把小伞,风会从夹缝中出去,这样就不会使伞面发生翻转,同时还能起到很好的防水防晒性能。

双人伞:在下雨天,如果两个人合撑一把伞,由于伞面有限,伞外的身体部分会被淋湿;分别打伞又因为两个伞面互相挤碰很难并肩走路,如果将两伞合为一体,就实现了两人共撑一把伞,达到了既能并肩走路又能遮避雨水的效果。

双层防风伞(CN201030501608.5)

双人伞

课堂小结

以上两个例子是组合类型中的同类组合，是把具有相同功能、相同结构的两个物品按照一定的方式组合在一起。这种组合方式的特点是组合前后物品的类型不会发生变化，往往具有组合的对称性或一致性的趋向，通过组合，来弥补功能上的不足或获取新的意义，而这种新功能或新意义，是原有物品单独存在时所缺乏的。

教师讲解

运用同类组合创新的一般步骤是：

1.观察哪些是单独使用的物品，确定自己和自己组合的目标；

2.分析思考单独使用该物品时存在的问题或不足；

3.确定自组实现的方式，思考自组后的物品能否产生新的功能和效果；

4.研究组合关系的实现方式。

师生互动

你还能列举出生活中同类组合的发明吗？（教师提供表格，记录想法，并对学生的回答进行点评并引导。）

物品			
产生的创意			
新功能或新意义			
实现方式			

教师讲解

家用液化气灶：就是将两个功能相同、结构相同的灶头按照相同方向排列组合，它带来的好处是两个灶头可以同时用来做饭，提高了效率，节省了时间。

红绿灯：交通路口的红绿灯是由红黄绿三种颜色的圆形灯组合而成的，通过定时切换不同颜色，实现车辆、行人有序通过路口的效果。红绿灯的使用实现了无须现场人为维持交通秩序，就能使车辆和行人有规律地通过路口。

双筒洗衣机：洗衣服时，为了避免交叉感染，我们往往将成人和儿童衣物分开洗涤，内衣和外衣分开洗涤。这种情况下，一台普通单桶洗衣机就无法实现同时分开洗涤，而一种带有小筒和大筒的双筒洗衣机就可以同时洗涤不同衣物，既满足了洗衣服的需求，又能节省空间。

葱花剪：这是利用相同功能组合的创新原理，将几组剪刀片组合起来。使用时，可以将大葱剪成不同的葱段，从而大大提高切割葱花的效率。

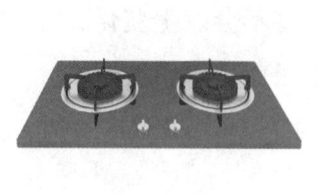 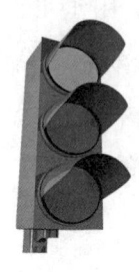  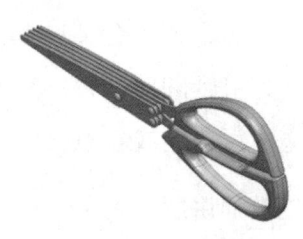

　　家用液化气灶　　　　　红绿灯　双筒洗衣机（CN202030417874.3）　葱花剪（CN202130741034.7）

课堂小结

同类组合前后物体的类型不会发生变化，其基本原理和基本结构也没有发生根本性的变化，只是通过数量的增加以及排列方式的不同来弥补物品功能上的不足或产生新的功能，从而创造出新的价值。（教师可补充的同类组合案例：双层文具盒、上下两层的床、双层巴士、双头牙膏、多插孔的电源插座、双人自行车等。）

第2课时第1阶段

教师讲解

手拐伞：将伞与手拐巧妙地结合，不仅可以挡雨遮阳，独特的伞把还可以充当拐杖，且伞柄上还有一个按钮，按下去，雨伞和拐杖可以分开，为中老年人提供了生活上的便捷。

高尔夫球杆伞：将伞与高尔夫球杆组合在一起，不仅具有伞的功能，还可以作为高尔夫球杆使用，既体现了实用性，又满足了人们的娱乐性，达到了一伞多用的效果。当然这样的组合因为球杆体的变化会影响击球的效果，所以这种设计更适宜娱乐。因此一种新设计在对原物功能有影响时，需要考虑这种影响是否使其失去了本来作用，如果没有则具有实用性。

照明伞：将伞与LED灯进行组合，形成了具有照明功能的新产品。

手拐伞（CN201630651052.5）　高尔夫球杆伞（CN201130388701.4）　照明伞（CN201330268704.3）

教师讲解

我们从上述案例中可以理解异类组合的概念：就是将两种或两种以上不同领域的无主次之分的物体进行组合，产生有价值的整体的方法。

下面我再讲解一下运用异类组合进行创新的一般步骤。

1. 明确物品的组合目的，并据此确定创新选题；
2. 选定要进行组合的物品，并思考将它们组合起来的方式；
3. 将现实中存在的问题和不足整理归纳，找出具有改进价值的问题；
4. 研究能否利用组合关系构成的改进设想，是否能够通过技术手段予以实现。

课堂练习

教师组织学生进行课堂讨论，引导学生充分发挥想象力，对两组不相关的词汇进行自由组合，看看能形成什么样的创新设计，并让学生把自己的创意记录在表格中。

A组：门铃、茶杯、地球仪、台历、婴儿车、沙发、扬声器、电磁炉、手电筒、时钟、抱枕

B组：鼠标、笔筒、滑板车、钢琴、床、台灯、暖水瓶、插排、被子、锅、打火机、电子表

组合物品			
创意设想			

教师讲解

沙发床：沙发和床的组合，折叠起来是沙发，铺开是床，一物多用，节省空间。

多功能日历笔筒：将台历和笔筒进行组合，既节省了使用空间，又方便设置日常提醒，而且台历底座可重复使用，只需及时更换台历芯即可。

时钟插排：将时钟和插排进行组合，正面内置时钟可显示时间，还可以设置闹钟；背面是多位插座，可以连接多个电源插头。

地球仪台灯：将地球仪和台灯组合，不仅使普通台灯的灯泡具有了地球仪的外观，还变化出一个灯影之下的全球地图，激发孩子学习地理知识的兴趣和热情。

钢琴门铃：在日常生活中音乐门铃很常见，一般都是固定的曲调，难免使人觉得有些单调；但是这种琴键和门铃的组合，虽然只有几个琴键，但也足以编出一段美妙的旋律，

而且不同访客弹奏不同曲调，既让等候的时间不再枯燥，也能让主人辨别来客身份。

滑板婴儿车：带婴儿外出时，一般是成人推着婴儿车步行，一成不变的动作令人感觉缺少乐趣。滑板婴儿车的发明，可以将步行转变为滑行，既增加了成人出行的乐趣，也增强了婴儿对速度变化的感知度。

靠垫被：靠垫被是一种多功能组合用品，折叠起来是靠垫，拉开拉链展平后是薄被，易于携带，适用于多种场合。

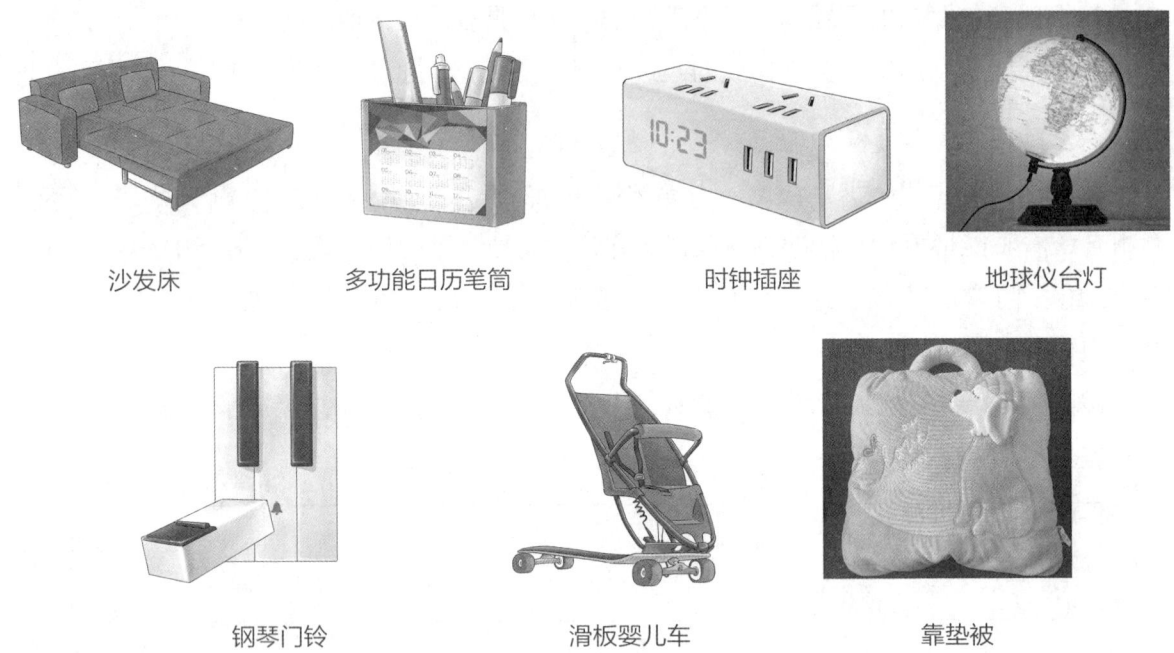

沙发床　　　多功能日历笔筒　　　时钟插座　　　地球仪台灯

钢琴门铃　　　滑板婴儿车　　　靠垫被

课堂小结

异类组合中，被组合的物品可以来自不同方面、不同领域，它们之间一般无明显的主次关系，参与组合的物品从意义、原理、构造、功能等方面可以互补和相互渗透，产生了1+1＞2的效果。

第2课时第2阶段

教师讲解

图案伞：在伞面上绘制颜色和图案，形成多种多样的伞面设计风格，既装饰了伞面，又形成了外观独特的产品。

反光条伞：在伞体上加上反光条，可以使伞具有反射光线的作用，在夜间出行时提高了安全性。

风扇伞：将风扇和伞结合在一起，在夏季打着风扇伞行走，既能遮阳又能感受到清凉。

帽形伞：将帽子的形状应用到伞面形状的设计中，前面短，不用担心会遮挡视线，整体形成了一个独特的外观视觉效果。

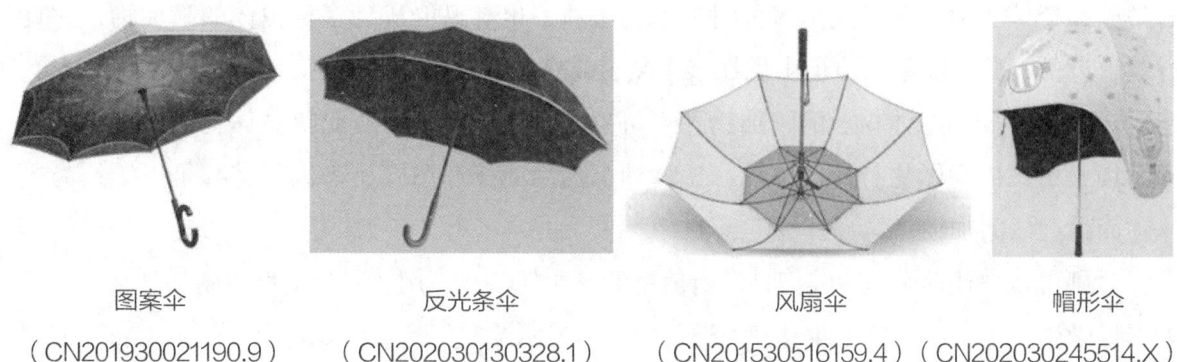

图案伞　　　　　　反光条伞　　　　　　风扇伞　　　　　　帽形伞

（CN201930021190.9）　（CN202030130328.1）　（CN201530516159.4）（CN202030245514.X）

教师讲解

我们通过以上案例引出主体附加物的概念。

主体附加组合：在一种主体物上附加一个从属物，用以改善主体功能或产生一个新物品的组合方法。这种组合结构一般会有两种变化方式：一种是类似于图案伞和反光条伞，不改变主体"伞"的结构，只是在主体（伞）上添加某种从属要素（彩绘图案或反光条），不触动原主体结构所具有的功能；另一种是类似于风扇伞和帽形伞，适当改变主体（伞）的结构，使主体（伞）与附加物（风扇和帽子）能够相互协调运作来实现一个全新的整体功能，这不是简单地连接在一起，而是做出了结构性改变，这种新的结构产生出不同于原主体结构所具有的功能。

教师讲解

下面，我们再学习一下运用主体附加组合进行创新的一般步骤。

1. 确定进行相互组合的主体物；

2. 分析主体物存在哪些不足或可增加的功能；

3. 提出解决方案，确定附加物；

4. 在不改变主体物或略改变主体物的前提下，对主体物进行附加，研究组合关系可实现的方式。

课堂小结

世界上万事万物都不是孤立存在的，彼此之间的关系是可以相互转换的。我们所看到的一个完整呈现在我们眼前的物品（我们称之为复合体），很有可能是由多种个体（我们称之为部件）相互搭配组合而成的。其中这些部件既有可能作为主体物存在，也可能作为附加物存在。当确定一个部件作为需加以改进的创新主体物后，可以在其基础上附加不同的其他部件（附加物）；也可以将其确定为附加物后，将其附加于不同的创新主体物（其他部件）上。无论哪种组合变化，最终我们都可以得到一个全新的复合体。在此主要讲述的是同一个体（部件）可能是多种附加物的主体，也有可能成为多种主体的附加物，它具有双重身份，分别以不同角色出现在多个复合体中。

比如锁是门（主体物）的附加物，也可以是桌子、柜子、皮箱等主体物的附加物，但同时锁又可以以主体物身份而出现，比如锁上面的商标、图画、密码等就都是以锁作为主体物而存在的附加物。

教师可以先让学生思考我们日常所使用的背包的特点，用"背包上可以附加什么东西"来引导学生思考，再举例（此时将各类包的图片展示给学生）。例如包上可附加滑轮以节省使用时的体力；可附加拉链防止包内物品掉落；可附加密码锁以增加包的安全性；可附加小的装饰物、各种各样的图案来增加包的美观；甚至可附加各种小的装饰袋，扩充包的容纳功能。

通过案例的学习，让学生明白在主体物上所附加的物体是不受限制的，种类也是各种各样的。

不同类型的包

课堂练习

引导学生对生活中常见的物品运用主体附加组合进行创新设计，并记录在相应的表格中，比如主体物的主要功能是什么，有哪些不足或可以改进的，可以附加哪些物体，附加后产生的新功能是什么。

学生可以分组讨论,然后派代表上台展示本组的创意结果,教师对学生的回答进行点评分析。

主体物			
主要功能			
主要不足或改进点			
附加物			
附加功能			

教师讲解

拉链式耳机:把拉链附加到耳机线上,就形成了拉链式耳机,解决了普通耳机线容易互相缠绕的问题。

密码日记本:将旅行包上的密码锁附加到笔记本上,就形成了密码日记本,可以防止日记本被轻易打开,一定程度上保护了个人隐私。

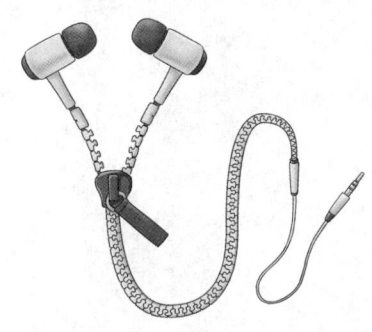
拉链式耳机

密码日记本

轮滑鞋

镶钻发卡

轮滑鞋/冰刀鞋:在鞋底上附加单排滑轮,不仅可以锻炼平衡力,还能带来与跑步不同的运动体验。与此相类似,溜冰运动员穿的冰刀鞋是在鞋底附加冰刀的一种产品。

镶钻发卡:在发卡上附加钻石装饰物,提升产品的美感。

通过上述案例的学习,让学生体会到主体附加组合除了可以附加全新的东西外,也可以借鉴已有物品上的附加物,应用于另外的物品上,发明创造出新的产品设计。

教师在讲解时提示学生,应用主体附加组合时,同样的附加物因组合的位置、形式、比例的不同会产生不同的效果。

比如在杯子上附加测温模块,可以让我们感知水温,那么同样的测温模块,是不是可以附加在杯身上、杯盖上或者以其他方式实现,这些都能形成不同的新设计。

让学生充分意识到进行物品组合时应该多加思考,设想出更多的方案,经过筛选最后确定最佳方案。

不同的带有测温模块的杯子

下面,我们来梳理一下主体附加组合的特点。

主体附加组合的特点:组合的物品之间存在主次之分,但是需要组合的物品是不受限制的。组合后的新物品能够更好地发挥出主体功能,同时可能产生有用的辅助功能,但有时候也可能是无用的、多余的功能。比如,鞋和滑轮的组合,形成的轮滑鞋可以实现人在陆地上依靠鞋子进行滑行;但是如果在鞋上附加鼠标,这种组合就没有太大的实际意义。

所以，我们进行物体组合时要深入思考，对于组合后产生的新物品要具备实用效果，能够解决生活中现有的实际问题。

课堂小结

教师总结同类组合、异类组合以及主体附加组合的不同特点。

同类组合：通过数量的增加来弥补功能不足或获取新效果，从而产生新价值。

异类组合：组合的物品之间一般无明显的主次关系，能产生1+1＞2的价值。

主体附加组合：被组合的物品之间有主次之分，但是需要组合的物品不受限制条件的限制，组合后可以提升主体功能。

运用组合思维法进行发明创造不仅仅限于上述这三种常见的方式，在实际应用中，不同的材料可以进行组合，不同的结构可以进行组合，不同的技术或原理可以进行组合，不同的功能可以进行组合，两种物品或者多种物品也可以进行组合。但要特别注意：组合不能盲目，要选择适当的物品进行组合，不能勉强拼凑；组合也不是简单的堆积，要分析组合后的物品是否具有实用性，是否具有创造性，只有能够产生新的功能或效果的组合，才是新的发明创造。

第3课时第1阶段

课堂练习

教师布置课题，让学生分组，对一项具体物品综合运用组合思维法进行创新设计，把创意绘制出来，然后每组派代表上台展示，教师进行点评和总结。

普通自行车

物品名称			
创意设想			

第3课时第2阶段

学生汇报完毕后，教师可以展示现有的自行车。

双人自行车

洗衣机自行车

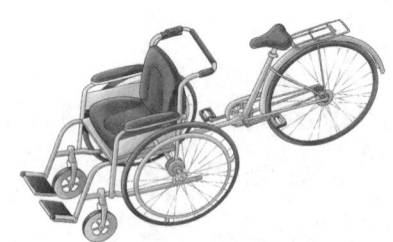

轮椅自行车

鞋子自行车

附加了购物篮的自行车

附加了座位的亲子车

电动自行车　　　　　　　附加了雨伞的自行车

教师讲解

同类组合

双人自行车：这是一种通过双人共同踩踏脚镫子推动车向前行进的自行车，这种骑行促进同伴相互协作，并让参与人享受了共同骑行的乐趣，这是一个应用同类组合的例子。

异类组合

自行车滚筒洗衣机：将动感单车和洗衣机这两个具有毫不相干功能的物件有机地结合在一起，变身成自行车滚筒洗衣机，这种洗衣机不仅绿色环保，还增加了骑车运动者的乐趣，受到了消费者的喜爱。

轮椅自行车：这款轮椅自行车方便人们长距离行走，既增加了推行者行走的速度，节省时间，又避免了长时间推行产生的疲劳。

鞋子自行车：把鞋子和自行车组合起来形成鞋子自行车，增加了骑行的趣味性。

以上三种都是应用异类组合的例子。

主体附加组合

此外，可以通过主体附加组合的方式使自行车增加新功能，在自行车上附加购物篮，增加自行车的容纳功能。

在自行车上附加儿童座椅，变成亲子自行车，增加乘载儿童骑行时的安全性。

在自行车上附加电池，就变成了我们常见的电动自行车，相比普通自行车，速度快，省时又省力。

在自行车上附加雨伞，起到骑行时挡雨遮阳的作用，同时还提高了打伞骑行的安全性和舒适性。

第四节　逆向思维法

【教学目标】

1. 启发、引导学生对知识的正向应用思考转换成对知识的逆向应用的思考，教会学生反向思维模式，培养学生思维的灵活性、变通性和深刻性，让学生学会逆向思维，逐步培养学生逆向思维意识。

2. 学习运用逆向思维法进行发明创造的常见方式。

3. 引导学生运用逆向思维法形成创意。

【教学重点和难点】

教学重点

通过对逆向思维法常见方式的学习，让学生学会运用逆向思维法分析周围事物，思考解决方案，从而形成创意。

教学难点

学会如何运用逆向思维法或简化设计法来产生形成出人意料的创意，从而解决实际问题。

【课时安排】

建议3课时。

【知识要点】

1. 逆向思维法的概念。

2. 逆向思维法的常见类型（反转型逆向、转换型逆向、技术问题逆向、简化设计）。

3. 逆向思维法进行发明创造的具体应用。

【教学过程】
一、教学大纲

第X课时 第X阶段	教学内容	教学准备	教师活动	学生活动	阶段目标
第1课时 第1阶段	逆向思维法概念介绍	搜集资料	以"司马光砸缸"的故事引出逆向思维法；教师讲解逆向思维在发明创造上的案例，引导学生可以用逆向思维法解决问题，形成创意	学生针对教师的提问进行回答	对运用逆向思维法进行发明创造形成一定的认知
第1课时 第2阶段	反转型逆向	搜集资料	1.以相关案例引入反转型逆向思维法概念 2.课堂训练，拓宽学生的思路	学生针对教师的提问进行回答	学习反转型逆向思维法概念
第2课时 第1阶段	转换型逆向	搜集资料	以相关案例引入转换型逆向思维法概念	学生针对教师的提问进行回答	学习转换型逆向思维法概念
第2课时 第2阶段	技术问题逆用	搜集资料	1.以相关案例引入技术问题逆用概念 2.课堂训练，拓宽学生思路	学生针对教师的提问进行回答	学习技术问题逆用概念
第2课时 第3阶段	简化设计	搜集资料	以相关案例引入简化设计概念	学生针对教师的提问进行回答	学习简化设计概念
第2课时 第4阶段	课堂小结	搜集资料	1.对所学知识概括性总结 2.强调运用逆向思维法的注意事项	理解讲授的内容	巩固和加深学生对基本概念的理解
第3课时 第1阶段	巩固拓展训练	搜集资料	布置课题，组织学生分组讨论	学生分组对具体物品综合运用逆向思维法进行创新设计，把创意绘制出来，然后每组派代表上台展示	通过课堂练习，巩固知识、拓展运用逆向思维法解决实际问题的能力
第3课时 第2阶段	巩固拓展课程小结	搜集资料	对学生的创意进行点评和总结，并展示与训练课题相关的创新设计	学习老师展示的案例，进一步开拓思维	通过展示与训练课题相关的创新设计，进一步开拓学生的思维

二、具体教学过程

第1课时第1阶段

司马光砸缸

教师讲解

在人类几千年的文化发展史上,有许多运用逆向思维法解决实际问题的事例,如众所周知的"司马光砸缸"的故事,这是非常典型的运用逆向思维解决问题的案例。在看到有人落水时,常规思维模式是"救人离水",而司马光面对紧急险情,想到水缸中的小伙伴不能立即被人从水缸里救出来,于是他果断地搬起石头把水缸砸破——"让水离人",从而挽救了小伙伴的生命。这是一种从相反角度来思考问题的方式,就是逆向思维法。

师生互动

同学们还知道哪些运用逆向思维法的故事呢?

学生讨论回答。

(例如,"大禹治水""围魏救赵""孔明借箭""孙膑智胜魏惠王"等故事。)

教师进一步列举在发明创造上运用逆向思维法的例子,让学生对运用逆向思维法进行发明创造有初步认识。

教师举例

我们平时使用手机时,手机画面通常是正向显示的,但是在某些特殊情况下就需要反向显示。比如在开车的时候,可以把手机里导航软件的画面投影到汽车挡风玻璃上,这样就可以防止司机在开车时低头看手机继而引发交通事故,从而提高了开车时使用手机导航的安全性。

 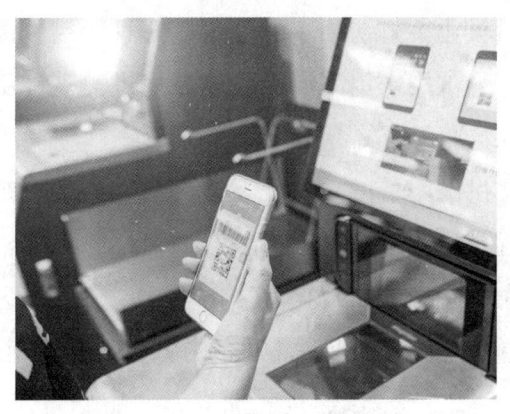

汽车导航　　　　　　　　　　　自动收银机

在超市购物时，传统的收银方式都是依靠人工，随着科技的发展，实现了自助收银机结算，这是一种快速、准确、便捷的结算方式。此种方式打破了收银员与收银之间一对一的束缚关系，既减少了顾客等待时间，又减轻了收银员的工作量，而且非接触支付模式满足了当前疫情防控需要，减少了人员接触，避免了交叉感染。

如今，空调已是家庭必不可少的电器，品种繁多，功能齐全。但是你们知道人类的第一台空调是如何发明的吗？当时，印刷公司的设备在湿热环境下不能正常工作，于是公司老板就想能否寻求一台可以调节温度、湿度的设备，威利斯·哈维兰·卡里尔正在考虑如何才能产生出更冷、更干燥的空气（这就是逆向思考问题的方式），于是他沿着这个思路设计研究，终于研制出可以让温度和湿度降下来的设备，于是就产生了第一台空调，虽然它仅具有制冷、干燥功能；后来随着科学技术的发展，同样是利用逆向思维方法，单热功能的空调又产生了，再到后来人们又设计出了既具有制冷功能又具有制热功能的两用空调。

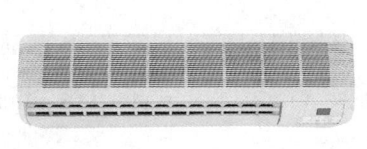 

空调　　　　　　　　　　　首饰盘

在日常生活中，我们经常会看到生锈的铁锅，这是由于铁锅暴露在空气中，受到水汽和氧的作用，铁原子被氧化成氧化铁的缘故，而这一过程也被称为腐蚀。这是自然界的一个正向过程，后来人们在生产中对这一正向过程进行了逆向应用——电镀。人们根据金属易被腐蚀的特性，通过电解原理在某些金属表面镀上一薄层其他金属或合金，从而起到防止金属氧化（如锈蚀）的作用，并且经过电镀的制品不仅性能更稳定，还更漂亮了。因此电镀工艺被用来提高产品性能或增进美观，例如我们日常见到的金属质地的托盘、相框、漂亮的花瓶、首饰盘等产品。

在讲解案例的基础上，教师引入逆向思维法的具体概念，逆向思维法应用到发明创造上，就是实现创新过程中的某项目标，以非常规解决问题的方法、方向为前提，通过逆向思考来设计技术方案。

逆向思维法的四种常见的方式为反转型逆向、转换型逆向、技术问题逆用和简化设计。

第1课时第2阶段

（一）反转型逆向法

教师讲解

反转型逆向思维法是指从已知物体的相反方向进行思考，来寻找发明构思的途径。在发明创造上可以从物体的原理、功能、结构、运行方式等角度入手进行思考。

1.功能角度，是指从与原物体相反功能方面入手，设想寻求解决问题的新途径。

教师可以先从现实生活中存在的功能相对型产品入手讲解，引导学生逐渐熟悉反转型逆向思维法。例如生活中常见的电风扇和排风扇，二者的工作原理都是通过电动机驱动扇叶旋转，倾斜扇叶的转动使空气受到挤压，于是空气产生流动，就让我们感觉到了"有风"的效果。大家是否注意到这两种风扇所产生的风向之间的差异？（此时教师可以提问学生，根据学生的回答进行讲解。）

当我们与电风扇相对时，感觉有风吹到脸上；而与换气扇相对时，感觉面前的风被抽走了，这就是二者的差异。明明是同样的工作原理，为什么会有这种不同呢？这是由于空气流动的方向与扇叶的转动方向和倾斜方向紧密相关，这两种风扇扇叶转动和倾斜的方向是相反的，所以引起的空气流动方向就是相反的。电风扇向前吹风让位于它前面的人感觉到凉快，排风扇向后吹风抽走它前面的空气，达到换气的效果。（通过这个例子，使学生了解从功能角度入手应用反转型逆向思维法思考问题的方法。）

电风扇

排风扇

教师举例

我们都见过或使用过这种保温桶,它为什么能保温呢?这种保温桶一般是双层结构,分为内桶和外桶,内桶架在外桶上,内外桶之间形成的夹层,或是抽成真空,或是填充保温材料,从而使内桶与外界相隔绝,大家知道只要物体之间没有很好的传导介质,热量就不会轻易散失,因此保温桶夹层的设计有效降低了散热,从而达到了保温效果。明白了这个原理,那么我们是不是还可以把保热的功能转变为保冷功能呢?我们将低温物品放进去同样能实现保冷的效果,于是保温桶就会变成一个冰桶。

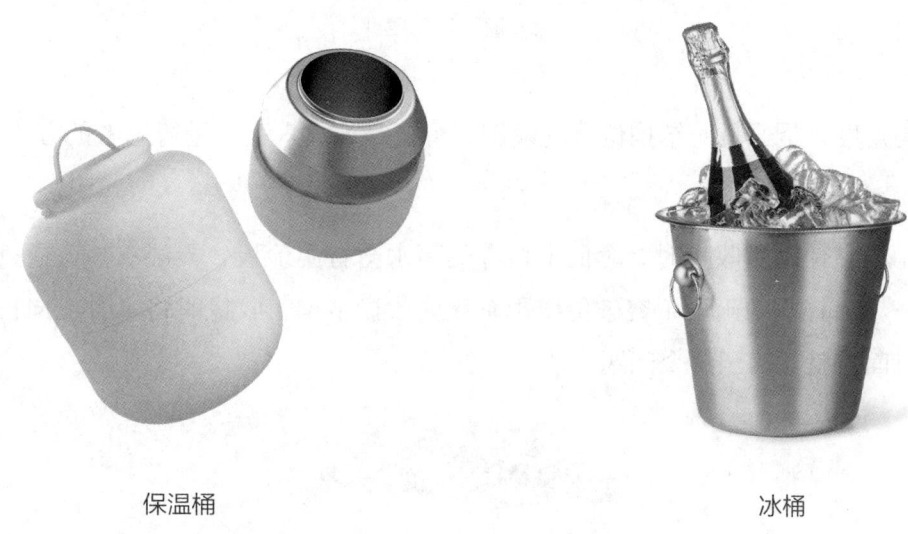

保温桶　　　　　　　　　　　冰桶

2.原理角度,是从事物本身蕴含的原理的相反方向进行思考的方式。

教师举例

意大利物理学家伽利略在一位医生的要求下设计温度计,但实验了多次总是失败。有一次他在给学生上实验课时,注意到水的温度变化引起了水的体积变化,这个现象使他意识到,如果倒过来看水的体积的变化是不是也能看出水的温度变化。根据这个思路,他设计出了利用物体热胀冷缩原理制成的空气温度计。

彩球温度计是基于浮力原理制作的,它是利用封闭空间中透明液体的密度随温度不同而发生变化,使得悬于其间的小彩球(每个球材质不同,具有的密度也不同)上下浮动,直到与周围液体密度相等时才会静止下来。密度最低的球浮在最顶部,最高的沉在最底部,每个小彩球都挂着刻有数字的金属圆盘,读取周遭温度时,找悬浮在顶部最底端的彩球。这种温度计由于漂亮、有趣的设计,受到很多现代年轻人的喜爱,也为生活增添了乐趣。

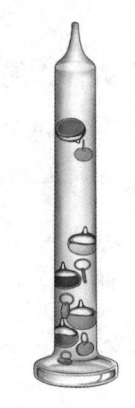

伽利略彩球温度计

3.结构角度，是通过对结构位置的颠倒、置换等方式入手，进行思考的方式。

教师举例

传统雨伞在使用后收拢时，伞面上留存的雨水会打湿地板、弄湿衣裤，通过改变物体的结构——反向打开的雨伞（突破传统雨伞正向收拢结构，收拢时将伞骨反向折叠）收拢后伞面在里面，就解决了这个问题。

反向打开的伞

4.位置角度，是利用改变物品的位置关系而进行设计思考的方式。

教师举例

传统的吸油烟机是悬挂在灶台上方的，利用抽风机将油烟抽走，缺点是使用者稍有不慎头就会撞在上面。要是能把吸油烟机的位置挪到边上，不就撞不到头了吗？在这种思路下开发研制，就诞生了曲面吸油烟机。这种吸油烟机被放置在灶台的四周，位置略高于锅面，炒菜时产生的油烟就被它顺利抽走了，这种放置位置的变化就解决了碰头的问题。

传统油烟机

曲面油烟机

5. 运行方式角度，是指通过改变物体相对运行方式而进行的逆向思考方式。

教师举例

我们都知道，在室外跑步时，人体的横向位置会发生改变（发生横向直线位移），而在室内跑步机上跑步时人体的横向位置却是始终不变的（未发生横向直线位移），这是因为电动跑步机通过电机带动跑带"迫使"人以不同的速度被动地跑起来，虽然人体未发生横向位置变化，但是跑带产生了横向直线运动轨迹（一段固定的直线距离），这种跑带的运动让"路"动了起来。这就是利用改变人体与"路"这两个物体相对运行方式的一种应用实例。

我们在手工削铅笔时，一般是握刀的手运动，而握铅笔的手不动，这就形成了刀动笔不动的现象。后来，人们又进行了逆向思考，改变两者相对运行方式，就发明出转笔刀。顾名思义，转笔刀更形象地表现出通过旋转铅笔实现削的动作，而刀片是静止不动的。

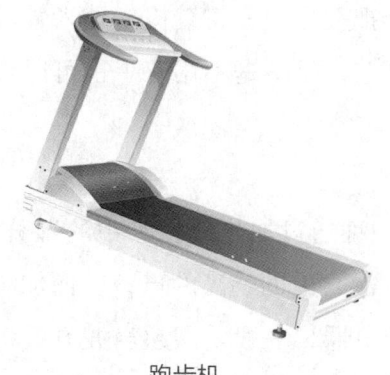
跑步机

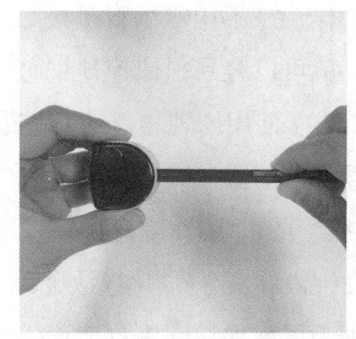
转笔刀

介绍完上述案例后，教师对利用反转型逆向思维法解决问题的各种思考角度进行小结：可以引导学生从事物的原理、功能、结构、运行方式、大小等角度进行思考，最终形成新的产品。

教师组织学生进行课堂讨论，引导学生对日常常见事物进行反向思考，加深对反转型逆向思维法具体应用的理解。

师生互动

请思考与下列事物相反的事物都有哪些？

1.吹风机；2.过街天桥；3.鞋拔子；4.干燥器；5.打气筒；6.发电机。

教师讲解

1. 电动吹风机与电动吸尘器

电动吹风机的电机带动风叶旋转，空气从后部的进风口吸入，由此形成的离心气流由吹风机风筒前嘴吹出（类似于电风扇原理），装在风嘴中发热支架上的发热丝通电变热，经此吹出的就是热风了。人们逆向利用其形成原理，制造出了电动吸尘器。电动吸尘器的电机高速旋转，从位于前端的进气口吸入空气，使尘箱产生一定的真空，灰尘通过地刷、接管、手柄、软管、主吸管进入尘箱中的滤尘袋，灰尘被留在滤尘袋内，过滤后的空气再经过一层过滤片进入电机从后部的出风口流出。

2. 过街天桥与地下通道

过街天桥是现代化都市中帮助行人穿过道路的一种建筑，它可以保障行人穿行道路的安全性。但是如果路面较宽，架设天桥就需要增设桥墩，这样就影响了路面的交通，那该怎么办呢？通过逆向思维，既然不能往上走，那就往下走——在道路下面修建地下通道，这样也能保证行人快速、安全地通过道路。

3. 鞋拔子与脱鞋器

鞋拔子的作用是不用双手直接接触鞋，就能把鞋穿上。将鞋拔子放入鞋后跟，只要踩一下鞋拔子，就可以轻易、快速地把鞋穿好。反之，是不是不用双手也可以将鞋快速脱下来？于是与鞋拔子使用原理相反的脱鞋器产生了。

4. 干燥器与加湿器

干燥器是为了获得干燥物料而设计的，是一种通过加热使物品中的湿分(一般指水分或其他可挥发性液体成分)汽化逸出，以获得规定湿含量的物品的设备。而加湿器则恰恰相反，它是一种为了增加房间内湿度而设计的家用电器，一般采用超声波方式将水雾化，并通过风机将雾化的水汽吹出壳体，从而达到加湿空气的效果。

5. 打气筒与抽气泵

打气筒是通过抽拉方式，将空气吸入储藏部位（气筒腔），然后通过推进方式将储藏的空气压入到需要补充空气的轮胎或球体内部的一种工具。抽气泵则与之相反，利用泵体内活塞的移动将连接的膨胀物体内空气抽到大气中，这样既起到了压缩物体体积（内部空气减少）、节省空间的作用，还具有了防潮的效果（防潮就是防止空气中的湿度过大，在抽取空气时，其中的水分也被一起抽走，从而达到了防潮的目的）。

6. 发电机与电动机

发电机是指将其他形式的能源（煤炭、风能、水能、太阳能等）转换成电能的机械设备，运用逆向思维，电能是不是也可以进行这种反向转化呢？于是就诞生了电动机——将电能转换为机械能；电水壶——将电能转化为热能等产品。

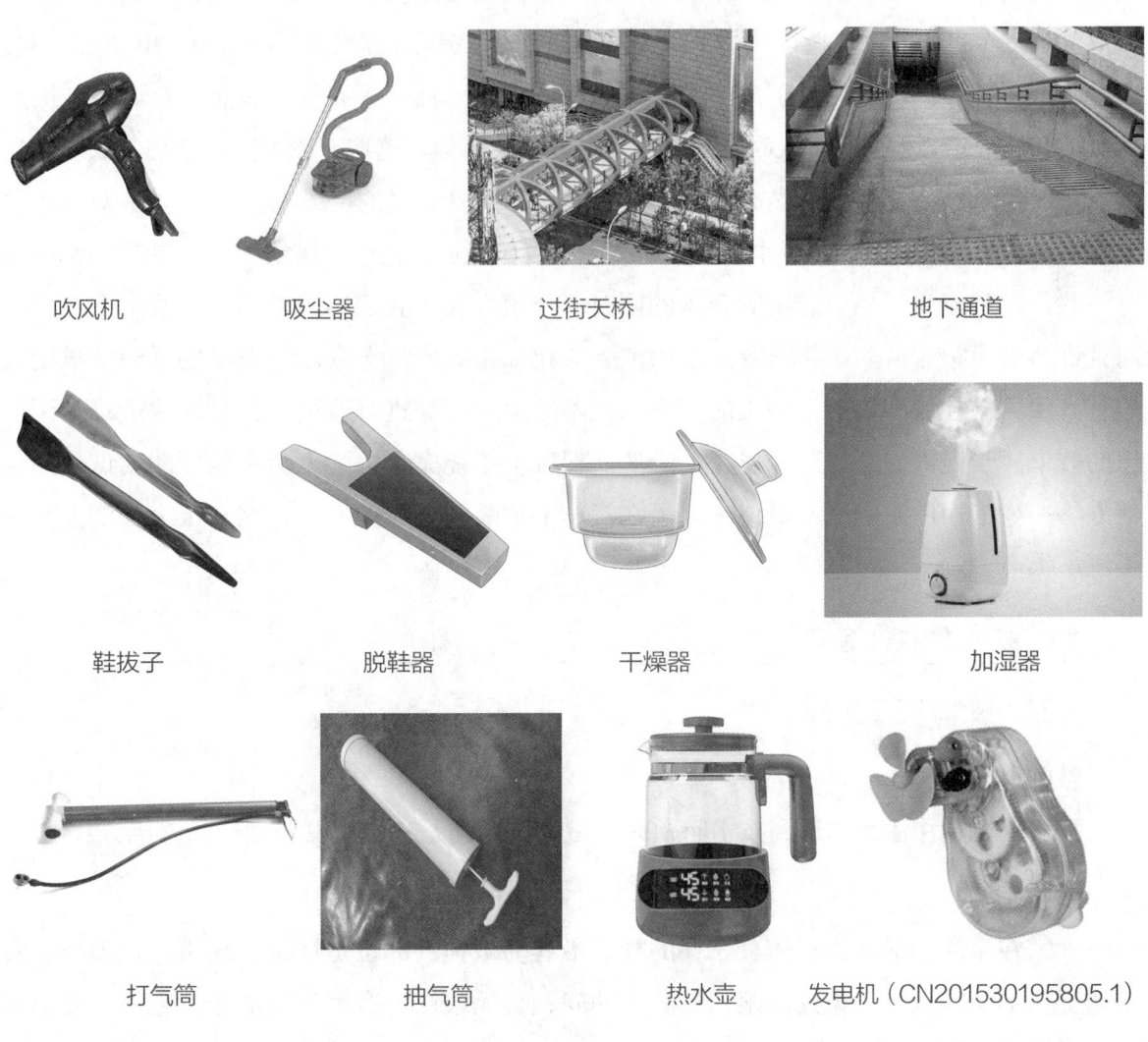

吹风机　　　吸尘器　　　过街天桥　　　地下通道

鞋拔子　　　脱鞋器　　　干燥器　　　加湿器

打气筒　　　抽气筒　　　热水壶　　　发电机（CN201530195805.1）

第 2 课时第 1 阶段

（二）转换型逆向法

教师讲解

转换型逆向法是指在遇到某一问题时，由于解决问题的手段受阻，而需要运用另一种手段进行思考，以顺利解决问题的思维方式。

教师举例

我们都知道吸水纸的应用范围很广，比如用来做实验、保存生鲜食品以及擦除厨房水渍等，但是很少有人知道吸水纸的来历。每一种新产品的出现都有其产生的原因，要么是生产者经过精心研究发明制造出来的，要么是由于各种原因导致研制出了次品，后来又被偶然发现了其所具有的独特功能而留存下来的。吸水纸的诞生就是第二种情况，它出现的时间要追溯到上个世纪。一名造纸厂员工因为不小心弄错了造纸的配方，于是生产出一批非常规用纸，这种纸张因不能用于正常书写而被当作了废纸。任何事有弊也有利，这名员工因此事而被解雇。正当他灰心丧气时，朋友的话启发了他。面对这些"废纸"，他想怎么才能让"废纸"不"废"呢？功夫不负有心人，他终于发现了"废纸"的特殊功用——具有良好的吸水效果——于是畅销至今的"吸水纸"就这么诞生了，他还为这个"错误配方"申请了专利。

我们陶醉于婉转鸟鸣、美妙音乐的同时，但也存在令我们感到刺耳的声音——噪声，而且许多噪声很难从其产生根源上予以消除。比如常见的汽车发动机发出的噪声。早期人们一直致力于控制和消除发动机的噪声源，不断地对产品进行改进，但是发现很难达到理想的效果；于是人们开始转变思路，既然从根源上不能完全消除，那么能不能尝试采用其他方法减少噪声的影响呢？最终想到了在汽车上加装消音器的方法，这在很大程度上减少了汽车噪声。

第2课时第2阶段

（三）技术问题逆用法

教师讲解

技术问题逆用法是当遇到技术问题时，借助技术问题来实现发明创造的思维方式。

教师举例

大家在平时生活中都有体会，穿的袜子最容易破损的部位是袜跟，袜跟一旦破损，整双袜子就不能穿了。考虑到袜跟容易破损的问题，无跟袜舍弃了袜跟部分，它的出现受到了很多人的欢迎。

人们穿白颜色鞋的时候，总是害怕把鞋子弄脏，而脏脏鞋则是刻意将鞋面染脏，打破了人们对鞋子的常规认识，彰显了新时代的时尚态度和个性。转变了人们对传统事物的观念，并作为一种设计理念应用于产品制造上，这种设计理念的产品受到了很多年轻人的喜爱。

在陶瓷生产过程中，瓷器釉面产生龟裂本来是一种缺陷，但当某些制品的釉面龟裂得很特别，纹路均匀、清晰，布满器面，给人一种特别的美感，于是人们就从中得到了启发，从而总结经验，有意识地去制造这种釉面的裂纹，这样就逐渐创造出了裂纹釉。

裂纹釉餐具

教师举例

在乘坐汽车时，汽车的震动会让乘客感到很不舒服，但是人们利用震动的特点，发明了有利于舒筋活血、消除疲劳的筋膜枪；利用石英晶体的振动，设计了晶体振荡器，进而发明了石英表，它比电子表具有更高的精确度和稳定度。

筋膜枪

石英表

师生互动

有句谚语叫"竹篮打水一场空"，利用"漏水"的特点，你能想到生活中的哪些发明创造？

学生回答。

教师在学生讨论完后列举例子：比如具有盛和漏两种功能的勺子，可以使蔬菜充分清洗的洗菜篮；蒸片、双层洗菜盆、清洗果蔬的沥水盘、淋浴的花洒、漏勺、泡茶杯滤胆等。

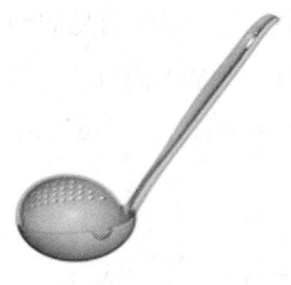  

汤漏勺（二合一）（CN201830259848.5）　　泡茶杯滤胆　　洗菜篮

 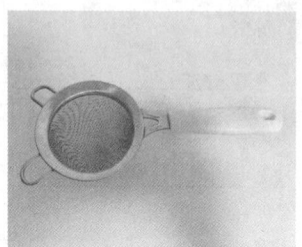  

漏勺　　漏网　　花洒　　蒸片

第2课时第3阶段

（四）简化设计法

教师讲解

简化设计法是使复杂的产品简单化的思维方式。

教师举例

相比普通风扇，无叶风扇通过底座上的马达吸收空气，然后再将空气高速压缩，并通过环状部件释放出来。它的独特工作原理让扇叶消失了，这种新型的造型不仅外形漂亮，人们清理起来也十分方便，而且产生的风比普通风扇更加平稳。

我们平时为电子产品充电时一般都需要为电源线配上一个插头，而USB插座则是把插头融合在了插排上而设计的，充电时就不用再连接插头了，我们在给电子产品充电时就更加便捷。

无叶风扇　　USB插座

课堂小结

简化设计并非简单地设计,而是在经过精心构思后加以创新得出的设计,它更注重空间的简化和利用的高效。

师生互动

请同学们说一说生活与学习中逆向思维的例子。

学生回答。

第2课时第4阶段

课堂小结

同学们,逆向思维法是发现问题、分析问题和解决问题的重要手段,有助于克服思维定式的局限性,是决策思维的重要方式。

学习了逆向思维法,我们并不主张在思考任何事物时都要违逆常规,不受限制地胡思乱想,只是在用别的方法受阻时可以考虑使用逆向思维法,目的是将现有的手段转换成另一种手段,从反向角度进行转换思考,从而使问题顺利解决。

在学习创新设计时,当遇到特殊问题,常规思维难以解决的情况下,我们不妨采用逆向思维法,或许可以让我们获得意想不到的效果,甚至出奇制胜。

第3课时第1阶段

课堂拓展

教师在课堂上布置课题,让学生分组,对一项具体物品从不同角度运用逆向思维法进行创新设计,把创意绘制出来。

请对普通时钟运用逆向思维法进行发明创造,然后每组派代表上台展示,教师进行点评和总结。

运用逆向思维法你还能设计出哪些不一样的钟表呢?

第3课时第2阶段

学生汇报完毕后,教师可以展示现有的钟表。

教师举例

考虑创新的角度	创意设想

传统的钟表都很小,从尺寸的角度进行逆向思考,可设计出火车站广场上的大型钟表。

传统钟表的表盘不动的,指针转动,从运行方式来进行逆向思考,可设计出表盘逆时针方向转动但指针不动的钟表。

传统的钟表是分针长、时针短,从结构角度来进行逆向思考,可设计出指针等长的钟表。

传统钟表是分针、时针、秒针一端相交的,从位置关系角度来进行逆向思考,可设计出时针和分针、秒针不相交的双表盘钟表。

传统钟表是机械表,从简化设计的角度进行逆向思考,可设计出无指针的LED数字钟表。

普通钟表

火车站上的大钟表

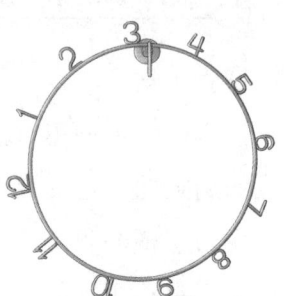
旋转逆向的钟表

指针等长的钟表

双表盘钟表

LED电子钟表

第五节　发散思维法

【教学目标】

1.了解什么是发散思维法，学会打破僵化和常规思维的束缚，沿着不同途径思考，形成各种创意。

2.培养学生动脑的能力，能够积极参与讨论，敢于提出自己的见解。

【教学重点和难点】

教学重点

了解发明创造的一种方法，学会打破思维束缚，沿着不同途径思考，形成多种创意。

教学难点

让学生学会如何运用发散思维法思考问题。

【课时安排】

建议3课时。

【知识要点】

打破僵化和常规的思维束缚，沿着不同途径思考并探索。

【教学过程】

一、教学大纲

第X课时 第X阶段	教学内容	教学准备	教师活动	学生活动	阶段目标
第1课时 第1阶段	实例引入概念，认识发散思维法	回形针	实例激发兴趣，引入发散思维法的概念	阅读教材，思考讨论并回答	了解概念，激发兴趣
第1课时 第2阶段	认识发散思维法	粉笔	提问，引出运用发散思维法的技巧	思考、讨论并回答	认识多角度思考问题的方法

（续表）

第X课时 第X阶段	教学内容	教学准备	教师活动	学生活动	阶段目标
第2课时 第1阶段	发散思维是从多角度思考问题	图片	引导学生从不同角度进行思考	阅读教材，积极思考，回答问题	打开思维，产生奇思妙想
第2课时 第2阶段			运用思维导图总结问题	思考讨论并回答	
第3课时 第1阶段	运用发散思维法	笔	提问，适当引导，点评方案并总结	小组讨论，画出思维导图，由小组代表汇报；对物品进行多角度改造	展开多角度思考，形成初步的改进方案
第3课时 第2阶段			提问，运用发散思维法对物品进行创意改造		

二、具体教学过程

第1课时第1阶段

师生互动

教师：（在黑板上画出一个圆形）这是什么？同学们发挥想象力，大胆回答。

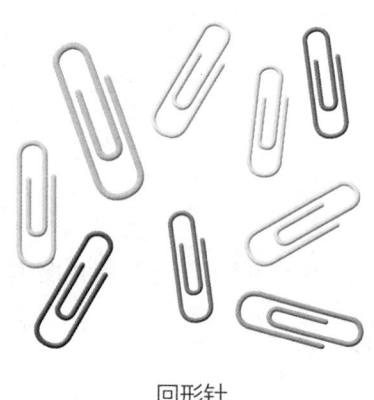

回形针

课堂问答

教师：（拿出一个回形针）这个可以怎么使用？

学生：别纸，取手机卡，做成发卡，通过弯曲使其变成心形，伸直后清理小凹槽的杂物，在曲别针上粘上一个贴纸作为书签使用，封零食口袋，挂钩等。

课堂小结

大家从不同角度提出了各种各样的想法。这就是大家利用发散思维法展开想象的过程，而大家所使用的思考方法就是发散思维法。发散思维是指从一个目标或问题出发，沿着不同途径扩散式思考，最终提出实现该目标或解决该问题设想方案的一种思维模式。

教师讲解

发散思维有三个特点：流畅性、变通性和独创性。下面我们来了解一下这三个特点。

流畅性是指人在一定的时间内自由发挥想象，排除干扰，生成尽可能多的新想法。顾名思义，就是我们的想法要天马行空，奇思妙想越多越好。

变通性是指克服人们头脑中的僵化思维，使思维朝着不同方向扩散；即我们的思维要突破定向思维模式，要活跃。这里给同学们举一个例子。机械表以机芯内的发条为动力带动齿轮推动表针运动。最早的机械表需要手动拧紧发条后表针才能走动。这是人们对于早期机械表的认识。有一个瑞士人对这种认识提出疑问，为什么一定要采用手动方式才能上紧发条呢。他找到了困扰表发展的思维定式。于是他突破手动转动发条的方式，利用机芯的自动旋转盘左右摆动产生的动力来驱动发条，制造出最早的自动挂表。

独创性是指不同寻常的、异于他人的新奇想法。独创性是创新思维很重要的特点。

我们根据发散思维的三个特点，正确把握发散思维。

第1课时第2阶段

课堂问答

教师：请同学们想一想，粉笔除了在黑板上写字，还可以有哪些用途呢？

学生：粉笔的其他用途可能有画图、当尺子、雕刻、吸墨水、做成各种立体模型、做支架、磨粉做石灰、填充小的空隙、做成颜料、为白色运动鞋增白、做标记、粉末可以用来做实验、防止橱柜的霉变、去油渍、防止银制品失去光泽等。

教师讲解

首先粉笔的主要成分是碳酸钙，即石灰石。我们是不是可以从石灰石发散地想出很多种用途？比如可以用来吸墨水，磨成粉做石灰，填充小空隙。再看粉笔的结构，是较硬的圆柱体，是不是可以想到把粉笔当作尺子、做成立体模型或支架？粉笔有很多种颜色，彩色粉笔可以磨成末当作颜料使用，而且碳酸钙有一定的附着力，那么如果我们穿的白色运动鞋溅上了黑泥点儿、钢笔水，是不是可以涂上白粉笔进行遮盖？

其实，我们使用发散思维思考时是有技巧的。粉笔用途的事例就是综合考虑粉笔的多种性能，尽可能周全地、具体地从不同的角度展开思考，这就是技巧之一。

另外，还有两种技巧。一是从结果入手考虑，研究一个问题时考虑到它可能出现的各种结果。二是侧向跳跃思考，当研究一个问题遇到瓶颈时，可以另辟蹊径，从侧面寻找突破口。沿多种途径思考问题时，一定要仔细分析各种不同途径，以便于帮助我们寻找到解决问题的新思路和新方法。总体来说，就是考虑问题要全面，及时调整思维方向，寻找不同的角度和途径，最终形成新的创意。

第2课时第1阶段

以灯为例，请同学们看一看下列图片上的物品是从哪些角度创造出来的，思考能从哪些角度展开想象，形成新的发明创造。

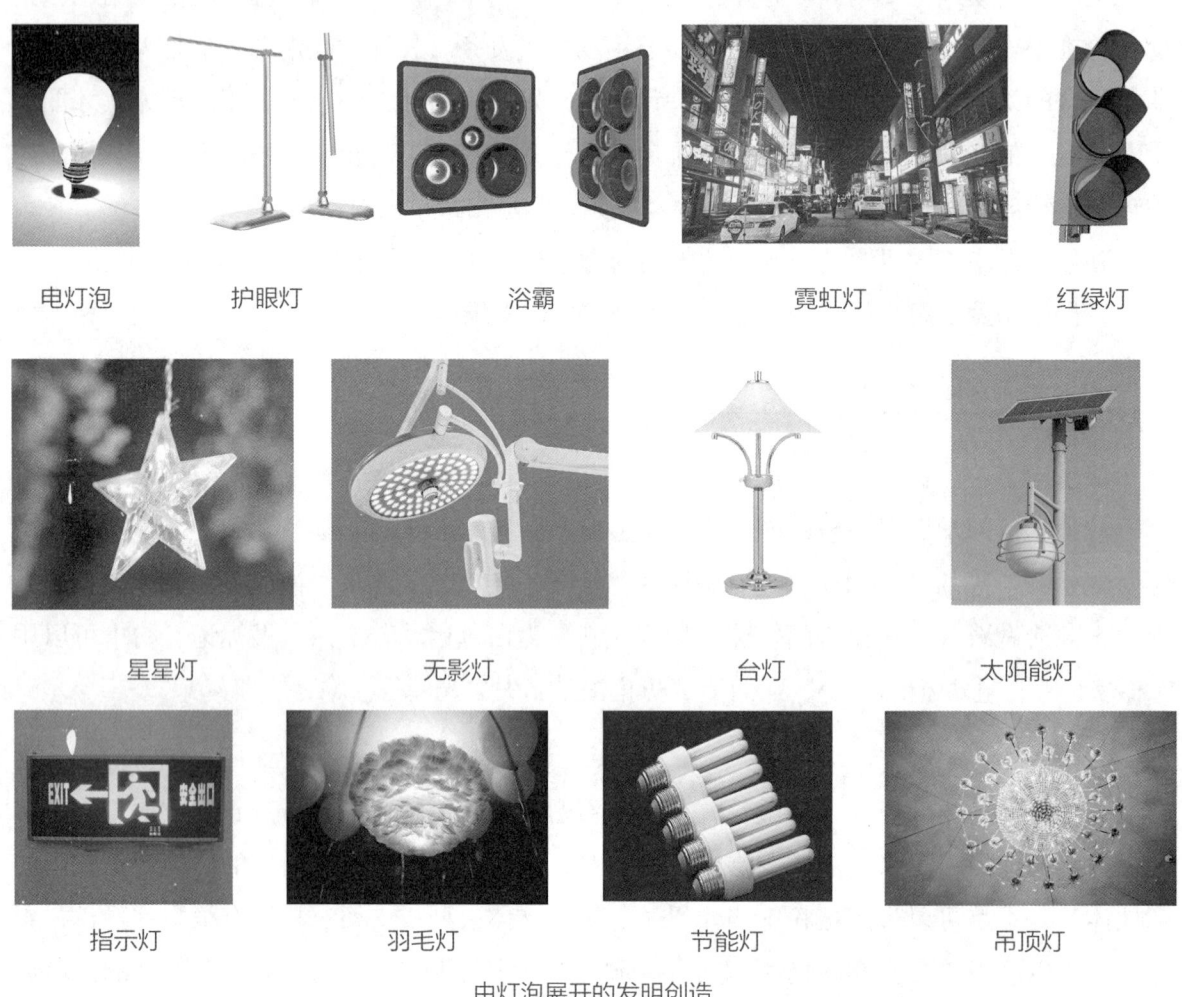

由灯泡展开的发明创造

学生讨论

略。

教师讲解

除了刚才讲到的两个思考角度，还可以从灯的使用场景这个角度进行思考。如卧室里床头柜或者书房里书桌上使用的台灯、手术室使用的无影灯、街道商铺使用的霓虹灯、道路上使用的红绿灯,以及室内使用的吊顶灯等。

从灯的功能角度考虑,有突出、醒目,为人们提供方向指示的指示灯。

从造型外观角度考虑,有羽毛灯、云朵灯,还有星星灯等。

第2课时第2阶段

教师讲解

同学们有没有觉得刚才的讨论思路不清晰、不成系统?没关系,接下来我们梳理一下刚才的思路。

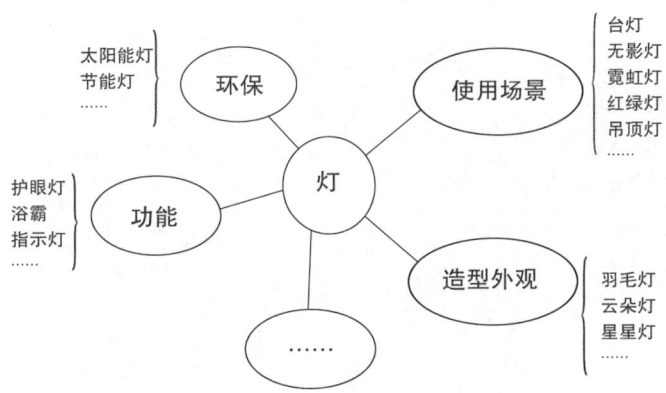

我们可以用画图的方法展示刚才的思路。来一起动手吧。首先在中间画个圆,在里面写上"灯",再以"灯"为圆心向不同方向画辐射线,然后在每一条辐射线远端画圆,写上思考角度或方向,最后在圆的外边写上从这个角度或方向思考得出的创意产品。这种图叫作思维导图。通过思维导图,可以更加清晰地展现出各式各样的想法、创意。值得注意的是,我们思考的角度远远不止以上介绍的这些,对于不同的事物或问题,我们要根据实际情况来确定采用的思考角度。

课堂问答

教师:经过刚才的学习,请同学们说一说,对于灯的创意还可以从哪些角度思考呢?

学生:从功能角度思考,有紫外线灯等。从使用场景思考,有灯塔、探照灯等。从发光原理思考,有LED变色灯、声控灯、感应灯等。

课堂小结

(对学生的回答进行点评。)

其实,除了刚才学习的这些角度之外,还可以有更多的思考角度。我们不能拘泥于固有的思考角度,与众不同的思考角度能让人有意想不到的收获。

第3课时第1阶段

师生互动

今天这堂课我们就尝试自己动脑、动手,完成接下来的任务。

我们几乎每天都要用到笔,请同学们开动脑筋,想一想,基于一根普通的笔,可以从哪些角度展开思考,并由此产生出什么样的发明创造呢?请大家分小组讨论,并画出思维导图。

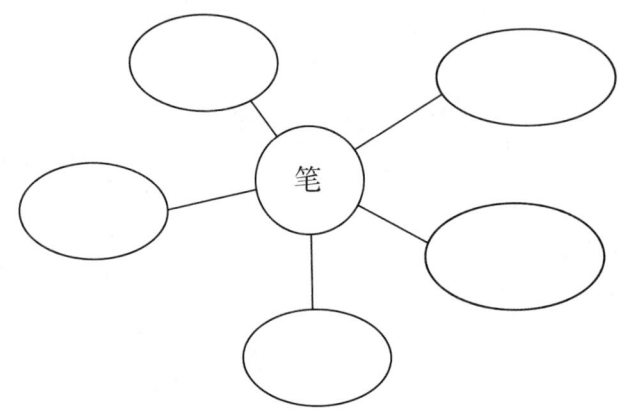

课堂小结

(对学生的讨论和回答给予鼓励和肯定,并适当引导。)

同学们运用发散思维从多种角度进行思考。从功能角度思考,有激光翻页笔、录音笔、点读笔、签字笔、测电笔、电子笔等。从使用者需求角度思考,有毛笔、荧光笔、铅笔、钢笔、水彩笔等。从环保角度思考,有自动铅笔等。还可以从造型外观的角度思考。

第3课时第2阶段

师生互动

教师:请同学们观察并选择身边的一个小物件(比如笔、书包、笔记本等),运用发散思维法对这个物品进行改进。

课堂总结

发散思维是要同学们不拘泥于固有的思考方向,发挥想象力,尽可能周全、具体地从事物各个方面观察和思考。希望大家在学习生活中可以多多思考,从不同的角度入手,迸发出一个又一个创意。

第六节 转用思维法

【教学目标】

1. 让学生了解转用思维法的定义。
2. 让学生学会转用思维法的五种常用方式。
3. 培养学生的动脑能力。
4. 让学生学习运用转用思维法,引导学生运用转用思维法形成创意。

【教学重点和难点】

教学重点

1. 让学生了解转用思维法的定义。
2. 让学生学会转用思维法的五种常用方式。

教学难点

让学生学会运用转用思维法,形成新的创意。

【课时安排】

建议3课时。

【知识要点】

将某一领域中现有的原理、方法、结构、材料和功能等转用到其他领域中,从而产生新的创意和有益效果。

【教学过程】

一、教学大纲

第X课时 第X阶段	教学内容	教学准备	教师活动	学生活动	阶段目标
第1课时 第1阶段	引入概念,认识转用思维	无	引入转用思维的概念,提问	阅读教材	了解概念,激发兴趣

(续表)

第X课时 第X阶段	教学内容	教学准备	教师活动	学生活动	阶段目标
第1课时 第2阶段	认识转用思维	无	让学生寻找转用思维法在生活中的应用实例	查阅资料，回答问题	了解概念，激发兴趣
第2课时 第1阶段	实例讲解转用思维法的分类	无	引入方法转用法，进而引入五种转用方法	阅读材料，思考讨论并回答	认识转用思维的五种常用方式
第2课时 第2阶段	实例讲解转用思维法的分类	无	通过五组实例，分别讲解转用思维的五种常用方式。	阅读材料，思考讨论并回答	认识转用思维的五种常用方式
第2课时 第3阶段	实例讲解转用思维法的分类	无	提问	思考讨论并回答	认识转用思维的五种常用方式
第3课时 第1阶段	运用转用思维法	无	讲解转用思维的两种途径方式	听讲	学习如何运用
第3课时 第2阶段	运用转用思维法	无	让学生运用转用思维法进行创新设计，分别从两种途径进行思考	小组讨论，设计方案，由小组代表汇报	能够自主思考，运用转用思维法进行创意设计

二、具体教学过程

第1课时第1阶段

教师讲解

阅读教材小故事。

鲁班上山视察伐木进度，在爬上一个小陡坡的时候，脚底的石头突然松动。他急忙伸手抓住了路旁的一丛草以稳住身体，可抓草的手却传来一阵刺痛，鲁班一看，原来手被这丛草割破了。于是他仔细观察这丛草，发现草边缘上长着一排又密又锋利的细齿。他试着用草叶划了一下手指，果然手指渗出了血。这让他感到很新奇，同时从中获得了灵感——如果用带有许多这种小细齿的工具来锯树木，是不是就很容易锯开呢？经过不断的试验，鲁班终于发明了木锯。

锯齿草

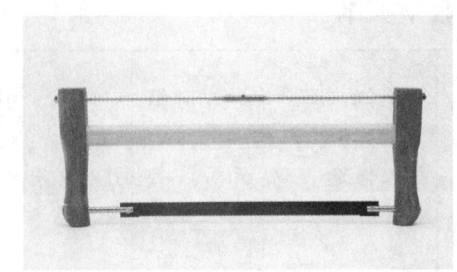

锯子

鲁班从手被细齿形草叶轻易割伤的经历中受到启发，将草的这种细齿结构应用到伐木工具的结构设计中，从而发明了木锯。这种思维方法就是转用思维法。

转用思维法就是把某个学科或领域中的现有技术或原理应用到其他学科或领域中，从而形成一种新的创意和有益效果。转用思维法的应用不是随意的，研究对象之间是存在统一性和相通性的。转用是在现有成果的基础上，进行的延伸、拓展和再创造。发现和利用事物的相似性形成联想，是应用转用思维的关键一步。

师生互动
直升飞机能够平稳起飞的原理是从哪儿转用的？

教师讲解
第一架直升机飞上天空的时候，机身震动非常强烈，而且当时的直升机安全性能也很差。曾经在进行测试的时候出现过伤亡事故，有很多人为了直升机的研制付出了宝贵的生命。现在的直升机起飞、降落时十分平稳，这是科学家潜心研究的成果。科学家是如何研制成功的呢？其实他们是受到了蜻蜓的启发。

一个偶然的机会，科学家发现了蜻蜓飞行的特点。无论是起飞、在空中停留还是降落，蜻蜓的身体都能保持平稳，于是仔细观察蜻蜓的飞行方式、翅膀的振动方式。终于，他们发现蜻蜓翅膀的上面有一块被称为翅痣的加厚且颜色发暗的色素斑，这就是蜻蜓能够保持平稳飞行的秘密之一。

于是，科学家利用蜻蜓与直升机相似的飞行特性，将蜻蜓用于调节翅膀振动的翅痣转用到直升机尾桨上，通过尾桨增加配重，增强机身稳定性，降低事故发生概率。

第1课时第2阶段

师生互动
生活中有很多物品是运用转用思维法研制出来的。请同学们选择一件生活中的物品（比如自行车、吸尘器、汽车等），查阅资料，思考这些物品的哪些技术或原理运用了转用思维法。

教师讲解
吸尘器的工作原理转用到路面清扫工作中，制造出道路清扫车。口香糖的包装方法转用到火腿肠外包装上，设计易拉起封条，使包装更容易撕开。太阳能电池作为新动力能源应用到传统汽车上，成为新能源汽车。将折叠伞的骨架折叠原理转用到普通晾衣架上，设计出可折叠晾衣架。邓普禄从具有弹性的橡胶水管上得到灵感，做出了第一条充气自行车

191

轮胎,推动了自行车的发展。

第2课时第1阶段

师生互动

盲文是怎样诞生的?通过什么转用发明研制出来的?转用思维法有哪些方式?

教师讲解

(对学生的回答进行点评、总结。)

在厚纸的正面戳出点,摸纸的背面时会有微凸的触感。在黑暗中无法看清写在纸上的字,但可以摸到凸点。法国的一位军官为了在夜间作战时传递命令和加强联络,利用这点创造了"夜间书写"法符号,也被称作凸点符号。布莱尔受到启发,将凸点符号转用到盲文制作中,用简单的凸点代替了拉丁字母的盲文体系。新盲文更易于摸读和书写。

通过学习,我们知道了转用思维法有方法、原理、结构、功能转用等方式。因此我们能够得出更准确的概念。转用思维法就是将某一学科或领域中现有的原理、方法、结构、材料和功能等,转用到其他学科或领域中去,从而产生新的创意和有益效果。

第2课时第2阶段

教师讲解

1. 原理转用

原理转用是将某一领域内的技术原理转用到新的领域中。在自然界中,动物利用保护色可以迷惑天敌、保护自己。同学们请仔细观察图中蝴蝶翅膀上的图案。从事蝴蝶翅膀花纹研究的昆虫学家施万维奇发现,当蝴蝶在花丛中时,翅膀的色彩和图案能迷惑人或其他动物,从而隐藏自己。于是,他转用了动物保护色的伪装原理,巧妙地运用于军事领域,提出了伪装的军事科学。后来,人们基于这一理论发明了迷彩服。

隐藏在树叶中的蝴蝶

迷彩服

2. 方法转用

方法转用是将某种物品中蕴含的相关方法转用到其他物品上。例如，松软的面包内部有许多小孔。小孔越多，面包里的气体就越多，面包就越松软。那么面包里的小孔和气体是如何产生的呢？面包是由面粉制作而成的，面粉在发酵过程中产生二氧化碳气体，使得面粉中的面筋质膨胀，形成一个个小气泡，这就是面包内部出现的小孔。人们把制作面包的方法转用到工业领域中，生产制造出软硬适度的工业材料，比如发泡塑料。由于发泡塑料内部有很多相互隔离的细小气孔，不利于热传导且能够反射声波，所以能够起到保温、隔音的作用。

面包

发泡塑料

3. 结构转用

结构转用是将某种物品的结构转用到其他物品上。比如塑料吸管的折叠结构，使得吸管头可以朝任意方向扳动，将这种结构转用到台灯的灯杆上，设计出可以任意改变照明方向的台灯。

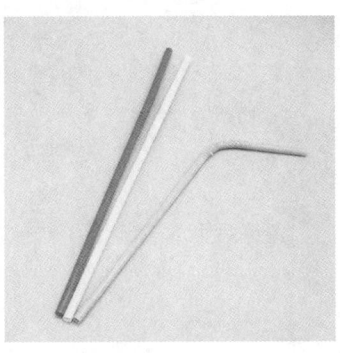
吸管

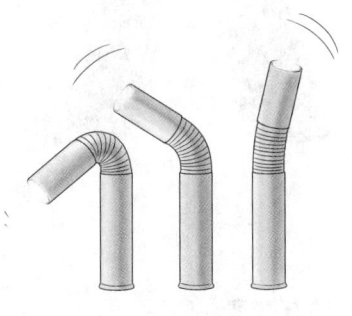
可改变方向的灯

4. 材料转用

材料转用是将某种物品的材料转用到其他物品上。陶瓷碗容易被打碎，用不易碎的塑料制成碗，能够克服陶瓷碗易碎的缺点。这便是材料转用法。

塑料碗

5. 功能转用

功能转用是将某种物品的一项或多项功能转用到其他物品上。拉链是我们生活中很常见的一个物品。（请学生回答拉链的功能和特点。）

外科手术后需要缝合刀口。传统缝合法一般是采用针线缝合，待伤口愈合后再将线拆掉。这种方法不仅愈合周期长，而且缝合部位会留下疤痕。即便使用免拆除的刀口缝合线（人体可以自动吸收），可以免除拆线的麻烦，但还是避免不了留下疤痕。将拉链拉合的功能转用到医疗领域，把手术拉链贴在刀口两边，拉上拉链能够使刀口贴在一起，自然愈合不留疤痕。

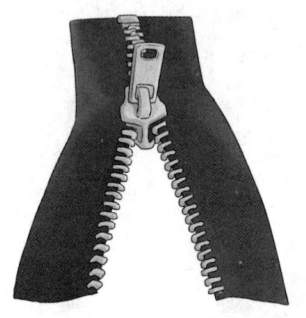
拉链

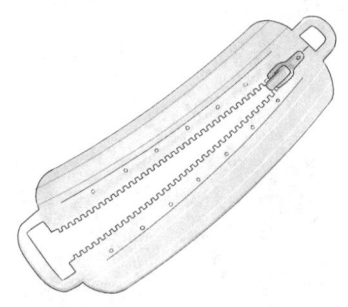
免缝合手术拉链

第2课时第3阶段

师生互动

想要学会转用思维法，需要我们具备多学科知识。应用好转用思维法，需要同学们在学习和生活中积累经验，更需要勤于动脑多思考。请同学们说一说，哪些物品的产生运用了转用思维法？

教师讲解

运用转用思维法产生的物品非常多。下面按不同的方式各举几个实例。

原理转用：电子语音合成技术最初用在贺卡上，后来有人把它用在玩具上，使玩具会唱歌、会说话。把超声波原理转用到清洗机上，便产生了高效的超声波清洗机。

方法转用：法国医生雷奈克把传声筒游戏转用到医疗领域，发明了听诊器。电风扇的工作方法转用到工业生产设备，便有了烘干机、散热机等产品的发明。

结构转用：把喇叭花的结构转用到服装行业，设计出了喇叭裤。为2008年奥运会建造的体育馆鸟巢，是将鸟的巢穴的结构转用到建筑设计中。把滑冰的冰刀刀刃结构转用到自行车车轮上，制造出在冰面上骑行不打滑的自行车。

功能转用：把吸盘挂钩的吸附功能转用到篮球鞋上，将篮球鞋底设计成吸盘纹路，提高抓地能力。将洗衣机的功能转用来洗碗，发明了洗碗机。

材料转用：塑料转用到扫帚上，草编的扫帚变成塑料的扫帚。将光纤材料转用到传输线中，就变成了传输性能优异的光缆。

第3课时第1阶段

教师讲解

转用思维法有两种途径。

一是将已知的原理、方法、结构、材料和功能应用于对此有需求的物体上。比如，吸盘挂钩的吸附功能是已知的功能，当联想到球鞋需要防滑时，便产生了吸盘纹路，提高抓地能力。

二是为了解决正在研究的问题，寻求可以转用的原理、方法、结构、材料和功能等。比如，传统的火腿肠外包装不易徒手打开，需要一个能够方便打开的包装结构。从口香糖易撕开的包装得到启发，将易拉起封条转用到火腿肠外包装上，便可以轻松地用手撕开包装袋。

第3课时第2阶段

师生互动

让我们来动动小脑筋，运用转用思维法进行创新设计。分别从两种途径进行思考，小组讨论，并完成下表。

已知的原理、方法、结构、材料或功能（其中之一）	需要这些的事物	提出设想

预想的成果	解决的关键	可以转用的原理、方法、结构、材料或功能

课堂总结

运用转用思维法进行发明创造并不限于以上这五种常见的方式，还有技术转用、部件转用以及综合转用等。使用时根据实际需要灵活变通，可以单独用一种方法，也可以结合多种转用方法进行创新。

第七节　实用美感思维法

【教学目标】

1. 让学生理解实用美感思维法，明白在外观设计专利中实用功能和形式美感之间的关系。
2. 通过经典设计赏析，学习外观设计的形式美如何与功能相结合。
3. 通过设计示例，了解外观设计的基本创新流程。
4. 引导学生运用实用美感思维法进行简单的外观设计创作。

【教学重点和难点】

教学重点

通过对实用美感思维法的学习，让学生学会运用实用美感思维法分析鉴赏产品外观设计，并对设计过程形成基本思路。

教学难点

在满足功能需求的基础上，进行外观设计创作，并使其形式美感与功能协调统一。

【课时安排】

建议3课时。

【知识要点】

1. "实用"和"美感"之间的关系。
2. 在满足实用功能的基础上进行形式美感设计的方法。

【教学过程】

一、教学大纲

第X课时 第X阶段	教学内容	教学准备	教师活动	学生活动	阶段目标
第1课时 第1阶段	引入概念	搜集案例	讲解案例	思考并回答问题	使学生了解外观设计的特性，以及不同种类的产品在外观设计中对实用功能和形式美感的侧重各有不同

（续表）

第X课时 第X阶段	教学内容	教学准备	教师活动	学生活动	阶段目标
第1课时 第2阶段	经典设计赏析	收集经典设计案例及其设计理念、产生的影响	结合外观设计三要素，讲解经典设计给我们带来的设计启发	理解讲授的内容，与老师互动	学生能够从外观设计三要素角度分析设计
第1课时 第3阶段	学习基本的设计程序	准备设计素材	结合案例讲解设计过程，如何定位功能并展开设计	理解讲授的内容，与老师互动	使学生掌握设计的基本程序
第2课时 第1阶段	完成第一个思维扩展练习	提供记录表格	结合表格组织学生分组讨论并进行小结	对课堂练习进行分组讨论，并将讨论内容记录到表格里	让学生体会外观设计中对功能和形式考虑的侧重度
第2课时 第2阶段	完成第二个思维扩展练习	提供记录表格	结合表格组织学生分组讨论并进行小结	对课堂练习进行分组讨论，并将讨论内容记录到表格里	使学生学会功能分析，并从外观设计三要素角度考虑设计的可能性
第2课时 第3阶段	课程小结	无	概括总结，强调知识要点	理解讲授的内容	巩固和加深学生对基本概念的理解
第3课时 第1阶段	创意绘制	无	开展创意设计	进行创新设计，组内讨论推选1—2件设计上台展示	学习运用实用美感思维法进行设计创意
第3课时 第2阶段	教师点评	无	点评和总结	结合老师点评，对自己的设计方案进行思考和完善	开拓学生的思维

二、具体教学过程

第1课时第1阶段

师生互动

好的外观设计有十个标准，同学们认为好的外观设计需要具备哪些特征？

教师讲解

我们已经学习过我国的三种专利类型，即发明、实用新型和外观设计。

发明和实用新型专利是围绕技术方案展开的新的发明创造，外观设计专利是针对产品外部形态展开的新的发明创造，它们创作对象的性质是不一样的。不同种类的产品在外观设计中对实用功能和形式美感的侧重各有不同，要客观看待二者间的关系，结合产品属性，寻求功能与形式之间的平衡点，不能以折损功能作为追求外在形式的代价。

第1课时第2阶段

教师讲解

外观设计的三要素是形状、图案和色彩。下面，我们结合背景资料对产品的设计进行分析。

1. 外星人榨汁机

菲利普·斯塔克于1990年推出的外星人榨汁机。这个设计通过上圆下尖的指向性形状，把手动榨汁、导流、接取的功能简约地实现出来，而且造型前卫，金属材质充满未来感。外星人榨汁机是外观设计的经典范例。在实现功能的同时，它的外形非常抓人眼球，形式感十足，甚至可以当作一个漂亮的家居摆设。消费者在看到它的外形时会产生购买欲望。这款手动榨汁机的功能比新型榨汁机差，但是这款产品自1990年生产销售至今，仍然是设计专卖店中的畅销产品，关键就是独特的外观设计。

2. 潘顿椅

潘顿椅诞生于1959年，是世界上第一把没有"腿"的一体式座椅，也是第一把使用玻璃钢成型技术制作的座椅。新技术带给产品设计更多的可能性，能让产品呈现出传统木质、金属、皮革材质不能形成的造型。从设计上来说，座椅将动态和稳定两个矛盾要素相统一，光滑曲面既美观又满足乘坐的舒适要求，强烈的色彩和新形式相得益彰。

3. PH系列灯具

1925年，保罗·汉宁森设计了三层灯罩从大到小排列的PH台灯，奠定了"PH"系列的基本形态。这个系列的灯具体现了工业设计科学技术与艺术统一的根本原则，至今仍是国际市场上的畅销产品。PH灯形似重叠的贝壳，实现了灯泡完全被灯体覆盖，无论从任何角度都看不到光源，以免眩光刺激眼睛。每道光线均经过一次或多次反射散落在桌面，以获得柔和、均匀的照明效果。这种灯罩设计还对白炽灯光谱进行了有益的补偿，以创造更适宜的光色。另一方面，灯罩优美典雅的造型设计，流畅飘逸的线条，错综复杂的变化，柔和而丰富的光色，使整个设计洋溢出浓郁的艺术气息。近一百年过去了，PH灯仍是国际市场上的畅销产品，而且成为诠释丹麦设计"没有时间限制的风格"的最佳案例。

4. 可口可乐包装瓶

1915年，可口可乐公司对全美的玻璃装瓶厂招标，希望能够找到一种"要和市场上其他饮料瓶相区分，在黑暗中仅凭触觉即能辨认，甚至摔碎了也能一眼识别的瓶子"。弧线瓶从诸多设计中脱颖而出，帮助可口可乐公司赢得饮料大战的胜利。

此后，可口可乐的瓶子无论是改变型号大小，对曲线的弧度进行细微调整，还是换成塑料瓶，都没有脱离曲线设计。可口可乐的弧线瓶被认为是饮料包装设计经典范例。

5. iMac电脑

1998年，苹果公司推出了iMac。它是划时代产品，代表了一种未来的理念。它的一体化半透明机身、隐约可见的电路结构、弧面造型、艳丽的色彩，在当时外形设计单一的电脑产品中独树一帜。设计师还在其顶部增加了一个独特的提手设计，引导用户去触碰它，拉近与用户的心理距离。另外，iMac的五种糖果色让电脑变成了一种时尚消费品。iMac因此获得了《时代》杂志"1998最佳电脑"称号。

师生互动

请大家从形状、图案、色彩的角度进行观察，自行思考外观设计的合理性。

第1课时第3阶段

教师讲解

产品的美感设计要立足于功能实现，我们要理解经典设计中的美感是如何与功能相结合的。在构思一件产品外观设计时，不妨先思考产品功能的本质，根据产品定位的目标人群，把其需要实现的功能一一列出，再从功能出发，考量形式设计的可能性。

为什么要根据产品定位目标人群？因为不同人群对功能需求和审美需求都存在不同。以保温杯为例，保温杯的适用场合有家用、商务、运动，适用年龄有儿童、青少年、中老年，这些因素无论对功能还是设计风格都会产生影响。从功能方面考虑，儿童日常使用的保温杯和成人运动时使用的，对饮水口有不同的要求。从设计方面考虑，运动使用的保温杯要更有动感，办公使用的要相对严肃。另外，针对不同人群，产品的成本会有所不同，所以定位清晰才能让设计更准确。

下面我们用"帆布单肩包"外观设计作为示例，分为三个步骤进行分析。

第一步，定位目标人群，明确产品功能。本设计示例是适用于青年群体的休闲帆布单肩包。我们要思考两个问题：第一，为什么选择单肩包？因为日常容易接触，学生都很熟悉，而且结构简单，便于入门讲解。第二，为什么定位这个群体？因为青年群体接受的设计风格更多，自由度更大，更贴近学生年龄。

第二步，结合目标人群，分析产品功能，从中选取本设计示例希望实现的功能。

功能分为基本功能和附加功能两种类型。基本功能是一定要具备的，附加功能是选择性实现的。

第三步，围绕目标功能，从形状、图案、色彩三要素思考形式设计的可能性，以及搭配的协调性，以形成最终方案。

（指导学生在互联网进行相关设计的检索，或者在课后去实体商店实地观察相关产品，收集现有产品资料。）大家可以从现有产品获得设计灵感，扩展思路。

请大家从形状、图案、色彩角度对提手部分和包体部分设计的可能性进行思考。

第2课时第1阶段

教师讲解

请大家体会外观设计中对功能和形式考虑的侧重。除了考虑产品属性外，当一个产品的常规功能形式已经基本确定，从功能角度出发对外观设计的改进空间较小时，外观设计内容会更侧重形式美感。

产品	功能占比	形式占比
帽子		
行李箱		
雨伞		
……		

请大家分组讨论并填写表格，选出小组代表说明理由。大家可以从消费者的角度出发，体会购买产品时是主要考虑它的功能，还是它的美观性。

第2课时第2阶段

教师讲解

请大家以小组为单位，选择一个共同感兴趣的日常生活用品，如书包、文具盒、座椅、电热水壶等，按照示例的三个步骤对其功能和形式进行思考和讨论，并记录在下方表格中。

```
┌─────────────────────────────────────┐
│          _____ 设计分析        │
│                                     │
│   基本功能：_____      │
│                                     │
│   附加功能：_____      │
│                                     │
│   形状：_____      │
│                                     │
│   图案：_____      │
│                                     │
│   色彩：_____      │
└─────────────────────────────────────┘
```

第2课时第3阶段

教师小结

这堂课是实践课，我们一起做了思维扩展练习，巩固了不同产品的外观设计和对功能或形式的侧重，通过对设计流程的实践，同学们形成了自己的创意设计。我们在课上讨论、填写了表格，要求大家在课后根据自己选择的产品，在互联网或者商场收集相关产品素材，思考产品的设计构思。

第3课时第1阶段

课堂练习

请同学们在课上独立完成上节课课后作业的设计草图。完成后，各小组进行讨论，推选出1—2个完成度较高的方案在班级中进行分享，介绍设计定位和设计构思。

第3课时第2阶段

课堂总结

学生分享完毕后，教师对设计方案进行点评，指出设计亮点和存在的问题，请同学们在课后进一步完善设计方案。

第二章 动手实践创新强

第一节 逻辑式创新

【教学目标】

1. 让学生初步认识转用发明创造法。
2. 让学生理解转用发明的含义。
3. 让学生了解转用发明创造法的原理和应用要领。
4. 引导学生动手创作，用简单的材料创造转用小发明。
5. 培养学生发现、观察、查找和处理信息与分析交流能力，提高学生创新素质。
6. 让学生体会发明的过程就是将创意变成现实的过程。

【教学重点和难点】

教学重点

1. 转用发明是指将某一技术领域的现有技术转用到其他技术领域中的发明。简单来说就是把某一事物的原理、特性、方法、结构等应用在另一事物上的发明创造。纵观人类的发明成果，处处体现转用发明的思想。

2. 让学生充分理解转用发明创造法的原理以及应用要领，并尝试动手制作小发明作品。

教学难点

1. 设想把某一事物的原理、特性、方法、结构等应用在另一事物上，直到产生一个具有新的效果的事物，也就是发明的产生。

2. 让学生理解转用发明创造法的原理。

3. 团队协作完成设计的发明方案。

【课时安排】
建议3课时。

【知识要点】
转用发明创造法的概念。

【教学过程】

一、教学大纲

第X课时第X阶段	教学内容	教学准备	教师活动	学生活动	课时目标
第1课时第1阶段	通过案例，讲解转用发明创造法	超轻黏土、塑料小颗粒大颗粒、牙签、KT板、硬纸板、小木板、太阳能板、风车、吸管以及一些身边需要的其他材料	介绍一个案例	听讲	认识转用发明的含义
第1课时第2阶段	讲解转用应用创造法的原理	搜集资料	讲解并总结	听讲	转用发明创造法的原理学习
第2课时	设计实验，组队完成发明。初步运用转用发明创造法来做出L形门改造小发明创造	超轻黏土、KT板、硬纸板、小木板、太阳能板、风车、吸管，以及一些身边需要的其他材料	教师对方案进行评估，及时帮助解决学生动手活动时遇到的问题	自主设计实验，尝试完成小发明	运用转用应用创造法设计小发明
第3课时	设计方案的讲解、介绍、总结，分析发明失败原因等	各小组制作幻灯片进行总结	教师对各组方案进行评估和建议	学生进行展示和讲解设计方案	老师对方案进行评估并给出改进建议以及失败原因分析

二、具体教学过程

第1课时第1阶段

师生互动

教师：同学们，我们生活中有哪些发明和"转用发明创造法"相关呢？大家能想到的有哪些例子呢？

教师讲解

在加拿大一家大学图书馆里，有一次自来水管出现故障，水漫得满地都是，致使许多珍贵的图书沉浸在积水中。事故发生后，该如何挽救这些被水泡湿的书籍呢？

方法一：采取一般的干燥方法。

方法二：一位从事过罐头生产的图书管理员想，在制造水果罐头时，为排除水果中的多余水分，会采用低温存放和真空干燥的手段。

假如把这些湿透的书籍当成"水果"，能不能在同样的条件下，既散发出湿书的水分，又使图书完好无损？

最后大家想到的办法是：先将湿书放进冰箱中冷冻，然后放入真空干燥箱中，经过五个昼夜，奇迹出现了，湿淋淋的书籍散尽了水分，终于恢复了原貌。

这一创造过程来自加工储存水果的启发，直接采用了加工水果的条件和方法，把低温存放和冷冻干燥的原理、特性、方法、结构等应用在干燥湿书上做出发明创造。

课堂问答

教师：请每个同学说一个"物品的转用现象"、"生物转用现象"或者"食品转用现象"并进行讨论。

学生：橡胶海绵、能浮在水上的肥皂、泡沫铝、气泡玻璃……

第1课时第2阶段

师生互动

教师：转用发明创造法的原理是什么呢？同学们可以发现，为什么通过合理的转用能做出这么多发明创造呢？

教师讲解

因为某一事物的原理、特性、方法、现象、结构等，可能在另外的事物上具有同样的意义，甚至可以具有意想不到的效果或创造性意义。因此设法将某一事物的原理、特性、方法、结构等转用过来，就能做出发明创造。

课堂小结

某一事物的原理、特性、方法、结构等在另一事物上的应用可以产生预料不到的技术效果，产生新的发明，所以我们对某一事物原理、特性、方法、结构等感兴趣，就可以去深度思考，了解它，掌握它，然后大胆地将它应用到另外的事物中去，如果失败了，就再找一个事物去尝试，直到产生一个具有新的效果的事物，就产生了发明。比如我们关于门的转用，可以将汽车上的自动门应用到冰箱上，就是自动开门的冰箱。

（教师针对学生们给出的方案进行评估，并对下一次课程需要的材料进行指导。）

第2课时

师生互动

教师：上节课老师带大家认识了转用发明方法，那么今天由各小组组队设计发明方案，尝试用"转用发明创造法"来做出L形门改造小发明创造，进行讨论以及分工创造吧。老师想听听你们的想法。老师对方案进行评估，及时帮助解决学生动手活动时遇到的问题，必要时可以使用合适的绘图工具。

请同学们使用老师提供的发明创造的材料，也可以自行寻找合适的材料，组队设计发明方案，进行讨论并分工。老师会评估大家的设计方案。同学们要团队协作，共同设计并动手完成设计。

第3课时

师生互动

教师：（学生以小组为单位讲解、介绍设计方案，并进行总结。）同学们的设计方案非常好，能够展现出转用发明的方法。但有些方案中还存在着不少问题，请同学们根据老师的建议，分析失败原因，修改方案。

课后作业

学生创造方案登记表

姓　　名		性　　别		年级班级	
所在学校名称及地址				邮　　编	
项目名称					

附图（必须标明各组成部分的名称和作用）

简要说明：

本发明的创新部分是：

本发明与同类事物相比不同处和优点是：

第二节 发散式创新

【教学目的】

1. 锻炼学生的发散式创新能力,利用发散式创新思维解决问题,树立发散思维创新意识。

2. 培养学生的动手能力,将发散式创新思维转化为成果。

3. 培养学生的团队协作能力,在协作中进一步促进思维发散。

【教学重点和难点】

教学重点

1. 树立发散式创新思维意识,勇于突破常规并用于实践中。

2. 在团队协作中发扬发散式创新思维,通过组员之间思维的碰撞形成创新成果。

教学难点

树立学生发散式创新思维意识并应用于实践。

【课时安排】

建议5课时。

【知识要点】

用发散式创新思维解决问题。

【教学过程】

一、教学大纲

第X课时 第X阶段	教学内容	教学准备	教师活动	学生活动	阶段目标
第1课时 第1阶段	回顾发散思维法及思维导图,讲解课程目的	课件	回顾发散思维及思维导图,讲解课程目的	听讲并回答问题	了解发散思维和思维导图,了解课程目的

(续表)

第X课时 第X阶段	教学内容	教学准备	教师活动	学生活动	阶段目标
第1课时 第2阶段	发散思维经典案例	圣·贝纳特学院案例	介绍两个案例	了解发散思维案例	了解发散思维案例
第1课时 第3阶段	发散思维小练习	六首古诗	进行发散思维训练	进行发散思维训练	发散思维练习
第1课时 第4阶段	检索练习	搜集资料	检索一项发明	了解检索的一般方法	通过互联网检索完善优化设计
第2课时 第1阶段	介绍课程目的、课程内容	搜集资料	介绍课程目的、课程内容	了解课程目的、课程内容	了解课程目的、课程内容
第2课时 第2阶段	介绍问题、解决引导	搜集资料	讲解问题、解决问题引导	了解要解决的问题（试验内容）	了解要解决的问题
第2课时 第3阶段	小组讨论形成发散思维设计方案、教师评估	搜集资料	对各组的设计初步评估	小组设计，构建思维导图并向教师讲解，确定要准备的材料	通过发散思维设计方案，感受发散思维
第3课时和 第4课时	团队协作，动手完成设计	制作模型需要的材料	组间巡回，随时为学生提供指导	各小组自行分工，动手完成设计方案	团队协作动手完成设计方案
第5课时 第1阶段	小组讲解方案并总结	制作模型需要的材料	教师对各小组的发言进行记录并分析	每个小组对设计进行讲解、总结经验教训	学生讲解设计方案、分享经验和收获
第5课时 第2阶段	教师点评	制作模型需要的材料	教师对各组点评、总结	学生提出改进措施	未完成情况的分析和再创造

二、具体教学过程

第1课时第1阶段

教师讲解

在之前的课程中，我们已经学过了"发散思维法"和"思维导图"，请同学们回顾一下。

（教师对之前学过的理论课相关课件进行播放展示，带领学生回顾。）

教师：什么是发散思维法？请大家回忆理论课中老师为了讲解发散思维所引用的几

个小案例。

师生互动

教师：同学们知道什么是思维导图吗？思维导图有什么作用？

学生：思维导图是表达发散性思维的有效图形思维工具，思维导图的构建过程就是发散性思维过程的具体体现。

教师：要解决的问题可不可以也列入思维导图呢？

学生：可以。

教师：爱因斯坦曾经说："提出一个问题往往比解决一个问题更重要。因为解决问题也许仅是一个数学上或实验上的技能而已，而提出新的问题，却需要有创造性的想象力，而且标志着科学的真正进步。"同学们不仅要想办法，还要想问题。

教师讲解

大家能够画出思维导图并设计制造成品吗？这节课是实践课，目的是通过实践，让大家感受发散性创新思维，形成发散性创新思维意识。

第1课时第2阶段

教师讲解

我给大家介绍两个发散思维经典案例，请同学们了解发散思维，感受发散思维的成果。

案例一：圣·贝纳特学院案例。1983年，美国的法学博士普洛罗夫在做毕业论文研究时发现，50年来，美国纽约里士满区一所穷人学校圣·贝纳特学院毕业的学生犯罪记录最低。普洛罗夫在将近6年的时间里对"圣·贝纳特学院教会了你什么？"进行调查。他收到的3756份回函中，有74%的人提到了入学的第一篇作文题目《一支铅笔有多少种用途》。铅笔除了写字，还能有哪些用途呢？

当时圣·贝纳特学院的学生们给出了特别丰富的答案：在必要时铅笔能用来替代尺子画线；作为礼品送朋友表示友爱；当商品出售获得利润；铅笔的芯磨成粉后可以做润滑粉；演出的时候可以临时用来化装；削下的木屑可以做成装饰画；等比例锯成若干份，可以做成一副象棋；在野外遇到缺水的情况，抽掉铅笔芯当作吸管喝石缝中的水；在遇到坏人时，削尖的铅笔能作为自卫的武器。

圣·贝纳特学院让这些穷孩子明白，一支铅笔尚且有这么多用途，有着眼睛、鼻子、耳朵、大脑和手脚的人更是有无数种"用途"，任何一种用途都足以使我们成功。这篇作文的构思使用了发散思维。通过对铅笔这样一个简单的物品进行发散思维，能得出很多新的设计。

案例2：微型冰箱的案例。在冰箱普及后，冰箱市场竞争激烈，利润率低，美国的厂商对此束手无策，而日本人却另辟蹊径，发明创造了微型冰箱。

微型冰箱与家用冰箱在工作原理上没有区别，差别只是产品应用的环境不同。日本人把冰箱的使用方向由惯性思维的"家居"转换到了办公室、汽车、旅游等其他应用场景，改变了产品的使用环境，引导和开发了人们的潜在消费需求，开发了新市场。

可见，发散思维能带来很好的成果。

第1课时第3阶段

教师讲解

感受了发散思维真实案例后，我们进行一下发散思维小练习。"舟"在古诗词中代表的意境，包括激发壮志、追求自由、寄托忧思、感伤孤独等。请同学们根据几首诗进行发散思维训练，不限于人在船中的感受、船的用途、船的材料、航行的技术、其他需要解决的小问题或者小改进，并将联想到的内容说出来或记录下来。

可选的诗句有：

孤舟蓑笠翁，独钓寒江雪。——柳宗元《江雪》

君看一叶舟，出没风波里。——范仲淹《江上渔者》

姑苏城外寒山寺，夜半钟声到客船。——张继《枫桥夜泊》

两岸青山相对出，孤帆一片日边来。——李白《望天门山》

两岸猿声啼不住，轻舟已过万重山。——李白《早发白帝城》

窗含西岭千秋雪，门泊东吴万里船。——杜甫《绝句》

答案供参考：

《江雪》中的船——孤独，小船，人力，保暖，钓竿支撑

《江上渔者》中的船——飘摇，小舟，风浪，平稳，捕鱼器械

《枫桥夜泊》中的船——忧思，船的固定，照明，降噪

《望天门山》中的船——壮阔，帆船，帆的结构，帆的方向控制

《早发白帝城》中的船——自由，船速，船的材料，船的动力

《绝句》中的船——志向，大船，帆船，平稳

第1课时第4阶段

教师讲解

刚刚同学们进行了"船"的发散思维训练,应该想到了一些技术问题和一些解决办法。在动手实践前,为了完善我们的思维,我们可以去图书馆或互联网上检索他人都做出了哪些发明、哪些设计,这有助于我们进一步优化自己的设计。在完成设计后,我们应该在图书馆或互联网上检索是不是已经有人做出了同样的发明设计,了解自己设计的创新性。在互联网中检索时会用到关键词,关键词的选取有多种方式。

师生互动

教师:围绕着"船",可以用哪些关键词进行检索呢?

(如果想了解有创意的船,可以采用下列关键词进行检索:船模、模型船、船脑洞、船异想天开、船创意。)

教师讲解

教师用"船脑洞"在某互联网站检索后获得的结果举例如下:

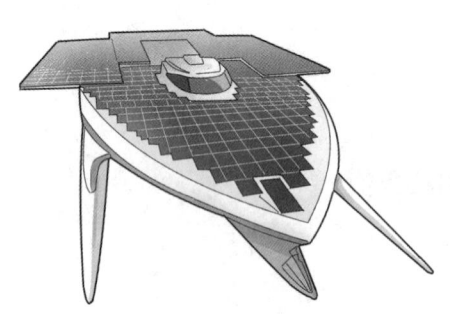
星球太阳能号(示意图)

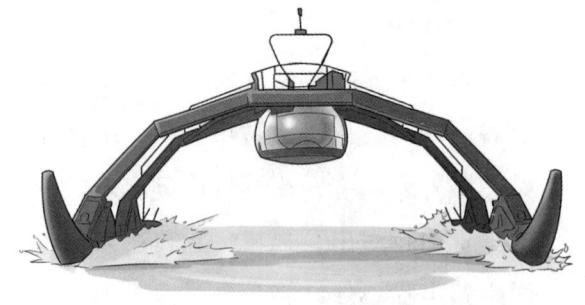
WAM-V Proteus(示意图)

拉链船(示意图)

星球太阳能号是一艘标准的双体船,造价大约2400万美元。船体长度31米,宽度15米,排水量为60吨,其最快速度每小时15海里,能够承载50名乘客,是一艘太阳能驱动的船只。这是一艘纯粹用太阳能就能行驶的船只,船只上所有能源都由太阳能提供,船体上方装有面积为500平方米的太阳能电池板,38000块锂电池。行驶时可以达到无污染,零排放。在建造之后,星球太阳能号完成了只采用太阳能,就环游了世界的壮举。

WAM-V Proteus由美国公司制造,看上去就像一只硕大的蜘蛛,造成这样并不是为了标新立异,而是这艘船的设计理念就是绝对不会让人头晕。这艘船基于滑雪板设计,可以中和海浪的波动。海浪就算很剧烈,乘客都会感到行驶非常平稳,所以晕船的感觉自然就没有了。想必坐上这艘船会有一种很不同的体验。

拉链船是某设计师于2020年试航的外形像拉链的船。船身长9米,在海面航行时,看起来就像一个拉链在打开海面。这艘船只能容纳两人,实用性远不如艺术性,甚至试航的时候还有船身倾斜的情况。

师生互动

如果想了解历届竞赛情况,可在下列三行中各选一个词进行检索:

船、舟、游轮

青少年、青年、少年

科技赛、创新赛

教师用"游轮青少年科技赛"在某互联网站检索,结果如下:

可控刚性空腔翼防倾覆装置游轮(示意图)

教师:看看这幅图,请学生猜一猜它们的改进点在哪里?

教师讲解

"可控刚性空腔翼防倾覆装置游轮"是青少年科技创新大赛的一个作品。

游船在内河或湖泊行驶时,有可能遭遇自然界中侧向风的袭击,或因急转弯等操作失误的情况,引发倾覆事件。为此,本项目根据仿生学理论,提出了可以自动伸展翅翼,增大游轮浮力和两侧受力面积,加强稳定性、防范倾覆、沉没的新技术创意。船模的刚性空腔翼收展由油压机输出动力,受信息采集系统、电子控制系统和人工控制器多重控制,经模拟实验检测,遇到突发灾祸,在几秒内,刚性空腔翼同步展开,使游轮迅速上浮,恢复平衡。

师生互动

老师:具体细节的检索,可在下列三行中各选一个词进行检索:

船、舟、游轮

某问题或效果(如晕船,倾覆)

某办法(如仿生,电磁)

也可以在下列两行中各选一个词进行检索:

船、舟、游轮

某问题或效果或办法(如晕船,电磁)

请同学们试试,用你刚刚联想到的问题或办法搜一搜,看看别人是怎么做的。

第2课时第1阶段

教师讲解

进行了小练习后,我们要开始真正的实践了。

同学们要解决的问题是:设计并制造一艘动力船,能在大水盆中平稳直行、转弯、停止。

师生互动

教师:请同学们考虑几个问题:船为什么能浮在水面上?我们要制作能浮在水面上的船,需要满足什么条件?

要使船行驶,要求动力大于什么?船的动力分为几种?具体有哪些动力源呢?船的材料都有什么?船的一般结构是什么样的?要想船可以转弯,需要哪些部件呢?设计动力船需要考虑哪些方面?

学生:需要考虑动力,包括桨(人力)、帆(风力)、风扇、螺旋桨、水泵、气泵、蒸汽机、柴油机、电力、磁力、弹力、化学能、太阳能、核能……

需要考虑材料,包括金属板或箔、塑料瓶、易拉罐、木材、纸、布、泡沫材料……

还需要考虑结构，包括船头、船身、桨、舵、帆、动力源……

教师：还有其他需要考虑改进的方面吗？比如平稳、速度、遥控、客人体验……请同学们继续思考还有没有平时没有人注意到的小问题或小改进。接下来，大家要对船进行改进，设计越有创造力，越异想天开越好。请大家注意，只有两课时制作时间，超时算任务失败。

第2课时第2阶段

课堂练习

教师将学生分成几组或由学生自行分组，各小组自行选出组长。围绕要解决的技术问题，各小组通过发散思维进行自由设计，可以每人独立思考后交流汇总，也可以直接进行讨论。各小组在思考和团队交流的同时做出思维导图，把每个方案进行体现，并备注课堂完成的可行性。（需要考虑该方案是否能在两节课内动手完成及材料的获取是否容易。）

教师讲解

在小组设计的多个方案中，有的材料容易获得、容易做出，有的材料难以获得、在课堂上难以做出，请同学们以小组为单位，从材料容易获得并可以做出的所有方案中选出最奇特、最异想天开、最脑洞大开的方案，向老师重点讲解。

第3课时和第4课时

教师讲解

各小组进行分工，团队协作动手完成自己设计的方案。

（教师在各组间巡回，观察各组的完成进度并记录，在必要的时候向各组提供帮助。）

第5课时

课后作业

每个小组选派一名代表对本组设计方案的原理、完成情况及更进一步但未实施的想法进行讲解，总结经验教训，分享收获；未完成的小组对未完成的原因进行分析，总结教训，提出改进方案。

第三节　无限式创新

【教学目标】

1. 培养学生积极的创造心态。

2. 让学生认识到通过发明创造可以使学习或生活更加便捷、美好、有趣、丰富多彩。

3. 让学生获得创造的成就感，看到创新对生活的改变，从而更加热爱创新。

【教学重点和难点】

教学重点

1. 进一步实践"组合发明法"。

2. 亲自制作出创新的方案。

教学难点

1. 在没有任何基础材料和需要解决问题的前提下，自行提出问题并设计创新方案。

2. 创新方案必须是原创、实用并且具有正能量。

【课时安排】

共5课时。

【知识要点】

发明创造的四种模式：模仿法、移植法、逆向思维法、组合法。

【案例来源】 原创

【教学过程】

一、教学大纲

第X课时 第X阶段	教学内容	教学准备	教师活动	学生活动	阶段目标
第1课时 第1阶段	宣布教学任务	搜集资料	宣布课程任务	听讲	学生清楚理解教学任务和目标

(续表)

第X课时 第X阶段	教学内容	教学准备	教师活动	学生活动	阶段目标
第1课时 第2阶段	组队	搜集资料	必要时将未加入任何组的学生安排插入特定组	自行组队，选出组长，并提交组员信息	组队完毕，每组学生人数尽量一致
第1课时 第3阶段	学生讨论提出需要解决的问题	搜集资料	参与学生讨论，必要时给出指导	组内讨论，提出需要解决的问题	确定本组要解决的问题，要求问题必须是有实际意义的，且正能量的
第1课时 第4阶段	学生讨论提出解决问题的方法	搜集资料	参与学生讨论，必要时给出指导	组内讨论，提出解决问题的方法，若有多种方法须确定其中一个	确定本组要解决的问题的方案，要求方案必须是原创的，且正能量的
第1课时 第5阶段	各组学生汇报	搜集资料	参与学生讨论，必要时给出指导	汇报本组要解决的问题和讨论出的方案	方案必须是原创的，有实际意义的且正能量的
第1课时 第6阶段	教师点评方案	搜集资料	对各组提出的方案逐一点评，主要针对原创性、实用性、是否正能量给出评价，必要时评价该方案的可行性和实施难度	必要时针对老师提出的缺陷进行改正	方案必须是原创的，有实际意义的且正能量的
第1课时 第7阶段	确定所需材料	搜集资料	帮助学生列全所需材料	各组讨论完成设计方案所需的材料并上报	材料一般为日常生活用品、常规手工材料、符合学龄能力的机械电子元器件等
第2课时 第1阶段	各小组确定完成设计方案的大体步骤	完成设计方案所需的材料	必要时提示学生遗漏的重要步骤	各组讨论得出设计方案的大体步骤	步骤应合理，便于协同并行工作
第2课时 第2阶段	各小组确定内部人员分工	完成设计方案所需的材料	无	各组讨论每个成员在完成设计方案工作中的分工	分工应合理、发挥个人特长、便于并行工作提高效率
第2课时 第3阶段	团队协作完成方案	完成设计方案所需的材料	对于遇到困难的组给出指导	团队协作完成方案	尽可能完成目标方案50%的工作量

(续表)

第X课时 第X阶段	教学内容	教学准备	教师活动	学生活动	阶段目标
第3课时	继续完成方案	完成设计方案所需的材料	对于遇到困难的组给出指导	继续完成方案	尽可能完成目标方案
第4课时	继续完成方案	完成设计方案所需的材料	对于遇到困难的组给出指导	继续完成方案	尽可能完成目标方案
第5课时 第1阶段	学生讲解和总结	完成的或未完成的设计作品	无	对本组的方案进行讲解和总结	清楚地介绍本组的方案完成情况（包括原理、完成情况），并总结（包括未完成的原因、进一步的改进想法等）
第5课时 第2阶段	教师讲解和总结	完成的或未完成的设计作品	对本组的方案进行点评	无	学生对本次创新活动有自己的体会和收获

二、具体教学过程

第1课时第1—2阶段

教师讲解

发明创造可以让学习或生活更加便捷、美好、有趣。创造能带给我们成就感，创新能改变我们的生活。这节课我们要提出问题并设计创新方案。需要注意的是我们没有任何基础材料，也没有预设的需要解决的问题。大家需要自行提出问题，并设计解决方案，然后亲自动手制作出来。唯一的要求就是：创新方案必须是原创、实用并且具有正能量。下面请同学们自行分组，并选出组长，以小组为单位完成后续的任务。

第1课时第3阶段

师生互动

教师：请同学们分组讨论本组要解决的问题，要求问题必须是有实际意义且具有正能量。

学生：想不出有什么问题要解决。

教师：大家可以多关注身边的事物，例如课桌、椅子、书包、黑板、尺子等，发现它们的不足。离我们最近的事物是我们最了解的，更容易发现它们的不足。

学生：我们组想出了一个问题。下雨时穿雨衣，身上虽然不湿了，但手和鞋依然会湿。

教师：很好的问题，我再给大家一些启发。生活中会发现物品的哪些不足呢？比如：

不够方便，清除橡皮屑很麻烦。

不够省力，要费力搬动桌椅才能改变教室布局。

不够节约，电梯里没有任何人时，灯还是开着的。

不够耐久，拉杆箱式书包的滑轮过不了多久就坏了。

功能单一，黑板只能当黑板用，投影仪幕布只能当幕布用。

不够智能，如果等电梯的人走了，电梯还是会停下来开门。

不够人性化，雨伞杆总会碰到头部。

不够有趣，雨伞只有挡雨功能，没有娱乐功能。

…………

有了问题，针对问题想出解决方案也有以下几种方法：

1. 模仿法

以某种原型为参照，在此基础上加以变化，产生新事物的方法。很多发明创造都建立在对前人或自然界模仿的基础上，如：模仿鸟而发明了飞机，模仿鱼而发明了潜水艇，模仿蝙蝠而发明了雷达。

2. 移植法

将一个事物中的原理、方法、结构、材料、用途等移植到另一个事物中去，从而产生新的事物，如：太阳能电池板移植到汽车上产生了太阳能汽车；吸尘器移植到黑板擦上产生了方便吸走粉笔灰的黑板擦。

3. 逆向思维法

采用与常规思维方式相反的、与惯常的手段相反的方式，创造出新事物，如：橡皮屑一般都是用嘴吹走，反过来，用小型吸尘器吸走更干净。

针对上面提出的问题，可能有哪些解决手段？

用工具代替人力，解决不够方便的问题。用电动代替手动，解决不够省力的问题。让工具适应人的身体，解决不够人性化的问题。将现有的东西组合起来，解决功能单一的问题。用可拆卸更换的设计，解决不够耐久的问题。用传感器和控制器的组合，解决不够智能的问题。

再用刚才的方法试着解决前面提出的问题：

清除橡皮屑很麻烦，可以用小型吸尘器吸走橡皮屑。

要费力搬动桌椅才能改变教室布局，可以在桌椅下安装轮子。

电梯里没有任何人时，灯还是开着的，可以用传感器和控制器实现无人关灯。

拉杆箱式书包的滑轮过不了多久就坏了，可以采用可拆卸更换的滑轮。

黑板只能当黑板用，投影仪幕布只能当幕布用，可以把黑板和幕布合二为一（例如老师在电脑上写字直接投射到幕布上）。

如果等电梯的人走了，电梯还是会停下来开门，可以用感应器，感应到人走了就取消开门程序。

雨伞杆总会碰到头部，可以让雨伞杆弯一下避开头部。

雨伞只有挡雨功能，没有娱乐功能，可以在雨伞上安装风铃。

4. 组合法

（如果学生想问题还存在困难的话，教师向学生介绍组合发明的方法。）

再给大家介绍一种组合发明的方法，就是将两种物品，或从两种物品中抽取的要素重新组合，构成新的物品。除了开拓性发明外，一般的发明都是将现有的物品进行组合，采用组合法可以同时获取需要解决的问题和解决方案，特别适合想不出要解决的问题时的情形。咱们一起通过一个例子学习这种方法好不好？

教师：首先，我们一起想出生活中常见的十种物品。

学生：课桌、椅子、书包、黑板、尺子、勺子、碗、雨伞、挂钩、笔，一共十种。

教师把十种物品列在黑板上。

	课桌	椅子	书包	黑板	尺子	勺子	碗	雨伞	挂钩	笔
课桌										
椅子										
书包										
黑板										
尺子										
勺子										
碗										
雨伞										
挂钩										
笔										

教师：现在大家发挥想象力，将对应的两种物品结合到一起，思考能得到什么，并填入表格，一共45种组合。大家说我来写：

	课桌	椅子	书包	黑板	尺子	勺子	碗	雨伞	挂钩	笔
课桌	/		课桌抽屉本身是书包，放学直接带走							
椅子	/	/								
书包	/	/	/					书包可展开为雨伞		
黑板	/	/	/	/					磁吸挂钩用于挂笔	
尺子	/	/	/	/	/					笔带刻度可做尺用
勺子	/	/	/	/	/	/		勺子带挂钩钩在碗上		
碗	/	/	/	/	/	/	/		碗带挂钩用于挂筷子	
雨伞	/	/	/	/	/	/	/	/		
挂钩	/	/	/	/	/	/	/	/	/	
笔	/	/	/	/	/	/	/	/	/	/

这样，我们就至少得到了六种有意义的发明啦，它们各自的方案和解决的问题分别是：

1. 课桌的抽屉本身就是一个书包，放学可直接背走，解决了丢三落四的问题。

2. 可展开为雨伞的书包，解决了路上忽然下雨的问题。

3. 黑板上有可移动的磁吸挂钩用于挂笔，解决了要写字时忽然找不到笔或者笔放得太远的问题。

4. 笔带刻度可做尺用，解决了没带尺子的问题。

5. 勺子带挂钩钩在碗上，解决了勺子容易掉落的问题。

6. 碗带挂钩用于挂筷子，解决了筷子无处放或者需要单独设筷架的问题。

除了将物品本身互相组合的方法，还可以将被组合物更换为通用的工具/零件类（例如电机、灯、轮子、水泵、气泵、透镜、镜子、喇叭、磁铁、弹簧），咱们一起再来写一写：

	课桌	椅子	书包	黑板	尺子	勺子	碗	雨伞	挂钩	笔
电机				自动开合或升降黑板						
灯			夜间亮灯书包							
轮子	带轮课桌									
水泵										
气泵								自吹干雨伞		
透镜					带放大镜尺子					
镜子				带镜子黑板						
喇叭										
磁铁										带磁铁笔
弹簧			带弹簧缓冲书包							

这样，我们又得到了八种有意义的发明啦。它们各自的方案和解决的问题分别是：

1. 自动开合或升降黑板解决手动开合、升降黑板费力的问题。
2. 夜间亮灯书包解决了学生在夜间行走不容易被机动车司机注意到的问题。
3. 带轮课桌解决了搬动桌子费力的问题。
4. 自吹干雨伞解决了收起后的伞湿漉漉不易干的问题。
5. 带放大镜尺子解决了没有放大镜的问题。
6. 带镜子黑板解决了老师面对黑板上写字时看不到学生的问题。
7. 带磁铁笔可以自动吸在一起，解决了笔散落杂乱的问题。
8. 带弹簧缓冲书包解决了书包掉落地上容易摔坏书包里物品的问题。

用这样的方法，就不用怕发现不了问题或者想不出解决方案了。

第 1 课时第 4—6 阶段

师生互动

教师：现在大家分组讨论解决各组的问题的方案吧。

学生：老师，我们组为了解决雨衣不能遮挡手部和鞋的问题，想把雨衣和手套、脚套都做成一体式的，这样一体穿脱，就能全方位挡雨。

教师：你们的鞋套用什么材料？

（教师对反面意义的方案予以纠正。）

学生：我们组想做一个自动写作业机。

教师：这种发明不是正能量的，你们要更换方案。

（教师对含有危险性的方案予以纠正。）

学生：我们组想解决跳长绳时，抡绳的两个人比较费力的问题，用两个立式电扇，扇叶上拴上绳子，这样就可以自动抡绳。

教师：电扇旋转具有危险性，容易对跳绳的人造成伤害。你们要更换方案或者修改成安全的方案，例如采用纯机械的杠杆增力方式，仍然用人来摇动绳子，这样比较安全。

（教师对各组方案进行点评。）

学生：鞋套用的是和雨衣一样的塑料布。

教师：塑料布在户外走路很容易磨破，那样的话整件雨衣都不能用了，怎么办呢？

学生：那我们还是用普通雨靴，然后把裤腿处的雨衣用防水胶带粘到雨靴上。

教师：这样可以。

第 1 课时第 7 阶段

师生互动

教师：请各组讨论并提交所需材料列表，老师会在下节课前给大家准备好材料。

学生：我们组需要连体雨衣、雨靴、橡胶手套、防水胶带、剪刀。

第 2—4 课时

师生互动

教师：接下来的三节课，大家要完成本组设计的方案。老师会巡视帮助你们。

（教师对学生实际制作进行指导。）

教师：你们把雨衣的裤腿粘到雨靴上的时候，是把裤腿粘到雨靴里面还是雨靴外面？你们需要考虑，如果雨很大，怎样能防止水进入鞋里？

学生：应该把裤腿粘到雨靴外面，这样就不会进水了。

第5课时第1阶段

师生互动

学生：为了解决雨衣不能遮挡手部和鞋的问题，我们把雨衣、手套和雨靴做成一体式的，雨衣、手套和雨靴都用防水胶带粘好，可以全方位挡雨。我们试穿了一次，发现这件一体式雨衣有一个缺点，就是穿上后感觉闷热。

第5课时第2阶段

师生互动

教师：因为手和脚散热大，这样就不透气了，对不对？这就是教材上所说解决了一个问题，可能带来新的问题。但发明创造多数都是如此，科学技术就是在这样不断反复、不断改进的过程中进步的。

（教师帮助没有完成方案的组分析原因。）

学生：我们组没有制作成功。

教师：分析一下没成功的原因，是原理上有问题，还是制作过程中出现的困难造成的？

（教师启发学生对未来改进的设想。）无论是完成了制作的组，还是没有完成的，同学们对本组的方案有没有进一步改进的设想？

学生：我们组的雨衣可以改进成那种既透气又隔水的纳米材料，穿上去就不会觉得闷热了。

课堂小结

创新就是用心观察身边的生活，发现其中存在的问题，开动脑筋，通过模仿、移植、逆向思维、组合等创新方法，闪烁思维的火花，就能想出解决的方案，并完成自己独一无二的发明。

第四节 限定条件式创新

【教学目标】

1. 鼓励学生从创新意识思维转化成动手实践，激发学生创造实践意识。

2. 鼓励团队合作、交流沟通，在动手实践中激发学生多思考、多创新。

3. 在有限的实验材料中，培养学生观察、选择和试验的能力，培养克服困难、不断创新的能力。

【教学重点和难点】

教学重点

1. 让学生通过有限的实验材料解决问题，达到实验的目的。

2. 鼓励学生通过观察、思考，写下或者画出自己的创新想法。

3. 通过观察、思考、记录，鼓励学生亲自动手，并进行团队合作，最终完成实验。

教学难点

1. 从想法到实践的转换过程。

2. 克服实验中的困难，最终完成实验，感受创新的成就感和喜悦感。

【课时安排】

建议3课时。

【知识要点】

有限条件下的创新。

【教学过程】

一、教学大纲

第X课时	教学内容	教学准备	教师活动	学生活动	课时目标
第1课时	了解机械、运动和工具的相关知识和关系	讲解机械、运动以及工具的相关知识和"看看谁敲出的硬币更多""橙往高处走""球往高处滚"三个实验的实验要求	指导学生进行实验，辅助和解答三个实验过程中出现的问题	进行观察和完成实验记录，亲自实践完成实验，或进行组队共同完成三个实验	使学生明白机械与运动以及工具的知识，并了解相互的关系和作用。促进学生从动脑转化为动手，鼓励学生亲自完成实验
第2课时	了解结构、力和能量的相关知识和关系	讲解结构、力学以及能量的相关知识和"看看谁落得更快""椅子桥""能过小车的纸桥"三个实验的实验要求	指导学生进行实验，辅助和解答三个实验过程中出现的问题	进行观察和完成实验记录，亲自实践完成实验，或进行组队共同完成三个实验	使学生明白结构与力以及能量的知识，并了解相互的关系和作用。促进学生从动脑转化为动手，鼓励学生亲自完成实验
第3课时	了解物质、能源、环境的相关知识和关系	讲解物质、能源、环境的相关知识和"看看谁的韧性高"、"软弱变坚强"、"重物悬挂"以及"承重圆盘"四个实验的实验要求	指导学生进行实验，辅助和解答四个实验过程中出现的问题	进行观察和完成实验记录，亲自实践完成实验，或进行组队共同完成四个实验	使学生明白物质、能源、环境的知识，并了解相互的关系和作用。促进学生从动脑转化为动手，鼓励学生亲自完成实验

二、具体教学过程

第1课时

教师讲解

同学们，我们都知道物体相对于另一个物体位置的变化的过程叫作机械运动，比如直线运动、曲线运动、匀速运动、加速运动等。

师生互动

请同学们来举例说一说我们周围的物体哪些是在做机械运动？（对于学生回答中所举的机械运动的实例，教师要明确指出哪个物体相对于哪个物体有位置的改变。）

教师讲解

大家有没有想过，这些运动受哪些因素影响，受物体自身影响有多大，受外界影响有多大？我们今天一起来玩一个游戏，叫作"看看谁敲出的硬币更多"，我们看一下教材中"机械、运动和工具"这一部分内容。

教师讲解

教师：准备好10枚1元硬币，一把钢尺，把硬币整齐地摞起来，放在水平光滑的桌面上，用钢尺从底部水平地敲击出最底部的那枚硬币，看最多能敲出多少枚硬币，同时还能保持整摞硬币不倒。想一想敲出硬币的多少和什么有关呢？说一说为什么呢？

请同学们完成实验，并把实验结果记录在教材上。

教师讲解

请同学们举手说一说自己记录的结果，看看能不能说出为什么会产生这样的结果。钢尺敲击时硬币不倒的关键在于惯性。惯性指的是牛顿第一定律中描述的，物体具有保持静止状态或匀速直线运动状态的性质。因此在钢尺快速敲击底部硬币时，上部硬币仍试图保持原先的静止状态。底部的硬币与其上面的硬币之间存在摩擦力，本来可以凭借摩擦力"抓住"上面的硬币一起走，但因为快速敲击，时间极短，底部硬币飞出去，摩擦力瞬间消失了，于是上面的整摞硬币稳稳落下。

课堂小结

通过大家的发言，我们了解到硬币的数量和钢尺的敲击速度，会影响到最底部硬币是否能被敲出。我们接下来再做一个实验，更直观地观察一下机械运动。

师生互动

刚才我们体验了惯性，接下来我们进一步体验一下惯性的神奇。我们先把整颗橙子横着切为两半，用筷子插入其中一块橙子中，下端露出一点儿，请大家思考一下如何在不触碰橙子的情况下使橙子向筷子上端运动呢？

教师讲解

用一把锤子，快速多次敲击筷子上端。每次敲击，筷子都会克服与橙子之间的摩擦力而运动，橙子由于惯性的作用，保持静止，于是橙子与筷子之间就发生了相对移动，产生了橙子向上爬的效果。通过刚才的两个小实验，我们已经对机械运动有了初步的了解，下面我们再做一个有趣的实验来进一步了解机械运动。

我们在生活中经常遇到斜坡。我们都知道上坡费力，下坡省力。坡上放一个球，一定会往坡下滚吗？带着这个问题，我们来进行下面的实验。

将两根小木条并列摆放，彼此之间隔开一定的距离，然后，将两支铅笔并排架在两根小木条上。将玻璃球放在铅笔上，观察玻璃球的运动情况。我们可以看到玻璃球处于静止状态。在其中一根小木条底部再垫一枚硬币，并将铅笔并排架在两端的小木条上，形成一个斜坡。将玻璃球放在斜坡顶部并松开手，再观察玻璃球的运动情况。我们可以看到玻璃球从斜坡顶部向斜坡底部滚落。

那么同学们，开动脑筋想一想，有什么办法可以使玻璃球从斜坡下往斜坡上滚呢？

学生讨论

略。

师生互动

教师：将靠近斜坡顶端的铅笔缓慢分开一定的角度，观察玻璃球此时的运动情况。同学们是不是发现玻璃球出现了从斜坡下往斜坡上滚的现象，这是为什么呢？

学生：略。

教师讲解

通过上面的实验，我们可以发现，如果铅笔处于水平状态，玻璃球可以静止在铅笔上。

如果将铅笔的一端垫高形成一个斜坡，玻璃球将从斜坡较高的一端向较低一端滚落下来。这是由于斜坡不能平衡玻璃球的重力，玻璃球在重力的作用下向坡下滚动。

但是，当我们把较高一端的铅笔彼此逐渐分开一定的角度，原本处于斜坡底端的玻璃球会逐渐向斜坡顶端方向滚动起来。这是由于玻璃球的重心位于球体的中心，当铅笔紧挨着并排摆放时，玻璃球的重心位置与铅笔的相对距离始终保持一致，因此当铅笔处于水平状态时，玻璃球可以保持静止；当铅笔有一定坡度时，玻璃球会从坡顶往坡底滚落；当把铅笔分开一定角度后，随着角度增大，玻璃球在铅笔轨道上下陷的程度也越大，即重心下沉的幅度加大。由于玻璃球直径较大，即便在坡底时，其重心位置也高于处于坡顶时的重心位置，因此就出现了球往高处滚的现象。

课堂小结

通过"敲击硬币"和"橙子往筷子高处运动"的实验，同学们体会了惯性在运动中所起的作用。通过"斜坡实验"，同学们体会了正常和反常的现象中蕴含的科学原理。老师建议同学们对三个实验都做出总结。

第 2 课时

教师讲解

同学们，我们都知道物体的结构，比如平面的形状有三角形、圆形、正方形等，立体的形状有柱体、锥体、球体等，还有一些不规则的形状。

师生互动

教师：请同学们来说一说见过的物体形状、结构。

教师讲解

这些形状、结构对物体本身的影响有哪些？我们今天一起来玩一个游戏，叫作"看看谁落得更快"，我们看一下教科书中"结构、力和能量"这一部分内容。

准备好三张相同的白纸，一张纸揉成团，一张纸对折两次变小，一张纸不做任何变化。在相同高度，让它们同时自然落下。想一想哪张纸会落得最快呢？说一说为什么。

（学生进行实验，并把实验结果记录在教材上。）

请同学们举手说一说自己记录的结果，同时试着说一下为什么会产生这样的结果。

通过大家的发言，我们了解到，一模一样的纸，经过形状、结构的改变，会影响下落的速度。接下来，我们再做一个实验，更直观地看看结构和力的相互作用。

课堂问答

教师：大家一定都见过桥，请同学们想一想、说一说桥都有哪些组成部分。

学生：桥跨、桥墩、桥台等。

教师：接下来，我们一起做一个实验，叫作"椅子桥"。大家要各自组队，看看哪一队的同学做的桥最坚固。

首先我们先分一下组（可以自由组队，也可以由老师分配组队，最少两人一队）。

大家已经把队伍组好了，现在我们准备两把椅子、线和纸板进行桥的搭建。大家可以先讨论一下怎么搭桥，然后把设计想法写在或者画在教材上。看看哪组同学搭建的椅子桥最坚固。请同学们开始组队实验，并把实验结果记录在教材上。在每组学生完成实验后，由老师把书放在桥的纸板上，对桥的坚固性进行测定。能承重书本数量的桥，为最坚固的椅子桥。

教师：请被评为最坚固的椅子桥的小组选派一名代表，说一说设计椅子桥的思路和想法，特别是能让桥更坚固的方法。

学生：线的弹性、椅子的固定、纸板和线的固定，以及椅子和线的固定都对桥的稳定性产生作用和影响。

教师：我们刚刚做了一个可以放静态物品的桥。通过制作这个桥，我们了解了桥的结构。下面我们提高一下难度，来制作一座可以通行动态的玩具车的桥。

请大家把准备的纸、纸盒、胶水、胶带和线都拿出来，你准备怎么用这些东西做一座能通过一辆动态的玩具车的纸桥呢？请把你的想法写在或者画在教材上。

（学生进行初步设计。）

教师：大家可以自行组队或者独立做一个纸桥。做完后，老师会在桥上放一辆向前行驶的玩具车，并在玩具车上放硬币，承载硬币最多的玩具车顺利通行的纸桥最稳固。

（同学们进行实验，并把实验结果记录在教材上。在学生完成实验后，由老师根据玩具车上的硬币数，评定谁的桥最坚固。）

课堂小结

通过两个椅子桥的搭建实验，让学生体会静态和动态，以及不同材料的选择产生的不同，建议让同学们对两个实验都做一下总结。比如，还可以如何改进桥梁，使桥梁更加坚固。

第3课时

师生互动

教师：同学们知道用什么来描述物质的物理性质吗？比如，硬度、韧性、在水中的沉浮力等，都可以用来描述物质的物理性质。我们选取其中一种可以描述物质物理性质的量——韧性。大家知道什么是韧性吗？

教师讲解

韧性是指物体在受力形变之后，不易折断的性质。我们今天通过一个小实验"看看谁的韧性高"，一起来了解一下韧性对物体本身有哪些影响。我们看一下教科书中"物质、能源、环境"这一部分内容。

师生互动

教师：准备木条、金属条、塑料条，一端用手压住，另一端伸出桌子，挂上相同重量的重物，观察它们的前端，哪一种材料弯曲的程度最大。

（同学们进行实验，并把实验结果记录在教材上。）

课堂问答

请同学们举手说一说自己记录的结果，试着说一下为什么会产生这样的结果。

由于物体韧性不同，因此塑料条的弯曲程度最大，其次是金属条，弯曲程度最小的是木条。大家可以把几种材料组合在一起尝试制作新的物体，试试它们的韧性如何。

师生互动

教师：通过大家的发言，我们了解到不同的物质具有不同的韧性。因为韧性的不同，当物体受到一定力的作用时，它们所发生的形变也不同。接下来我们通过一个拓展实验，了解一下什么是"刚性"，刚性和物体的形状结构有什么关系。

用手捏住纸条的一端，纸条另一端是否会下垂？把纸条折成V形或L形，它能够挺直腰板吗？请同学们仔细记录实验结果。

（常规形状的纸条另一端会垂下去，连自己本身的重量都无法支撑，V形或L形的纸条另一端不会下垂。）

教师讲解

通过拓展实验，同学们有没有进一步体会到物体的"韧性"以及"刚性"？同时，物体的形状还影响着它能承受的外力，这是一条重要的力学原理。这个原理同样适用于钢铁，比如，工地上的塔式起重机、油田上的钻探井架、工厂的屋架……它们上面的钢材是V形或L形的。接下来我们利用物体的韧性继续进行一些有趣的实验。

师生互动

教师：大家一定对重物悬挂不陌生，我们生活中常见的重物悬挂有用钩状物进行重物悬挂，用条状物进行重物悬挂，你还见过什么形式的重物悬挂？请同学们说一说。

学生：略。（教师对学生的答案进行针对性的引导和交流。）

教师：接下来，我们一起做一个实验，叫作"重物悬挂"。首先大家要各自组队，看看哪一队同学制作的支撑物能够悬挂最多的重物。（可以自由组队，也可以由老师分配组队，最少两人一队。）

大家已经把队伍组好了。实验的相关材料有木头、塑料、不锈钢、纸、重物。大家可以自由设计，把设计想法写在或者画在教材上。最后看一看，哪组同学选择的材料或者使用的搭接方式可以承载的重物最多。

学生：略。（进行实验，并把实验结果记录在教材上。）

教师：（在每组学生完成实验后，教师将重物悬挂在支撑物上。能悬挂最多重物的小组的支撑物，被评为最坚固的重物支撑物。）请获胜的小组选派一名同学作为代表，说一下设计支撑物的思路和想法，特别是如何利用物体的相关物理性质进行设计。

学生：略。

教师：通过刚才的实验，我们看到了物体的韧性以及物体之间的搭接方式都可以对物体是否能够支撑更多的重物起到作用和影响。下面我们提高难度，制作一个称重圆盘，让它能够托举更多的重物。请大家把准备的木头、塑料、不锈钢、纸、儿童安全乳胶都拿出来，你准备怎么用这些东西做称重圆盘呢？请把你的想法写在或者画在教材上。

学生：略。（学生进行初步设计。）

教师：大家可以自行组队或者自己做一个圆盘。做完后，老师会在圆盘上放置重物，看看谁的圆盘承载的重量最多。

学生：略。（同学们进行实验，并把实验结果记录在教材上。）

课堂小结

通过两个了解物体韧性的小实验，以及两个搭建重物悬挂和重物承载的实验，同学们体会到物体的韧性以及物体之间的搭接方式对物体承重效果的影响。建议同学们及时对实验做总结，从而能够将今天所学到的知识运用到今后的发明创造中去。

第五节　限定问题式创新

【教学目标】
1. 以动手实践为主，鼓励学生探索将创新思维转变为产品的可能性。
2. 鼓励学生加强团队合作，促进创新思维的碰撞。
3. 在特定需要解决的技术问题方面，培养学生解决问题的能力。

【教学重点和难点】
教学重点
让学生动手实践，并在解决问题的过程中完成创新。
教学难点
由教师提出需要解决的技术问题，或由学生自己提出需要解决的技术问题，学生组队提出解决方案，并通过动手实践达成创新方案。

【课时安排】
共4课时。

【知识要点】
在特定需要解决的技术问题下，通过动手实现学生创新思维的落地。

【教学过程】

一、教学大纲

第X课时 第X阶段	教学内容	教学准备	教师活动	学生活动	阶段目标
第1课时 第1阶段	充分了解摩擦力的相关知识；了解科学原理；物体接触并有相对运动的趋势就会有摩擦力	搜集生活中有关摩擦力的常见案例；了解摩擦力的基础概念；准备薄厚不一的书籍、绳子等教具	介绍摩擦力的基本概念；组织学生以组为单位找到薄厚不一的书籍，通过自由交叠和书页两两交叠两种方式，观察摩擦力的产生；设计"小小拔河比赛"，在交叠好的两书书脊处穿接绳子，通过"小小拔河比赛"的方式测试哪种交叠形式产生的摩擦力更大	以小组为单位进行摩擦力实验；对两本薄厚不一的书籍进行简单交叠、隔页交叠（学生只需了解书本间交叠次数越多，就越难以分开即可）	使学生了解摩擦力的基本概念；了解如何增强或减小摩擦力；通过"拉不开的书"实验进一步理解摩擦力的威力
第1课时 第2阶段	了解液面相平的相关知识；了解不同密度的水无法通过连通器实现液面相平	准备若干日常生活中可获取的塑料容器及吸管等教具，便于学生制作自己的连通器	讲解连通器的使用方法；使用日常生活中的材料制作连通器；对不同粗细的容器是否影响连通效果进行观察；对倒入不同溶液的连通速度、效果以及液位是否相平进行观察；对在液面相平基础上倒入另一种液体是否能实现液面相平进行观察；在自制连通器内倒入自来水，当液面相平后倒入食用油，观察是否能够实现液面相平；如不能，思考并实验倒入何种液体可进一步实现液面相平；指导学生进行实验，辅助和解答上述实验过程中出现的问题	了解什么是连通器；以小组为单位展开实践，对不同液体倒入连通器实现液面相平的实验进行观察和记录	使学生理解液面相平的基本原理；鼓励学生亲自实践，锻炼学生的动手能力及科学想象的能力；考查学生对实验的记录能力
第2课时	让学生了解不同的过滤材料及组合方式能显著改变过滤效果；以小组为单位让学生自行选取各类型过滤材料，尽可能发现过滤效果好的材料组合；分析并做好实验记录	准备日常生活中常见的过滤材料（如口罩、石子、碎石、细沙、树叶、树枝、棉花、纸巾、棉布、木炭等)作为教具	抛出问题"怎样利用身边的物品制作过滤装置"，对学生进行提问；组织学生以小组为单位进行实验；通过学生记录，对不同材质、不同组合的过滤材料实现的过滤效果进行比较分析	以小组为单位进行实验，适当选取3到5种常见过滤材料；了解何种材料对污水具有过滤作用；做好实验记录	使学生理解过滤的基本原理；了解不同材质、不同组合的过滤材料过滤效果不同；鼓励学生亲自实践，锻炼动手能力及科学想象的能力；考查学生对实验的记录能力

(续表)

第X课时 第X阶段	教学内容	教学准备	教师活动	学生活动	阶段目标
第3课时	了解水、重力及压强的相关知识，并了解相互的关系和作用	搜集资料；明确以下五个实验的实验要求：1.看看哪种方式倒水快？2.看看是什么影响倒水的速度？3.使用哪些辅助工具能加快倒水的速度？4.如何让曲别针会轻功？5.如何让更多曲别针会轻功？	指导学生进行实验；辅助和解答五个实验过程中出现的问题	亲自实践，以组为单位完成五个实验；在实验中认真观察，完成实验记录	使学生理解水、重力及压强的相关知识，并了解相互的关系和作用；鼓励学生亲自实践，锻炼动手能力及科学想象的能力；考查学生对实验的记录能力
第4课时	了解物体运动与冲力的相关知识，并了解相互的关系和作用	搜集资料；明确以下两个实验的实验要求：1.哪种蛋最硬？2.鸡蛋如何平安降落？	指导学生进行实验；辅助和解答两个实验过程中出现的问题	亲自实践，以组为单位完成两个实验；在实验中认真观察，完成实验记录	使学生理解物体运动与重力的知识，并了解相互的关系和作用；鼓励学生亲自实践，锻炼动手能力及科学想象的能力；考查学生对实验的记录能力

二、具体教学过程

第1课时第1阶段

教师讲解

同学们，你们知道什么是摩擦力吗？不知道大家是否留意过，在我们的鞋底以及汽车的轮胎上有着各种各样的纹路，这些纹路有什么作用呢？

这些纹路起到的是增强摩擦力的作用。鞋底上的纹路可以防止我们在运动中滑倒，轮胎上的纹路可以提高汽车的制动能力。

师生互动

请同学们说一说你所见过的有助于提高摩擦力的例子。

那么，我们再思考一下，摩擦力除了能够提高，还可以减少吗？比如在冬奥会的赛场上，工作人员为什么要把速滑场地的冰面弄得更光滑呢？这是为了增加摩擦力还是减少摩擦力呢？

也请同学们说一说减少摩擦力的例子吧。

教师讲解

摩擦力在生活中无处不在。下面我们来进行一个简单的实验：请大家先分组，每组2—4人，分别准备两本较薄的书、两本较厚的书以及两根细绳。我们可以先用两本较薄的书做个实验：大家尝试着使用简单对叠或隔页对叠的方式分别体验一下，看两本书在对叠之后是否容易拉开。

下面我们再尝试用两本较厚的书，先在书脊处穿接绳子，然后通过隔页对叠的方式将两本书连接在一起。

好了，下面我们分成两组开始"拔河"，看看能否把两本书分开呢？请同学们开始实验，并把实验结果记录在教材上。（建议用时10分钟。）

师生互动

请同学们举手说一说自己记录的结果，能不能解释一下为什么会产生这样的结果？

（因为每个学生实验条件不同，所以没有标准答案。教师重在引导和鼓励学生自由发言，学会观察、记录和分析实验。）

教师讲解

物体接触并有相对运动的趋势就会产生摩擦力。两张纸叠在一起会产生摩擦力，但不足以被察觉；随着纸张数目的增加，纸之间的摩擦力就越大，当超出我们的拉力时，我们就很难分开这两本书。

第1课时第2阶段

教师讲解

请同学们试想一下，如果有一个茶壶，壶嘴比壶身低（可在黑板上画出来），你能把壶身灌满水吗？

显然是不能的，还没等你灌满，水就从较低的壶嘴里流出来了。其实，茶壶就是一个连通器。我们把上端开口下端连通的容器叫作连通器，所有的连通器都能抽象成一个或者多个U形管。这个U形管有两个特点：一是上端开口，这是为了让液面和大气连通，形成自由液面；二是下端连通，保证各部分液体间能相互流动。

下面，我们可以利用2—3个塑料瓶和吸管来制作一个简易的连通器。我们先来分组，每组2—3名同学；分好小组后，请同学们在塑料瓶的不同处置用笔轻轻戳出孔来，然后将截取好的吸管插接在孔上；将这几个塑料瓶通过吸管连通，一个简易的连通器就制作好了。请同学们开始实验吧！

在实验过程中，我们还可以在液面稳定后倒入另一种不同的液体，例如油，看看倒入之后液面会发生什么变化。请同学们进行实验，并把实验结果记录在教材上。（建议用时10分钟。）

第2课时

师生互动

同学们，你知道家里喝的水是经过怎样的处理后才达到饮用标准的吗？请你仔细想一想，你家里有过滤水壶或过滤器之类的装置吗？爸爸妈妈在烧水之前，这些水是否经过了过滤呢？

果果和同学一起去野外爬山，爬到一半他们发现忘记带水了，碰巧路边有一条小溪，溪水有些混浊，他们能喝小溪里的水吗？如果你是果果，想要喝到更清澈的水，该怎样就地取材，制作一个小型的过滤装置呢？

教师讲解

口罩、大石子、小碎石、细沙、树叶、树枝、棉花、纸巾、棉布、木炭等都可以作为过滤材料，这些材料都是日常生活中随手可得的。我们先来分组，每组3—4个人，大家可以自由选择生活中常见的过滤材料，尝试制作一个小型过滤装置来过滤污水。首先，选取一个塑料瓶，在瓶盖上戳出一个小洞；接下来，从瓶身近二分之一处将瓶子截断，将上端连盖倒扣在下端之后，大家就可以用自己选好的过滤材料进行过滤实验啦。提示一下，不同的材料可能会因为摆放层叠结构的不同产生不同的实验效果。

请同学们进行实验，并把实验结果记录在教材上。（建议用时10分钟。）

师生互动

请同学们举手说一说自己记录的结果，并尝试分析一下为什么会产生这样的结果。

（因为每个学生的实验条件不同，所以没有标准答案。教师重在引导和鼓励学生自由发言，学会观察、记录和分析实验。）

课堂小结

不同材质、不同组合的过滤材料，实现的过滤效果不同。

摆放过滤材料的优选顺序为（从上至下）：大石子、碎石、树叶/树枝、沙子、木炭、棉布/棉花/纸巾，可按类别选取1—2种组成，根据优选顺序达到过滤效果。

第3课时

教师讲解

同学们都或多或少感受过水的力量，例如：利用水的浮力，船可以在水上漂浮，大家还知道哪些与水相关的力吗？

课堂问答

教师：请同学们说一说，你知道哪些与水相关的力？

学生：浮力、压力、重力等。

教师讲解

非常好，根据同学们的回答，我来总结一下：与水相关的力包括水受到的重力、空气压力，还包括水自身具有的浮力。那么，水自身的力对物体有什么作用力？由于受到不同的力，水或者物体会呈现什么样的状态呢？下面让我们首先进行两个小实验。（实验一，看看哪种方式倒水快；实验二，看看是什么影响倒水的速度。）

请同学们把实验结果记录在教材上。（建议用时10分钟。）

师生互动

请同学们举手说一说自己记录的结果。首先，对于实验一，你们有什么发现呢？

（因为每个学生的实验条件不同，所以没有标准答案。教师重在引导和鼓励学生自由发言，学会观察、记录和分析实验。）

教师讲解

通过大家的发言，我们了解到：无论是倾斜倒水还是垂直倒水，水的流速是一样的；但是如果旋转瓶身倒水，则会大大提高倒水的速度。这是因为旋转的水流引入了空气，瓶内水受到的压强减弱，在水受到的重力不变的情况下，流出速度自然变快了。

接下来我们再做第二个实验，了解一下水受到的重力、空气压力之间的关系。

请同学们把实验结果记录在教材上。（建议用时10分钟。）

教师讲解

我们再来看一下实验二，大家又发现了什么规律呢？

是的，口径较大的瓶子倒水速度更快。这也是因为大口径的瓶子更容易使空气进入瓶内，从而改变了瓶内水受到的压强差，在水受到重力不变的情况下，提高了水的流出速度。

课堂问答

教师：同学们，我们想一想，根据老师之前分析的提高倒水速度的原理，如果使用辅助工具，还有没有其他加快倒水的方式呢？

学生：比如利用吸管、筷子、漏斗、勺子等。

（因为每个学生的实验条件不同，所以没有标准答案。教师重在引导和鼓励学生自由发言，学会观察、记录和分析实验。）

教师讲解

同学们的想象力都很丰富，想到了多种辅助倒水的工具。这些辅助工具都能加快倒水速度吗？接下来我们再做第三个小实验，看看哪种辅助方式能让水倒得更快吧。（可以自由组队，也可以老师分配组队，最少两人一队。）

请同学们把实验结果记录在教材上。（建议用时10分钟。）

教师讲解

请同学们举手说一说自己记录的结果，比较一下不同辅助工具的倒水时间，哪种辅助方式能让瓶中的水倒得更快呢？

（因为每个学生的实验条件不同，所以没有标准答案。教师重在引导和鼓励学生自由发言，学会观察、记录和分析实验。）

教师小结

通过大家的回答，我们得到以下结论：无论使用哪种工具，只要能够在瓶内引入空气，都会提高倒水速度，而引入空气最多的辅助方式必然也是倒水最快的方式。相信知道了这个原理，同学们一定能找到更多、更有效的辅助倒水方式。

教师讲解

同学们都知道，把钢铁放入水中，一般情况下钢铁都会沉入水下，但是老师听说有一种叫曲别针的钢铁会功夫，可以水上漂。大家一起来想一想，你觉得用哪种放置方式可以使曲别针浮在水面上呢？

课堂问答

教师：请同学们说一说，你认为可能实现"水上漂"的方式。

（让学生充分发挥想象力，鼓励学生多思考，提出尽量多的方式。）

学生：比如使用卫生纸、磁铁等。

教师讲解

同学们提出了一些可能的方式，这些方式能使曲别针浮在水面上吗？我们接下来做第四个小实验，看看实际效果。（可以自由组队，也可以老师分配组队，最少两人一队。）

请同学们把实验结果记录在教材上。（建议用时10分钟。）

教师讲解

请同学们举手说一说自己的实验结果，哪些方法可以使曲别针浮在水面上呢？

（因为每个学生的实验条件不同，所以没有标准答案。教师重在引导和鼓励学生自由发言，学会观察、记录和分析实验。）

教师总结

通过实验，我们可以看到：曲别针是可以浮在水面上的，这是因为我们利用了水的表面张力。日常生活中我们经常可以看到，水龙头上挂着水滴而不掉落、小虫子在水面上行走跳跃而不下沉……都是利用了这一原理。

课堂问答

教师：我们知道了水的表面张力所产生的作用，接下来请大家再想一想，利用表面张力和一些辅助材料，能否使得更多的曲别针浮在水面上呢？

学生：比如使用木屑、洗洁精、面粉等。

教师讲解

同学们提出了一些可能的方式，其中哪些能让水上漂的曲别针最多呢？接下来我们做第五个小实验，看看实际的实验效果。（可以自由组队，也可以老师分配组队，最少两人一队。）

请同学们把实验结果记录在教材上。（建议用时10分钟。）

教师讲解

请同学们说一说自己的实验结果，哪些辅助材料可以使得更多的曲别针浮在水面上？使用哪种辅助材料能让水上漂的曲别针最多呢？

（因为每个学生的实验条件不同，所以没有标准答案。教师重在引导和鼓励学生自由发言，学会观察、记录和分析实验。）

教师小结

通过实验，我们可以得出结论：通过在水面添加辅助材料的方式，可以改变水的表面张力，使得液体表面漂浮更多的曲别针。瞧，你的曲别针也学会了水上漂的功夫。

第4课时

教师讲解

我们都知道，鸡蛋很"脆弱"，很容易破碎。你知道有哪些保护鸡蛋不被碰碎的方法吗？不同的鸡蛋，硬度也会有所不同吗？

课堂问答

教师：请同学们说一说你的保护方法。

同学：比如用包裹护住鸡蛋，起到减震的作用。

教师讲解

同学们提出了一些保护方式，那么效果如何呢？鸡蛋的软硬度和哪些因素有关呢？接下来，我们做一个实验，先来找一找最硬的蛋。（可以自由组队，也可以老师分配组队，最少两人一队。）

请同学们把实验结果记录在教材上。（建议用时10分钟。）

教师讲解

请同学们说一说自己的实验结果，哪些方法可以有效保护蛋呢？你发现的最硬的蛋又是什么呢？

（因为每个学生的实验条件不同，所以没有标准答案。教师重在引导和鼓励学生自由发言，学会观察、记录和分析实验。）

通过实验，我们发现不同的蛋由于体积不同、质量不同，硬度也会不同，采用相同的保护材料或保护方式，保护效果也不同。

课堂问答

教师：我们找到了最硬的鸡蛋，新问题又出现了，如何使得鸡蛋从高处落下不破碎呢？想一想，哪些方法可以辅助鸡蛋平安降落呢？

同学：比如采用沙子缓冲、布缓冲、鸡蛋包裹缓冲、坡面减震等。

教师讲解

同学们真是创意满满，大家提出了很多可能的方式，哪些方式更有效呢？我们接下来做第二个实验，看看实际效果吧。（可以自由组队，也可以老师分配组队，最少两人一队。）

请同学们把实验结果记录在教材上。（建议用时10分钟。）

教师讲解

请同学们说一说自己的实验结果，使用哪些辅助材料或者哪些落地方式可以更好地保护鸡蛋安全降落呢？

（因为每个学生的实验条件不同，所以没有标准答案。教师重在引导和鼓励学生自由发言，学会观察、记录和分析实验。）

通过实验，我们可以看到无论是利用材料提高鸡蛋外部的保护，还是设计减震缓冲效果好的落地方式，均能有效实现对于鸡蛋的保护，完成帮助鸡蛋安全降落的任务。

第六节　美感提升式创新

【教学目标】

1. 让学生了解外观设计造型的基本元素，并通过观察现有设计中造型元素的运用方式，掌握提升外观设计美感的基本造型方法。
2. 结合上一部分介绍的创新流程，引导学生运用造型元素进行简单的外观设计创作。

【教学重点和难点】

教学重点

让学生掌握一些基本的造型手法，知道如何丰富产品外观设计细节，提升外观设计美感。

教学难点

学生能够掌握并运用造型元素进行外观设计创作，在设计中融入自己对设计的构思。

【课时安排】

共3课时。

【知识要点】

了解点、线、面、体外观设计造型元素，及材质、色彩要素在外观设计中的运用方式，能够利用这些知识进行简单的设计创作。

【教学过程】

一、教学大纲

第X课时 第X阶段	教学内容	教学准备	教师活动	学生活动	阶段目标
第1课时 第1阶段	引入概念	搜集资料	对点、线、面、体造型元素概念进行讲解	对教师的提问进行互动回答	使学生理解基本造型元素的概念以及它们之间的关系

(续表)

第X课时第X阶段	教学内容	教学准备	教师活动	学生活动	阶段目标
第1课时第2阶段	介绍点、线、面、体基本造型元素在产品外观设计中的运用	搜集各造型元素的运用案例	结合案例对点、线、面、体造型元素在产品中的呈现形式、产生的效果进行分析	对教师的提问进行互动回答	使学生了解如何运用基本造型元素提升外观设计美感
第1课时第3阶段	介绍材质、色彩在产品外观设计中的运用	搜集相关设计案例	结合案例分析材质和色彩对于外观设计的影响	对教师的提问进行互动回答	使学生了解如何运用材质、色彩元素提升外观设计美感
第2课时第1阶段	讲解思维扩展练习	提供相关主题设计案例	结合设计案例讲解设计要素的运用	听讲	让学生体会设计元素的运用所产生的效果
第2课时第2阶段	创意绘制	搜集资料	组织学生分组讨论并开展主题设计创作	分组讨论,并进行主题设计创作	学生能够运用基本造型元素开展设计创作
第3课时第1阶段	创意分享	搜集资料	组织学生以小组形式对设计方案进行交流,互相提出建议并完善设计方案	通过小组讨论完善设计方案后,每组推选1—2个方案上台展示	使学生学会运用基本造型元素形成具有美感的设计创作
第3课时第2阶段	教师点评	搜集资料	对学生的创意设计进行点评和总结	结合老师点评,对自己的设计方案进行思考和完善	通过对学生作品的点评进一步开拓学生思维

二、具体教学过程

第1课时第1阶段

（一）引入概念

教师讲解

同学们，包豪斯学校在1919年创立于德国，是现代设计教育的策源地，对现代设计教育体系有着深远影响。（教师可以课前在网上搜集相关图片，课上向学生展示）它倡导"艺术与技术统一"的理念，这一实用而务实的教育理念激发了设计者的创意，产生了不少兼顾艺术美感及实用性的日用品设计。它的一大贡献是开创了现代设计类专业的基础课程，包括平面构成、立体构成和色彩构成在内的三大构成，教授学生运用三大构成的理论和方法制作出符合功能和审美的作品。

从本节开始，同学们所要学习的知识点也来源于这三大构成的内容。比如外观设计造型的基本元素都包括哪些？它们在外观设计中的作用分别是什么？如何在产品外观设计中掌握和运用这些基本形态要素，有效提升设计的美感。

第1课时第2阶段

（二）点、线、面、体案例运用

教师讲解

（结合案例，介绍点、线、面、体在产品造型中的表现形式和具有美感的造型方式。教师可结合以下背景资料对各部分进行分析或扩展。）

1. 点

产品外观设计中的点可以体现为孔、凸起、按键、旋钮等造型。通过变化点的形状、数量、大小、排列、疏密、虚实、凹凸、色彩，不仅可以丰富产品细节，还可以形成视觉引导作用。

同学们请看，下图中的音箱顶部采用了常规的圆孔，但是曲线排列形成了花朵效果，边缘还采用了虚实结合的设计，形成层次上的过渡，增加了美观性。同时，它的按键在弧形平面上也形成醒目的点状设计，起到了点睛的作用。

点可以有大小的变化，其形状并不一定是圆形，灵活运用可以使设计更加灵动。

随身音箱
（CN201730590098.5）

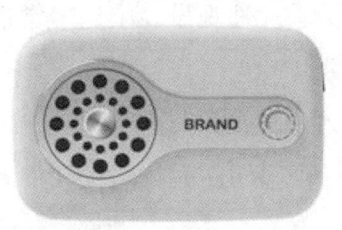
蓝牙音箱(D18)
（CN202130453776.X）

时钟蓝牙音箱（带人体感应G-60）
（CN202030651240.4）

2. 线

产品外观设计中的线可以体现为边缘、线槽、灯带、花纹等造型。直线、曲线、蛇形线、复合线条等不同形式线条的运用，可以在视觉上形成指向、连接、分割、延续、流动等效果。

（教师可以选择案例进行讲解。如以下示意：）

吊灯（旋转舞曲）	电脑机箱面板（G11-07）	太阳能蓝牙音箱（ES-T63）
（CN201430017666.9）	（CN201930277194.3）	（CN201730185099.1）

吊灯的灯罩运用不同自由曲率的曲线，造型更具动感。机箱面板左侧的长直线灯带添加粗细渐变，风格较为锐利，形成强烈的分割感。黑色音箱表面的复杂线条，强调了排布形式，形成装饰性较强的花纹。

3. 面

较点和线而言，面更具层次感，产品的形体就是由一个个面连接而成的。直面、规则曲面、自由曲面的灵活运用可以极大地丰富产品造型。直面造型容易塑造力量感和稳定感；曲面会比较亲切，更具有优美感；外观设计中还经常运用带有小圆角的平面，让面既有直面的简洁，又增加了柔和感。

另外，面还可以帮助产品实现显著的区域分割，有效地将产品功能进行分组。比如这台微波炉的前表面，一个平面和一个斜切面就将门板和控制区显著地区分开了。

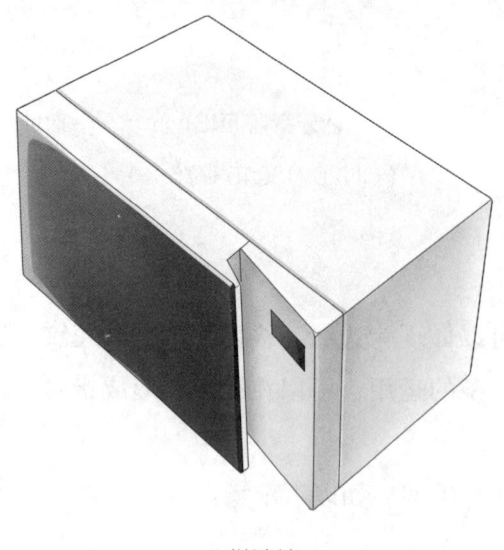

微波炉

4. 体

体是空间感的表现。从构成方式来说，体是点、线、面的合集，不能算一个基础要素；但是进行产品外观造型时往往需要由大及小，先从体入手，勾勒出整体形状特征，再逐步衍生细节，所以对体的把握在设计中也是非常重要的。

体的凹凸、轻重、虚实变化是常用的造型方法。比如下图中的月球灯，球体跟线条形支架就形成了体量上的对比；下图中的空气净化器，中空的结构带来整体虚实的变化，让造型变得轻盈、新颖。

月球灯

空气净化器（Jupiter）（CN202130006421.6）

点、线、面元素的运用并不是孤立的，点与线、点与面、线与面可以相互搭配、彼此融合，制造出更丰富、更具层次的视觉效果。比如，下图中的蓝牙音箱音孔部分结合了曲线轮廓和高低面的层次变化；拉杆箱表面线条的排布随折面发生变化；椅子由多根木条拼接成波浪形状，线中有面，面中有线，是线和面的完美结合，形成了坐感最舒适的弧度。

蓝牙音箱（BTS151）
（CN201930418853.0）

拉杆箱（斜条纹1）
（CN201830661487.7）

椅子（6）
（CN202130111660.8）

（教师在讲解过程中，可以先介绍一部分案例，再引导学生对其他案例进行分析。）

第1课时第3阶段

（三）材质、色彩案例运用

教师讲解

（介绍两个提升美感的其他要素——材质和色彩。）

1. 材质

材质的选择不仅仅是满足产品功能的需要，不同的表面质感还能形成迥异的视觉效果，并直接影响使用者的心理感受。同样是板材，金属板让人感觉冰冷、坚硬；玻璃板使人感觉通透、易碎；木板使人感觉温暖；塑料板使人感觉柔韧。而不同材质的混合搭配经常会带来令人惊喜的美感效果。比如：下图中冷水壶的设计采用了玻璃和金属的搭配，有一种冰冷的感觉；颈部的黄色硅胶材质既可以防滑，又可以让触感变得柔软、温暖，起到很好的平衡效果。下图中的音箱外壳设计采用了玻璃和塑料的搭配，可以看到音箱的内部结构，增加了科技感和时尚感。

冷水壶

透明发光音响（便携式AZ-16）（CN201930092462.4）

2. 色彩

由于色彩的直观瞩目性，产品的色彩往往比形体更容易吸引人的注意，能够直接影响人们对产品的感觉。产品的配色一般会控制在2—4种。简约配色、同类配色、对比配色是产品色彩搭配中经常使用的方式。

简约配色是指用一两种色彩简单搭配。同类配色是指用相近色系或相近明度搭配。对比配色是指用冷暖撞色搭配。下图中鞋子的三款配色采用了不同方式的搭配。左边的采用对比配色，中间的采用同色系配色，右边的采用灰度较高的纯色并用跳色点缀。它们呈现出不同的视觉感受，有的柔和，有的活泼。

鞋子（TXGBT001）（CN202130467650.8）

此外，包装或标识类产品的图案设计，设计的自由度比较高，对色彩的运用会更加丰富，需要结合图案的内容、形式选取合适的配色。比如下面的包装，图案采用了几何化图形，图案本身的形式感非常强，搭配强对比色，也不会显得杂乱无章。

包装盒（满堂彩）（CN202130641636.5）

另外，多种颜色运用要注意主次关系，才能使效果协调。

（教师在讲解过程中，可以先介绍一部分案例，再引导学生对其他案例进行分析。）

第2课时第1阶段

（四）讲解思维扩展练习

教师讲解

同学们平时经常喜欢穿运动鞋出门，这类鞋不仅要轻便舒适，外形上也要时尚美观。下面，我们就以运动鞋为设计对象，进行思维扩展练习。

请大家先来看下面的图例。下图左侧的运动鞋，针织表面采用了点状和线状花纹，冷暖撞色及侧面黄色区域的点状花纹让整体风格更具动感；右侧的鞋体表面有丰富的层次，边线采用对比色，更凸显了鞋的结构感，鞋底也采用了几何化线条设计，与鞋面的线条相呼应。

篮球鞋（ABAS007）（CN202130527916.3）

鞋（22）（CN202030336221.2）

第2课时第2阶段

（五）创意绘制

课堂练习

教师组织学生分组讨论，讨论后各自开展主题创作。教师可以在设计过程中对学生给予指导。

第3课时第1阶段

（六）创意分享

课堂练习

各小组对第2课时中完成的创作进行讨论并完善，推选出1—2个完成度较高的方案在班级中进行分享，介绍各造型元素在设计中的运用。

第3课时第2阶段

（七）教师点评

教师讲解

（学生分享完毕后，教师对设计方案进行点评，指出设计亮点和存在的问题，请学生在课后进一步完善设计方案。）

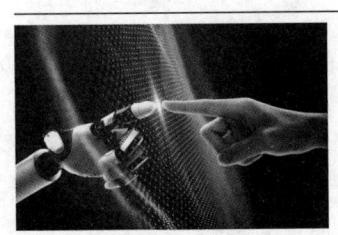

练习篇
LIAN XI PIAN

实践手册习题解析

认识创新

【教学目标】

让学生理解创新的概念,初步了解发明创造的基本概念和基本术语,激发学生对创新的兴趣。

【题目设置】

加深学生对课程的理解,辅导学生掌握课程重点内容。

【题目一】

说一说自己心中的四大发明,并说明为什么。

此题为开放性题目。目的在于引导学生从历史发展角度认识创新及其与时俱进的特性,说出自己认为的最大创新点。既能发现学生的关注点加以引导,又能开阔学生的思维广度。

【题目二】

猜一猜:图中的发明创造是什么?延续到今天已有哪些发展?未来的发展又会有哪些呢?

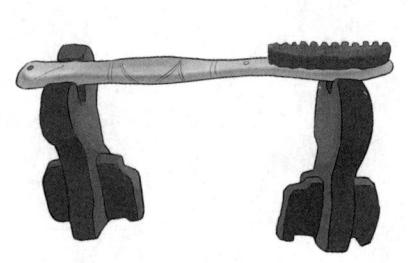

[1]（示意图）

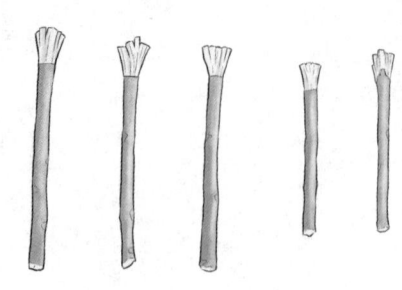

[2]（示意图）

猜一猜：这条谜语说的是什么发明创造——

小小扫帚，

人人该有，

白石缝里，

清除污垢。

此题为趣味性题目。通过图片和谜语的形式，让学生了解牙刷的发展变化。增加学生对创新的兴趣，引导学生充分认识到：创新的作用就是为了改变我们的生活，让生活越来越便利、越来越人性化。

【题目三】

课堂中，果果发现的身边的发明都有哪些？请试着回想一下吧！

此题为知识巩固性题目。通过学生回顾课堂中所讲的身边的发明，加深学生对身边发明的认识，充分体会发明创造就在生活当中。

【题目四】

说出自己身边最喜欢的一项发明。

此题为开放性题目。通过学生讲述自己身边最喜欢的一项发明，既了解学生对于之前课程内容理解的情况，又可以进一步聚焦每名学生的关注点，进而教师在此基础上可以有针对性地引导学生以自己的兴趣为出发点，集中思考探索，为之后的动手实验做铺垫。

【题目五】

你能找到左边这些动植物与右边物品之间的"秘密"联系吗？把你认为彼此间有联系的动植物和物品两两相连吧。

A	B
蜻蜓	雷达
蝴蝶	生物灯
长有锯齿的草	直升机
萤火虫	迷彩服
蝙蝠	钢锯

此题为知识趣味性题目。学生首先要能发现动植物身上所具有的特性，进而联想到生活中具有此种特性的物品。这是一种思维方式的培养，关于思维方式的具体讲解，将在后面篇章中介绍，这里只进行初步的练习。

【题目六】

写出自己身边发现的小问题,以及想到的解决办法。

此题为开放性训练题目。让学生养成学会观察,特别是对自己身边事物进行仔细观察的习惯;并且这种观察是以发现其中存在的问题为目的,进而针对这个问题进行思考,尝试找到解决方法。通过多次训练,有助于培养学生形成创新思维模式。

【题目七】

想一想,生活中还有哪些课上没有提到的发明创造。

此题为开放性题目。培养学生善于观察生活,勇于发现身边新鲜、迥异的事物,进而激发学生开动脑筋、迸发奇思异想的火花。

【题目八】

想一想,写出自己身边的小小发明家以及他们的作品。

此题为开放性题目。让学生进一步发现并认识到发明家并不神秘,他们就生活在我们身边,和我们一样是普通人。只不过他们更善于观察和思考,敢于动手尝试,我们要向他们学习。

【题目九】

有哪些小创意,请写(画)下来,思考可以申请什么类型的专利来保护。

创意	专利类型

此题为开放性题目。培养学生开动脑筋,积极思考,任何想法、构思、创意都可以表达、表现出来,不拘泥于形式;但是要对自己的想法、创意有个初步判断分类——属于外观设计、实用新型和发明当中的哪一个。由此将专利的类型与实际相关联,也让学生对于三种类型的概念和分类有更清晰的认知。

【题目十】

"靠自身产生高压,液压循环自行工作的发动机"能否获得专利授权,为什么?

此题为知识巩固性题目。相对来说这道题有一定的难度,因为题目里有很多专业术语,如:高压、液压循环、发动机,对于小学生来说听不懂;但是如果结合想让大家理解的专利概念来说，就要简单很多。这道题的重点是分析"发动机是否能获得专利授权"，对应本节所讲内容——专利的授权条件要符合实用性、新颖性和创造性来说，第一条先要看是否具有实用性，那么题目中的发动机是什么样子的呢？

"靠自身产生高压，液压循环自行工作的发动机"，我们知道，任何机械运动都需要有动力支持，否则就无法动起来。但题目中的发动机是靠自身产生高压——问题出来了，发动机本身就是一台钢铁制造的机器，在没有任何外力的作用下，怎么能自身产生出高压呢？这明显是无法实现的。所以这样的设计是不会获得专利授权的。

【题目十一】

在判断一项发明是否具备创造性时，需要判断是否做出了智慧的贡献，付出了创造性的劳动。结合学习的内容，你能总结一下具备和不具备创造性的几种情况和原因吗？

此题为知识巩固性题目。这是一道综合性强而且略有难度的题目，要求学生上课精力集中、积极动脑，而且对创造性概念理解非常清楚。教师在课程讲解时可以不断重复、强调知识要点，强化学生认知。

开拓性发明创造具有创造性，因为是一种全新的技术方案，具有开拓某个崭新领域的作用。改进性发明创造不一定具有创造性，如果只是物品之间简单的结构、功能叠加，彼此之间不能产生新的相互作用关系，则不具备创造性。反之，结构上做出改进、功能上彼此相互支持的组合型改进发明，在研制过程中，需要克服技术上的困难才能实现的转用型发明，以及需要对原有结构进行复杂改变以提高效率的发明等都具有创造性。

【题目十二】

人工智能能从三个方面帮助我们创新，通过老师的讲解，你知道是哪三个方面吗？此外，请学生举例说一说，有没有发现身边成功利用大数据或人工智能帮助我们创新的案例呢？

此题为开放性题目。首先是对课堂知识巩固性练习，写出人工智能对创新提供的三方面帮助，即记忆能力、运算能力和知识领域。

然后是一个开放性问题，举例说明身边成功利用大数据或人工智能帮助我们实现了创新。可以组织学生进行讨论交流，激发他们对此类知识的兴趣。

【题目十三】

我们如何能将1万条数据中的100条数据提取出来呢？

此题为知识巩固性题目。考查学生对于课堂所学内容的综合掌握情况。

首先，我们要选择符合要求的AI算法，然后通过云计算，在这1万条数据中提取出所需的100条数据。

【题目十四】

想一想,大家上课时使用的课桌有哪些不足,或者希望增加什么功能?能够通过什么途径来实现呢?

不足	增加功能	实现途径
不能升降		增加桌腿长度可调节设备
	使水杯中的水保温	桌面相应位置增加加热线圈和自动断电保护装置

此题为开放性题目。通过设定的"课桌存在不足或增加功能"这个问题,引导学生首先找出有哪些不足或想要增加的功能;然后对照不足或增加的功能想出对应的解决方法。这个过程其实就是培养学生积极思考的过程,教师既要引导学生放开思考,又要注意纠正学生不切实际的想法。题目中给出了两个例子,供学生参考,也是提供一种思路。

探索创新

【教学目标】
让学生学会如何去触摸创新,如何去感知创新,如何去找寻创新。

【题目设置】
加深学生对课程的理解,辅导学生掌握课程重点内容。

【题目一】
请根据课堂所学内容,将属于专利文献内容的连线。

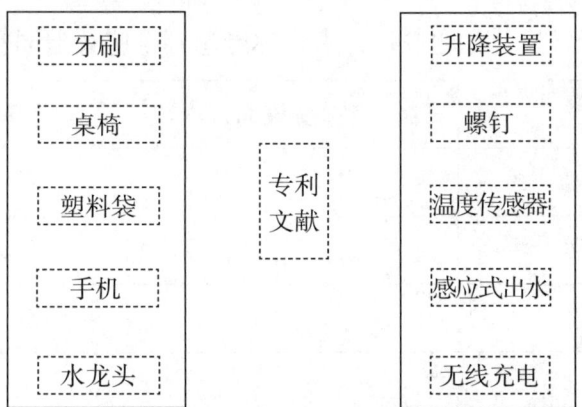

此题为知识巩固性题目,是对课堂学习内容的巩固记忆,同时此题也隐含一个知识内容。左右两侧物品虽然看起来不属于同类,但都属于专利文献这个范畴,而且在这个范畴内包含了大类(装置)和小类(牙刷),这也为后面讲到分类时做了铺垫。

【题目二】
A公司计划对他们生产的B产品进行技术改进,推出更新换代的新产品,请思考在技术研发过程中何时需要进行检索,作用是什么。

技术研发过程中的环节	进行检索的作用

此题为知识巩固性题目。以案例方式提出问题，由学生根据在课堂上所学到的知识，来解决案例中公司遇到的问题。

【题目三】

经过反复研发，A公司终于研发出C产品，准备推向市场，请问在这个过程中何时需要进行检索？作用是什么？

推向市场过程中的环节	进行检索的作用

此题为知识巩固性题目，是上一题目的延续性问题，同时也是一个创意产生后在付诸实践过程中要经历的环节，帮助学生熟悉这一过程。

【题目四】

针对"会飞的摩托"这一主题进行检索，你能想到哪些关键词？

扩展角度	基本关键词1	基本关键词2
同义词扩展		
近义词扩展		
反义词扩展		
上下位扩展		
其他表达		

此题为开放性题目。以"会飞的摩托"为例，要求学生首先根据课堂所学，将与此主题相关的关键词找出来，再对关键词进行检索。此题目的设置，主要是训练学生对于关键词的理解与查找。在题目中给出了四个查找方向，外加一个其他方向，提示学生关键词的查找不是无路可循，以此多做练习即可。其实对于此类关键词是可以找出多个的，但这里只需让学生先各想出两组即可。

【题目五】

请自己制定几个检索目标，分别选择不同的检索工具，并针对每个检索目标填写检索过程。

明确检索目标	选择检索工具	描述检索目标	获得检索结果

此题为开放性题目，通过该题目的练习，使学生对于检索的四个阶段有更为清晰、准确的把握。

【题目六】

请以购买"可调节的阅读架"产品为检索目的，填写检索的关键词。

> 描述角度及关键词：

【题目七】

请列出你的检索结果，将比较有趣、新奇的设计介绍给同学。（可以贴图）

> 购物网站上的检索结果：
>
> 国家知识产权局网站上的检索结果：

题目六和题目七是连续性题目，通过上述题目的练习，使学生对于检索过程的认识更为扎实，也更为完整地掌握检索过程。这种练习要让学生之间交流讨论，因为没有标准答案，灵活度更大，范围也更广，这样可以极大地激发学生的学习热情。

【题目八】

请检索一个你感兴趣的公司的中国专利文献，看看都是关于哪方面的内容。

此题为开放性题目,目的是训练学生进行中国专利文献检索,掌握检索方法,以便于在实操时能熟练使用检索工具,准确、快速检索到所需要的信息。

【题目九】

请从该公司的中国专利中挑出一篇,填写它的基本信息。

```
专利名称:
专利类型:
申请号:
申请日:
公布号/公告号:
公布日/公告日:
发明人:
申请人/专利权人:
分类号:
```

此题为开放性题目,是上一题的延续。目的是让学生掌握专利文献的关键信息点,以便从中挑选出符合自己要求的文献。信息点就是文献中产品的身份证,记载了它的有效日期、所属人等。

【题目十】

这个公司有没有申请其他国家的专利?涉及哪些国家?请选取一些填在下表中。

国外文献号	专利受保护的国别

此题为开放性题目,是上一题的延续,目的是进一步让学生知道,检索专利文献时需要了解哪些信息。这也是让学生更全面认知专利,回顾之前所学的专利知识。

【题目十一】

请检索与"文件收纳"相关的专利文献10篇,利用思维导图,对这些文献进行归纳梳理,和同学们进行交流。

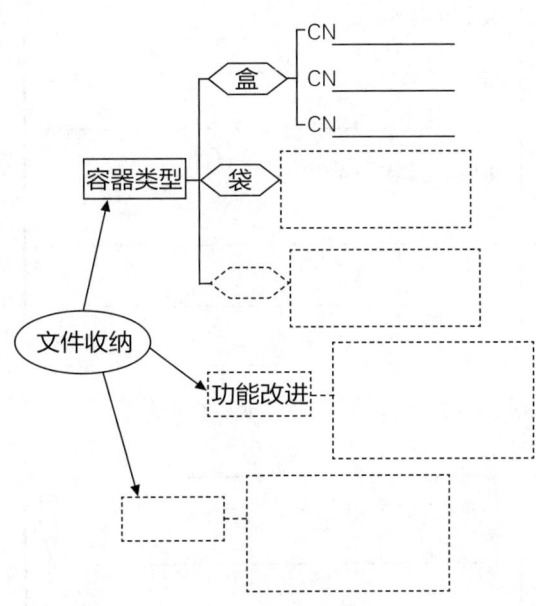

此题为开放性题目。目的一是让学生熟悉思维导图,并能够熟练使用;二是将检索到的知识与主题相关的专利文献进行梳理;三是学生之间进行交流讨论,发现问题并找到解决的方法。这种训练能够很好地培养学生的创新思维以及团队沟通能力。

【题目十二】

请检索与"文件收纳"相关的专利文献10篇,利用思维导图,对这些文献进行归纳梳理,和同学们进行交流。

1. 初步确定关键词

基本关键词(物品名称、技术问题、功能等):
_____
_____

扩展关键词:
(1)同义词、近义词、反义词、上下位等:
_____
_____

(2)通过收集信息发现的新关键词:
_____
_____

261

2. 确定分类号
3. 构建检索式

> 只采用关键词：
> _____
> _____
>
> 采用关键词和分类号：
> _____
> _____
> _____

4. 初步浏览文献，补充关键词或分类号，调整检索式

> 补充的关键词和分类号：
> _____
> _____
>
> 调整后的新检索式：
> _____
> _____

5. 阅读归纳文献，总结现有的解决方法
6. 了解现有的解决方法后，你能想到什么新点子

此题为综合开放性题目，通过这道题将本篇课程内容集中体现，学生在完成本题目时需要综合运用所学知识进行充分检索，最后才能形成对于一个创意较为成型的解决方案。

感受创新

【教学目标】

让学生真正理解什么是创新，在逐步实现自己的创意过程中，体会到创新的乐趣，激发学生对发明创造的兴趣。

【题目设置】

加深学生对课程的理解，辅导学生掌握课程重点内容。

【题目一】

请根据课堂所学内容，将下面的产品和其具体的改进方式连线。

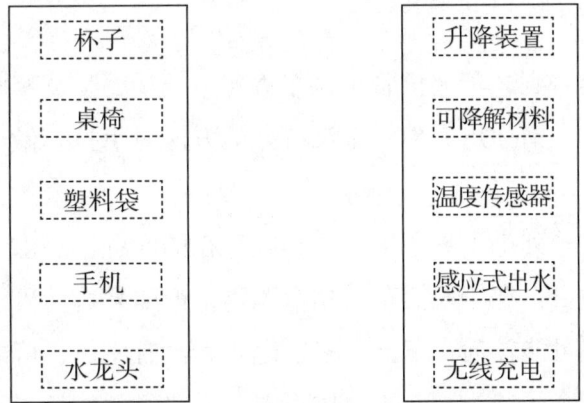

此题为概念理解性题目，考查的是学生的综合判断能力。它既要求学生掌握左侧物品的特性，这种特性既包括属性以及使用过程中的特殊性，又要求学生能够进行正确选择。

【题目二】

尝试从下表的角度分解"炒菜的圆铁锅"，在表格中记录分解出的要素。

分解角度	分解出的要素
材料特征	
形状特征	
功能特征	

【题目三】

根据"炒菜的圆铁锅"的分解要素表,进行要素变化,写出四种具有新创意的锅。

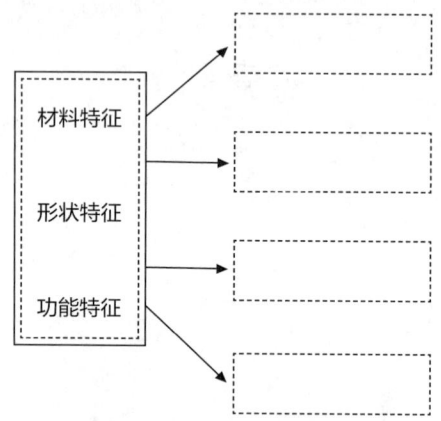

题目二和题目三均为开放性题目,是以"炒菜的圆铁锅"为例子,让学生根据课堂所学的分解思维方法,将锅分别从材料、形状和功能三个方面入手,进行分解思考,拆分出不同的要素,然后再将这些要素进行转变、替换,使之成为与之前完全不同、富有新意的锅。这种训练方法,能让学生熟悉分解思维的过程,拓宽思路。

【题目四】

我们在路上经常会看到老年人拉着手拉车去超市购物,早高峰时公交车上的座位难以满足车上老年人的需求,请你想一想,有没有好的方法对手拉车做出一些改进,试着把它写下来。

此题为开放性题目,列举了一个生活中实际存在的问题,要求学生根据这个问题,想想办法。首先要看懂题目:老年人拉车去超市购物,说明采购量可能较大,拎重物不便;坐公交车,说明超市有可能较远;车上人多,老年人没有座位,可能站不稳而且比较累。这些现象集中反映出一个问题——老年人体力差,需要经常休息。这个问题如何解决呢?题目中也给出了一个暗示,就是通过改进手拉车,使其既能拉重物又能坐着休息。学生可以围绕这个展开讨论,说出自己的创意,并详细描述改进的方法,这种改进方式就是组合思维法的产物。

【参考答案】

将手拉车的存储空间设计为可承重的空心筒状,将手拉车的滚轮装在筒侧面底部。这样当筒状体直立时可用作椅子,当筒状体倾斜时可用作手拉车。

【题目五】

大家都用过圆珠笔,笔珠在频繁使用过程中慢慢磨损,在写到2万字左右的时候,圆珠笔便开始漏油，请你试一试，用逆向思维法来解决圆珠笔的漏油问题。

此题为开放性题目，题目中明确要求学生使用逆向思维法解决圆珠笔漏油的问题，这是在检验学生是否真正理解逆向思维法，并能够正确运用。

【参考答案】

使用逆向思维法，不去解决笔珠的磨损问题。既然圆珠笔是在写到2万字时开始漏油的，那么如果控制圆珠笔的油墨量，使其所装的油墨量只能写到2万字以内，漏油的问题就得以解决了。

【题目六】

列举运用逆向思维的故事。

此题为开放性题目，目的是让学生充分认识什么是逆向思维。

【参考答案】

大禹治水（改堵水为疏导）、围魏救赵、草船借箭、孙膑智胜魏惠王、空调制热。

【题目七】

请根据课堂所学内容，将下面的灯与相对应的发散思维连线。

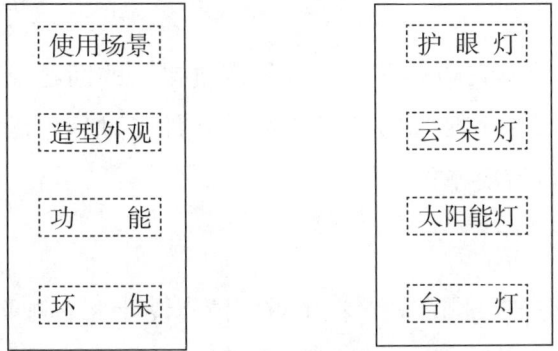

此题为概念巩固性题目，训练学生如何使用发散思维。

【参考答案】

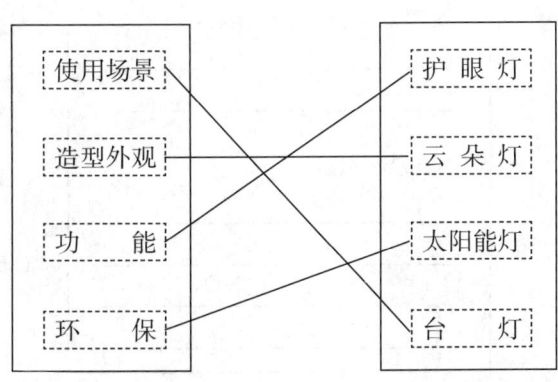

【题目八】

生活中还有哪些原理转用、方法转用、结构转用、材料转用、功能转用的例子？请各举两个。

此题为开放性题目，训练学生注意观察生活，区分什么是转用思维法，进而区分应用在不同类别上的转用思维法。

【参考答案】

原理转用举例	从萤火虫的光到人工冷光	从蝙蝠到超声波探测仪
结构转用举例	从蜘蛛网到渔网	从壁虎的脚掌到吸盘
材料转用举例	将纸转用到玻璃杯上，变成纸杯，防止摔碎	将陶瓷转用到刀具上，变成陶瓷刀，防止生锈

【题目九】

治疗咳嗽时可能会喝糖浆，但每一次摄入的糖浆量却很难度量，胶囊类药品就不存在此类问题。请你试一试，用转用思维法来解决液体类药品不方便定量摄入的问题。

此题为开放性题目，训练学生使用转用思维法。

【参考答案】

使用转用思维法，液体类药品存在不容易定量摄入的问题，而胶囊类药品则不存在这个问题，可以将胶囊转用到盛装液体类药品，在加工过程中做好密封，液体类药品难以定量摄入的问题就得以解决了。

【题目十】

"热空气"和"冷空气"哪个轻？哪个重？请你设计一个测重实验。

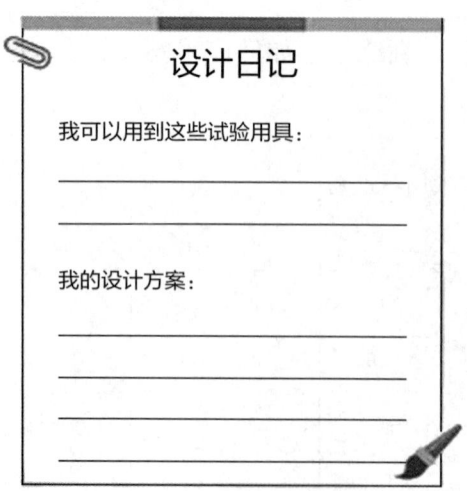

此题为开放性题目,训练学生进一步认知无限式创新法,通过设定一个问题,要求学生仔细思考,设计出方案,然后进行实验,测出冷热空气的轻重。目的是训练学生熟悉此类创新方法的模式,增强解决问题的能力与信心。

【参考答案】

将筷子平放,左右两端各放一只纸杯;点燃蜡烛,烤热其中一端纸杯内的空气,烤热的那只纸杯上翘,原本平衡的筷子出现倾斜。

【工作原理】

火焰烘烤使得纸杯里的空气变热,热空气比同体积的冷空气轻就会向上运动,从而带动纸杯往上升。

【思路拓展】

可以利用此原理尝试制作热气球。

【题目十一】

漆黑的夜晚,当你起夜的时候,怎么才能不摸黑?

```
我们需要解决的问题:
_____
实现方案(多个):
_____
_____
_____
_____
_____
小组分工:
_____
```

此题为开放性题目,同上题一样,训练学生进一步认知什么是无限式创新法,要求学生将想到的方法形成系统方案,然后动手实现这个方案。目的同样是锻炼学生熟悉这种创新方式。

【参考答案】

解决方案1:设置会发光的拖鞋,在拖鞋中装入感应装置,当穿上拖鞋后,拖鞋上的灯感应发光,照亮道路。

解决方案2：设置会发光的小夜灯，在床上设置感应开关，感应到起床动作后自动照明。

【思路拓展】

开动脑筋，看看还有什么更好的解决方案。

【题目十二】

把相同的三张纸用不同方法折叠，看看折叠后哪种纸下落更慢。制作一张记录表，把5次试验的结果记录下来，并将其中最慢落地那种纸的折叠方式画下来。

此题为开放性题目，训练学生熟悉限定条件式创新方法的思维模式，在题目中提出了限定条件——用不同的方法将相同的三张纸折叠在一起，实验纸下落的速度，至少要进行5次试验并记录下来。这种在有限的条件或范围下完成某项任务，对学生的能力要求比较高，需要反复训练。题目设置利用了不同形状物体在空气中受阻力不同这一原理，如果学生知道，就能想出下落最慢的折叠方式；如果学生不了解这个知识点，通过反复尝试也可以得出这一结论。这有助于拓宽学生的知识面，积累更多比赛经验。

【参考答案】

把纸折叠成飞机的形状，可以飞翔一段时间才会落下。

【题目十三】

1.不同材料可以制作出不同效果的花篮。试一试，使用纸杯、塑料杯剪裁出一盆吊兰，观察哪种材质的吊兰能够随风舞动。

2.选择不同材质的袋子，在袋中放入重物，并不断增加重物的质量。看看哪种材质的袋子能够承载最多质量的物体。

此题为开放性题目，训练学生熟悉限定条件式创新方法的思维模式，在题目中提出了限定性条件——用纸杯、塑料杯剪出吊兰或者用不同袋子承载重物。这两道题目的设置，实际是让学生感知不同物品具有不同的柔韧性。这是带领学生认识材料特性的一种方法，通过这一训练，使学生对物品材料由概念性认知转化到具体认知，有助于他们日后动手创作时能设计出更合理的方案，积累更多比赛经验。

【题目十四】

为什么两本较厚的书对插在一起很难分开？

此题为限定性题目，训练学生熟悉限定问题式创新方法的思维模式，在题目中提出一个现象——书页相互交叉在一起的书本很难被分开，要学生通过不断实验进行体会，思考其原理。这个简单的试验可以激发学生更多地观察生活，增强动手体验的乐趣，充分理解知识。

【参考答案】

物体接触并有相对运动的趋势就会产生摩擦力,两张纸叠在一起也会有摩擦力,但不足以使人察觉;随着纸张数目增加,纸张间摩擦力增大,并超出我们的拉力,所以两本交叠次数很多的书很难被分开。

【题目十五】

使用什么办法,能用小塑料杯将气球抓起来?

实验步骤:	具体内容:

此题为开放性题目。训练学生熟悉限定问题式创新方法的思维模式,在题目中提出限定性条件的问题——用塑料杯抓气球。平时,大家可以用手轻松地抓到气球,但本题目恰恰要求不能直接用手抓气球,那有什么办法能抓到气球呢?如何才能解决这一看似简单的问题?实际上这道题是检验学生对于热胀冷缩、静电等物理知识的掌握情况。这个实验可以激发学生探索问题的兴趣,从而不断尝试解决问题,这是一个探索创新的过程。

【参考答案】

1. 利用热胀冷缩原理抓气球:在杯子中倒入热水,15秒后倒出,然后把杯子倒扣在气球上,轻轻按压10秒钟,就可以抓起气球。

2. 利用静电抓气球:将杯口在头发或纤维类衣服上摩擦,从而抓起气球。

【题目十六】

在野外如何能喝到干净卫生的饮用水?

```
┌─────────────────────────────┐  ┌─────────────────────────────┐
│ 任务书 _____（名称）      │  │ 具体方案实施过程:            │
│   班级/任务组: _____   │  │  1. 材料准备: _____    │
│       成员: _____     │  │  2. 实施步骤:                │
│   任务目的:                  │  │    1) _____       │
│   _____       │  │    2) _____       │
│   任务期限:                  │  │    3) _____       │
│   _____       │  │                              │
│   任务实现方案:              │  │  3. 方案完成图:              │
│   _____       │  │                              │
│   _____       │  │  4. 方案说明:                │
│   任务分工:                  │  │                              │
│   _____       │  │                              │
└─────────────────────────────┘  └─────────────────────────────┘
```

此题为开放性题目，通过设计一个限定的（野外）场景，训练学生利用自己掌握的科学知识完成设定的任务。这也是限定问题式创新方法的思维模式训练，考查学生对不干净的水里所含物质的认识以及过滤知识的掌握和运用。此题目有一定的难度，要求学生在有限条件（野外）下完成任务，从而使学生解决问题的能力得到进一步的提升。

此题目的灵活度较高，教师可以根据具体的教学环境对学生进行指导。

【题目十七】

选择不同的减震材料，进行自由组合，制作出三种"复合减震器"。

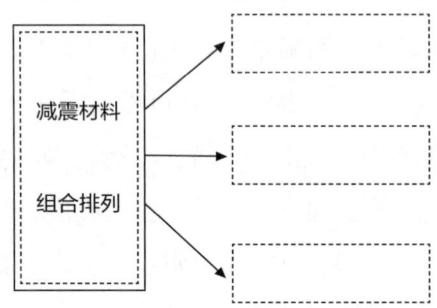

此题为开放性题目。训练学生熟悉限定问题式创新方法的思维模式，在题目中要求学生自己做出"复合减震器"，不限定所用的材料和方法。这是训练学生的想象力，从而打开思路，同时还要求学生具备一些基础物理化学知识，了解什么是减震材料，生活中都能找到哪些减震材料，然后要进行不同组合方式的实验，做出简易的复合减震器。

【参考答案】

1. 蜂窝纸箱内填充泡沫塑料。

2. 蜂窝纸箱内填充各种布料。

3. 泡沫塑料底部设置多个弹簧。

习 题 集

【教学目标】

使学生准确掌握本系列教材中的知识概念、术语。

【题目设置】

加深学生对课程的理解,帮助辅导员掌握课程重点内容。

选 择 题

1. 在电视上以做广告的方式公开的外观设计属于（　　）

A. 出版物公开

B. 使用公开

C. 其他方式公开

【答案】B

【解析】B也是现有技术公开的方式。

2. 一份对比文件公开了由组分(A+B+C)组成的组合物甲,能够破坏下面哪一项权利要求的新颖性（　　）

A. 由A+B组成的组合物乙

B. 含有A+B的组合物乙

C. 含有A+B的组合物乙,并指明不含C

【答案】B

3. 不丧失新颖性的宽限期为多长时间（　　）

A. 3个月

B. 6个月

C. 9个月

D. 12个月

【答案】B

4. 某公司研发了一种新产品，并计划2006年11月申请专利。但在2006年1月，公司的员工未经单位同意而私自将该产品在报纸上公开，泄露了企业的技术机密。以下说法正确的是（　　）

A. 公开的信息构成现有技术，专利申请不具备新颖性

B. 公开的信息不构成现有技术，专利申请具备新颖性

【答案】A

5. 1999年3月，研究员张某在一次中国政府认可的国际会议上发表了他最新的研究成果，张某于1999年5月提出了这项科研成果的发明专利。依照专利法，张某的专利申请（　　）

A. 视为1999年3月提出

B. 不丧失新颖性

C. 已丧失了新颖性

D. 应予驳回

【答案】B

6. 甲将其发明在1998年1月5日至1月10日由中国政府主办的国际展览会上展出后，在同年的7月2日向专利局提出专利申请，并请求专利局按照专利法24条的规定对待其申请；乙在1998年5月6日就其独立完成的相同发明向专利局提出专利申请；丙在1999年1月5日就相同发明也向专利局提出发明申请，并要求享有其1998年1月2日在美国先申请的优先权。假设甲、乙、丙三人的申请符合专利法规定的其他条件，那么谁将获得专利权（　　）

A. 甲将获得专利权

B. 乙将获得专利权

C. 丙将获得专利权

D. 甲、乙、丙三人都不能获得专利权

【答案】D

7. 某出版物标注的印刷日期是2003年2月，那么在专利审查中应如何认定该出版物的公开日(　　)

A. 无法认定其公开日

B. 2003年2月1日

C. 2003年2月28日

D. 2003年12月31日

【答案】C

8. 以下对于现有技术的判断中哪些是正确的(　　)

A. 现有技术以在申请国的实际申请日为界，申请日以前的技术属于现有技术，申请日当天公开的技术不属于现有技术

B. 现有技术以申请日为界，但是有优先权日的，以优先权日为界，申请日或优先权日当天公开的技术也属于现有技术

C. 现有技术以申请日为界，但是有优先权日的，以优先权日为界，申请日或优先权日当天公开的技术不属于现有技术

D. 现有技术以申请日为界，但是有优先权日的，以优先权日为界，申请日或优先权日当天公开的技术不属于现有技术，但在判断创造性时，视为现有技术

【答案】C

9. 下列申请，哪些可以作为抵触申请(　　)

A. 向美国专利商标局提出的申请

B. 向中国香港、澳门地区专利主管机构提出的申请

C. 进入中国国家阶段并做出中文公布的国际申请

D. 向中国台湾地区提出的申请

【答案】C

10. 一项发明具有创造性，其必然具有以下哪些特点（　　）

A. 具有预料不到的技术效果

B. 具有有益的技术效果

C. 不是偶然发现的

D. 相对于现有技术无负面效果

【答案】B

11. 以下关于发明具备创造性的含义的说明哪一项是正确的（　　）

A. 必须具有实质性特点

B. 必须具有预料不到的技术效果

C. 相对于现有技术的任何组合都必须是非显而易见的

D. 对本领域的技术专家来说也必须是非显而易见的

【答案】C

12. 下列哪些选项可作为检索要素（　　）

A. 申请人

B. 发明人

C. 关键词

D. 分类号

【答案】ABCD

13. 下列哪些因素是在确定基本检索要素中需要考虑的（　　）

A. 技术主题的名称

B. 体现发明基本构思的关键词

C. 体现发明基本构思的分类号

D. 说明书中关于技术主题的效果及作用

【答案】ABCD

14. 下列关于要素省略发明的说法哪些是正确的（　　）

A. 如果发明与现有技术相比，省去一项或多项要素后，该要素所带来的功能也相应消失，则该发明不具备创造性

B. 尽管发明与现有技术相比，省去一项或多项要素后，依然能保持原有功能，该发明也不具备创造性

C. 如果发明与现有技术相比，省去一项或多项要素后，能够带来预料不到的技术效

果，则该发明具备创造性

D. 如果一项方法发明与现有技术相比，该方法发明省去了一道工序后，依然保持原有的全部功能，且带来了预料不到的技术效果，则该发明具备创造性

【答案】ACD

15. 在判断发明的创造性时，下列说法哪些是正确的（ ）

A. 在进行判断一项发明是否具有创造性时，要考虑的主要因素是这项发明所带来的预料不到的技术效果

B. 如果发明是可以从现有技术中直接推导出来的，则该发明不具备创造性

C. 如果发明仅仅是从一些具有相同可能性的技术方案中选出一种，而选出的方案未能取得预料不到的技术效果，则该发明不具备创造性

D. 如果发明是在可能的、有限的范围内选择具体的尺寸、温度范围或者其他参数，则该发明不具备创造性

【答案】ABC

16. 在判断一项组合发明是否具有创造性时，通常需要考虑（ ）

A. 组合后的各技术特征在功能上是否彼此相互支持

B. 组合的难易程度

C. 现有技术中是否存在组合的启示

D. 组合后的技术效果

【答案】ABCD

17. 发明的类型包括（ ）

A. 选择发明

B. 开拓性发明

C. 组合发明

D. 转用发明

【答案】ABCD

18. 判断一项发明的创造性时需考虑的其他因素（ ）

A. 发明解决了人们一直渴望解决但始终未能获得成功的技术难题

B. 发明克服了技术偏见

C. 发明取得了预料不到的技术效果

D. 发明在商业上获得成功

【答案】ABCD

19. 检索是发明专利申请的实质性审查程序中的一个关键步骤，其目的是（　　）

A. 找出与申请的主题密切相关或相关的现有技术中的对比文件

B. 找出抵触申请文件和防止重复授权的文件

C. 确定申请的主题是否具备专利法第二十二条第二款和第三款规定的新颖性和创造性

D. 确定是否符合专利法第九条的规定

【答案】ABCD

20. 属于公开出版物的是（　　）

A. 互联网上公开的科技刊物

B. 影片的视听资料

C. 放在展台、橱窗内公众可以阅读的信息资料

D. 电影

【答案】AB

【解析】专利法意义上的出版物是指记载有技术或设计内容的独立存在的传播载体，并且应当标明或者有其他证据证明其公开发表或出版的时间。

21. 现有技术包括（　　）

A. 申请日（或者优先权日）之前负有保密义务的人违反规定、协议或默契泄露的秘密，导致技术内容公开，使公众能够得知的这些技术

B. 申请日（或者优先权日）当天公开的技术内容

C. 在申请日（或者优先权日）之前，公开使用已经在国外公开的技术

D. 在申请人（或者优先权日）之前，必须要对其内部结构和功能进行破坏的产品或者装置

E. 在申请日（或者优先权日）之前，已经在互联网或其他在线数据库存在的文件

【答案】ACDE

【解析】专利法意义上的现有技术是指，在申请日以前，公众能够得知的技术内容。

换句话说,现有技术应当在申请日以前处于能够为公众获得的状态,并包含了可以使公众从中得知实质性技术知识的内容。

22. 申请专利的发明创造在申请日之前的六个月内,在下列哪些情况下可以不丧失新颖性(　　)

A. 在中国政府主办的国际展览会上首次展出的

B. 在中国政府承认的国际展览会上首次展出的

C. 在规定的学术会议或者技术会议上首次发表的

D. 他人未经申请人同意而泄露其内容的

【答案】ABCD

23. 下列哪些属于专利法意义上的出版物(　　)

A. 科技杂志和科技书籍

B. 以互联网或其他在线数据库形式存在的文件

C. 确系在特定范围内发行并要求保密的出版物

D. 广告宣传册

【答案】ABD

24. 下列哪种情况属于使用公开的方式(　　)

A. 制造、使用、销售

B. 进口、交换

C. 未给出任何有关技术内容说明的产品展示

D. 放置在展台上、橱窗内公众可以阅读的信息资料

【答案】ABD

【解析】由于使用而导致技术方案的公开,或者导致技术方案处于公众可以得知的状态,这种公开方式称为使用公开。

25. 下列哪些内容可以用于判断发明或者实用新型的新颖性和创造性(　　)

A. 对比文件中无文字说明,仅仅是从附图中测量得出的尺寸及其关系

B. 从附图中直接地、毫无疑义地确定的技术特征

C. 明确记载在对比文件中的内容

D. 专利文献，但该专利文献的说明书不能支持其所要求保护的权利要求

【答案】BCD

26. 下述属于使用公开方式的是（　　）

A. 使公众能够得知其技术内容的制造

B. 使公众能够得知其技术内容的出版

C. 使公众能够得知其技术内容的销售

D. 使公众能够得知其技术内容的演示

E. 使公众能够得知其技术内容的进口

【答案】ACDE

27. 下述发生在某专利申请日之前的哪些事实会影响该专利的新颖性（　　）

A. 该专利产品在北京市的某商场出售过

B. 该专利产品在香港市场上销售过

C. 该专利产品在美国市场上销售过

D. 某公司曾从美国向北京进口过一批该专利产品

【答案】ABCD

28. 以下哪些属于专利法意义上的出版物（　　）

A. 橱窗内公众可阅读的招贴画、图纸

B. 广告宣传册

C. 缩微胶片、磁带

D. 互联网存在的文件

【答案】BCD

29. 以下哪些属于为公众所知的其他方式（　　）

A. 口头交谈、讨论会发言

B. 产品目录

C. 展台上的照片

D. 广播、电视

【答案】AD

30. 对比文件公开的技术内容包括（   ）

A. 实施例中明确记载的内容以及隐含的且可直接地、毫无疑义地确定的技术内容

B. 由附图中推测的内容

C. 记载在技术方案部分中的内容

D. 从附图中测量得出的尺寸及其关系

【答案】AC

【解析】为判断发明或者实用新型是否具备新颖性或创造性等所引用的相关文件，包括专利文件和非专利文件，统称为对比文件。对比文件是客观存在的技术资料。

31. 以下关于抵触申请的说法中哪些是正确的（   ）

A. 使用抵触申请只能考虑其权利要求书的内容

B. 使用抵触申请需要考虑其权利要求书和说明书的内容

C. 抵触申请只能是他人提出的申请

D. 抵触申请可以是任何人提出的申请

【答案】BD

【解析】抵触申请仅指由他人在申请日以前提出的，不包含由他人在申请日提出的和由申请人本人提出的同样的发明或者实用新型专利申请。确定是否存在抵触申请，要查阅在先专利或专利申请的权利要求书，而且要查阅其说明书（包括附图），应当以其全文内容为准。

32. 下列属于使用公开的方式的有（   ）

A. 制造

B. 销售

C. 交换

D. 展出

【答案】ABCD

33. 处于保密状态的技术内容不属于现有技术，其中所指的保密状态包括（   ）

A. 受保密规定或协议约束的情形

B. 社会观念或商业习惯上被认为应当承担保密义务的情形

C. 默契保密的情形

D. 负有保密义务的人违反规定而泄露秘密的情形

【答案】ABC

34. 陈某有一项中国发明专利申请，其优先权日为2007年8月8日。如果下列出版物上均记载了与该申请中所请求保护的技术方案相同的技术内容，如果没有其他事实，则其中哪些会导致该中国发明专利申请中请求保护的技术方案丧失新颖性（　　）

A. 印刷日期为2007年8月的专业书籍

B. 2007年5月6日已经公开发行的美国刊物

C. 申请日为2007年1月3日且公开日为2007年8月8日的中国发明专利申请说明书

D. 公开日为2007年8月8日的美国专利申请说明书

【答案】BC

35. 申请专利的发明创造在申请日之前六个月内有下列哪些情况，不丧失新颖性（　　）

A. 中国政府在北京主办的国际展览会上首次展出

B. 在国务院主管部门组织召开的学术会议上首次发表

C. 他人未经申请人同意而泄露内容

D. 在美国政府主办的国际展览会上首次展出并有出版物介绍展品公开了该发明创造

【答案】ABC

【解析】D不是中国政府主办或承办的展览会。

36. 下列申请中哪个具有新颖性（　　）

A. 百事可乐的配方

B. 在申请日前已被收录需要付费才能查看的在线数据库中的技术论文

C. 在贵州松桃苗族自治县的一个小商铺中兜售的手工玩具

D. 印有内部资料字样的书中的技术论文

【答案】AD

37. 下列情形哪些不影响发明和实用新型专利申请的新颖性（　　）

A. 申请日以前在国外有少量产品以直销的方式销售

B. 申请日当天在科技期刊上发表

C. 独立完成相同发明的人在申请日以前做好生产的准备

D. 申请日的前一天申请人在课堂上讲解了发明的内容，并且未要求保密

【答案】BC

38. 检索用信息资源主要包括的类型有（　　）

A. 专利文献

B. 电子或纸件等形式的国内外科技图书

C. 期刊

D. 索引工具及手册等

【答案】ABCD

39. 以下关于现有技术的描述中哪些正确（　　）

A. 负有保密义务的人违反规定、协议泄露秘密，导致技术内容公开或者使该技术内容为现有技术的一部分

B. 现有技术为申请日前公众能够得知的技术内容

C. 处于保密状态的技术内容亦属于现有技术

D. 未给出任何有关技术内容的说明，使得该技术领域的技术人员不知道该技术结构和功能不属于现有技术

【答案】ABD

40. 下列发明创造可以在我国申请专利保护的是（　　）

A. 科学发现、文学艺术创作

B. 产品结构设计

C. 产品的制作工艺

D. 产品的外观设计

【答案】BCD

【解析】科学发现、文学艺术创作都是不能申请专利保护的。

41. 专利保护的地域性是指（　　）

A. 全球范围内都可以

B. 如果加入了国际条约及双边协定另有规定之外的，则遵照该条约或协定相互承认专利权

C. 一个国家或一个地区所授予的专利保护权仅在该国或地区的范围内有效

D. 对专利保护权的空间（国别）限制

【答案】BCD

42. 发明创造的基本过程是（　　）

A. 产生创意

B. 查找现有技术或设计、做出初步构思

C. 对比、检验

D. 重组技术方案、不断进行完善

【答案】ABCD

43. "缺点列举法"的步骤是（　　）

A. 先找到事物的缺点

B. 分析缺点产生的原因

C. 对缺点产生的原因提出合理的解决方法

D. 反复实验不断完善解决方案

【答案】ABCD

44. 对事物进行分解的角度有哪些（　　）

A. 副词特征

B. 名词特征

C. 形容词特征

D. 动词特征

【答案】BCD

45. 组合思维法常见类型是（　　）

A. 同类组合

B. 异类组合

C. 外观组合

D. 主体附加组合

【答案】ABD

46. 发散思维的特点包括（ ）

A. 流畅性

B. 变通性

C. 独创性

D. 新颖性

【答案】ABC

47. 下列哪些属于常用的转用思维（ ）

A. 原理、方法转用

B. 结构转用

C. 材料转用

D. 功能转用

【答案】ABCD

48. 专利文献的著录项目包括（ ）

A. 申请日

B. 授权公告日

C. 申请人

D. 发明人

【答案】ABCD

49. 一项创意通过（ ）审查，才能成为一项发明。

A. 实用性

B. 新颖性

C. 创造性

D. 独特性

【答案】ABC

50. 大数据是一种在（ ）方面，规模大大超出了传统数据库软件工具能力范围的数据集合。

A. 获取

B. 存储

C. 管理

D. 分析

【答案】ABCD

判 断 题

1. 在申请日以前，由任何人向国务院专利行政部门提出过申请，并且记载在申请日以后公布的专利申请文件中的内容，属于现有技术。

【答案】错误

【解析】在申请日以前，由任何向国务院专利行政部门提出过申请，并且记载在申请日以后公布的专利申请文件中的内容，不属于现有技术。

2. 抵触申请只能影响发明或实用新型的新颖性，但不影响创造性。

【答案】正确

3. 一种新产品的用途发明具有新颖性。

【答案】正确

4. 对比文件公开了由组分（A+B+C）组成的组合物甲，如果本申请为组合物乙（含有A和B），且两者解决的技术问题相同，则本申请权利要求不具有新颖性。

【答案】正确

5. 引用对比文件判断发明或者实用新型的新颖性和创造性时，应当以对比文件公开的技术内容为准。该技术内容仅包括明确记载在对比文件中的内容。

【答案】错误

6. 在进行新颖性判断时，虽然专利申请的技术方案与对比文件的技术方案实质上相同，但是对比文件未明确记载所解决的技术问题和技术效果，则不能认为两者为同样的发明或者实用新型。

【答案】错误

7. 如果负有保密义务的人违反规定、协议或者默契而泄露机密，导致技术内容公开，使公众得知了这些技术，则这些技术不能构成现有技术。

【答案】错误

8. 出版物可以是照相底片。

【答案】正确

9. 新颖性的审查基准是：（1）同样的发明或者实用新型；（2）单独对比。

【答案】错误

【解析】上述两点是审查原则不是审查基准，新颖性的审查基准是：发明或者实用新型不属于现有技术，也没有任何单位或者个人就同样的发明或者实用新型在申请日以前向国务院专利行政部门提出过申请，并将其记载在申请日以后公布的专利申请文件或者公告的专利文件中。（专利法第二十二条第二款）

10. 如果申请的权利要求所限定的产品与对比文件产品相比，尽管产品的结构和组成相同，但制备方法不同，则该权利要求具备新颖性。

【答案】错误

11. 如果对比文件包含多个技术方案，在判断其新颖性时，还应当将发明或者实用新型专利申请的各项权利要求，与一份对比文件中的多项技术方案进行组合对比。

【答案】错误

【解析】单独对比原则。

12. 发明或者实用新型专利申请是否具备新颖性，只有在其应用具有了实际优化意义后才予以考虑。

【答案】正确

13. 对于包含制备方法特征的产品权利要求，如果申请的权利要求所限定的产品与对比文件产品相比，产品的结构和组成相同，但所用的方法不同，则该权利要求就不具备新颖性。

【答案】正确

14. 凡是印有"内部资料""内部发行"等字样的出版物都不属于公开出版物。

【答案】错误

【解析】确系在特定范围内公开的。

15. 如果一项权利要求为"一种用于钢水浇铸的模具"，现有技术是一种具有模具功能的"一种用于冰块成型的塑料冰盒"，则现有技术会破坏该权利要求的新颖性。

【答案】错误

16. 在判断一项发明或者实用新型是否与对比文件所公开的内容相同时，可以直接从对比文件中确定的技术内容不应被理解为对比文件所公开的内容。

【答案】错误

17. 现有技术是指在申请之日前公开发表、公开使用或者以其他方式为公众所知的技术。

【答案】正确

18. 进行新颖性判断时可以将发明申请的权利要求与一份对比文件中的多项技术方案的组合进行对比。

【答案】错误

19. 如果要求保护的发明或者实用新型与对比文件的区别仅仅是所述技术领域的惯用方法的替代，则该发明或实用新型就不具有新颖性。

【答案】正确

20. 对于所属技术领域的技术人员来说，一份对比文件所公开的技术内容，不仅包括明确记载在对比文件中的内容，而且包括对于所属技术领域的技术人员来说，隐含的可直接地、毫无疑义地确定的技术内容。

【答案】正确

21. 网络公开属于出版物公开。

【答案】错误

22. 某厂于2006年7月研发了一种新产品，当月在美国举办的展览会上展出了该产品，同时发行了介绍该产品的小册子。该展览会是国际性的，该厂准备在同年9月对这件产品申请专利，该产品没有丧失新颖性。

【答案】错误

【解析】发行的小册子是出版物的公开形式。

23. 在外国举办的展览会上发行的出版物构成现有技术。

【答案】正确

24. 一非专利文献书籍出版后，未销售出一本；并且图书馆收藏该文献书籍后，也从未有人阅读过该书籍。但该书籍仍然是公开出版物。

【答案】错误

25. 在申请之日公开的技术内容包含在现有技术范围内。

【答案】错误

26. 一种新产品的用途发明，由于该产品是新的，该用途自然就具有新颖性和创造性。

【答案】错误

27. 出版物的印刷日为公开日。

【答案】错误

28. 当一项发明专利申请不同于现有技术所记录的技术内容，则必然具备新颖性。

【答案】错误

29. 企业的内部资料或内部发行的出版物不属于公开出版物。

【答案】正确

30. 审查员在判断发明创造性时，不应考虑该发明是否在商业上获得成功。

【答案】错误

31. 我国审查指南上将发明的创造性解释为非显而易见性。

【答案】错误

32. 某人在申请日以前向专利局提出过申请，并且该申请文件中的内容属于现有技术，则对其进行评估时应当予以考虑。

【答案】错误

33. 如果发明与现有技术相比不具有显著的技术效果，则其技术方案不具有突出的实质性特点，该发明不具备创造性。

【答案】错误

34. 判断创造性时，应当考虑申请日当天公布的专利申请文件中的内容。

【答案】错误

35. 在确定最接近的现有技术时，应当首先考虑公开的具有鲜明技术特征的现有技术。

【答案】错误

36. 绝大多数发明是发明者创造性劳动的结晶，是长期科学研究或者生产实践的总结。如果一项发明是申请人经过长期大量的实验才做出的，则该发明应当具有创造性。

【答案】错误

37. 所有的创造性判断都要严格按照三步法进行审查。

【答案】错误

38. 开拓性发明是一种全新的技术方案，它为人类科学技术的发展开创了新纪元，同现有技术相比，必然具有突出的实质性特点和显著的进步，具备创造性。

【答案】正确

39. 组合发明，是指将某些技术特征进行组合，构成一项新的技术方案，以解决现有技术客观存在的技术问题。

【答案】错误

40. 要素变更的发明是指发明与现有技术相比，其形状、尺寸、比例、位置及作用关系等发生了变化。

【答案】错误

41. 要素替代的发明，是指已知产品或方法的某一要素由其他已知要素替代的发明。

【答案】正确

42. 要素省略的发明，是指省去已知产品或者方法中的某一项或多项要素的发明。

【答案】正确

43. 创造性的判断，应当针对权利要求限定的技术方案整体进行评价，即评价技术方案是否具有创造性，而不是评价某一技术特征是否具备创造性。

【答案】正确

44. 基本检索要素可以根据技术领域、技术问题、技术手段、技术效果等方面确定。

【答案】正确

45. 一种改进的颗粒积木玩具生产流水线，产品合格率约为20%，这样的方法类技术方案，不具备实用性。

【答案】错误

【解析】

（1）使用该方法能够制造出产品，具有应用性；

（2）能够利用该方法得到合格的产品，具备积极效果，因此该方法具备实用性。

46. 一种增加沙漠地区降雨的导电性的方法不具备实用性。

【答案】正确

【解析】

（1）降雨主要是受气象因素的影响，采用该方法与提高降雨量没有必然的联系，所以不能够确定采用该方法就能提高降雨量，不属于能够应用的技术；

（2）不能够确定产生的效果，更不用说是积极的效果，因此该方法不具备实用性。

47. 发明，是指对产品、方法或者其改进所提出的新的技术方案。

【答案】正确

48. 实用新型，是指对产品的形状、构造或者其结合所提出的适于实用的新的技术方案。

【答案】正确

49. 外观设计，是指对产品整体或局部的形状、图案以及色彩所做出的富于美感并适于工业应用的新设计。

【答案】正确

50. 专利的保护是分地域性和保护期限的。

【答案】正确

【解析】专利保护是通过赋予创新主体一定时间、一定范围的垄断权来保护创新主体的利益，以此来激励研发创新。专利的诞生是为了保护智力的劳动成果，这些劳动成功付出了发明人大量精力、物力、人力，属于私有权利，但是这些私权需要通过大众进行传播或保障公众利益，所以国家在立法的时候需要平衡私权和公众利益，专利必须得分地域并且有保护期。